edition suhrkamp 2486

»Ich brauch keinen Lektor, ich kann mich selber lenken, wenn ich mich wieder bücken kann. Und ich lach darüber, wenn jemand das nicht haben will oder nur ein Buch davon verkaufen will oder es nicht drucken will... Ich lach mich tot.«

Nur ein Jahrzehnt nach seinem frühen Tod ist Martin Kippenberger so kanonisiert, wie er zu Lebzeiten umstritten war. Dabei wird er jedoch oft allein als Maler wahrgenommen, kaum dagegen als die epochale Integralgestalt, die auf ihre Art so gut wie alles machte: Kunst, Performance, Skandale, Feiern, Reisen, Punkrock, Kalauer und nicht zuletzt auch Bücher.

Diedrich Diederichsen, der Kippenbergers Weg aus nächster Nähe verfolgt hat, präsentiert eine Lesebuchauswahl aus den raren Textpublikationen.

Martin Kippenberger (1953-1997), Künstler, Kunstsammler, Autor, Clubbetreiber (SO 36), Schauspieler, Mitglied der Lord Jim Loge.

Diedrich Diederichsen, geboren 1957 in Hamburg, war in den 80er Jahren Redakteur von Musikzeitschriften, ist seit den 90er Jahren Hochschullehrer und arbeitet an einer Studie über Kippenbergers Werk. Er lebt in Berlin und lehrt in Wien und Stuttgart.

Autorenfoto: Tony Petersen/Galerie Gisela Capitain, Köln

Martin Kippenberger

Wie es wirklich war
Am Beispiel

Lyrik und Prosa

Herausgegeben und mit
einem Nachwort versehen von
Diedrich Diederichsen

Suhrkamp

Redaktion: Johannes Ullmaier

4. Auflage 2016

Erste Auflage 2007
edition suhrkamp 2486

Originalausgabe

Satz: Jung Crossmedia Publishing, Lahnau
Druck: Druckhaus Nomos, Sinzheim
Umschlag gestaltet nach einem Konzept
von Willy Fleckhaus: Rolf Staudt
Printed in Germany
ISBN 978-3-518-12486-4

Inhalt

Aus: 19 Gedichte…

Natürlich kann man Blumen kaufen
Aber vielleicht für eine Frau
die auf dem Weg nach Hause liegt
dann brauchen sie die Blumen
nicht so lange zu tragen

Die Mutti ist böse
so mach doch den Abwasch
das Essen war fein
Dann brauchst du keine
Zigarette zu rauchen
und die Nägel sind rein.

Ob Sommer,
Winter,
Oder Schnee,
die Tochter von Jimmy Carter
ist sehr geil

Die Frau, die trägt Ohrringe.
Der Bussfahrer auch.
Es wäre gescheiter
das Leben ging weiter.

K: italienisch (Schuhe)
schottisch (Pullover)
amerikanisch (Hose)
französisch (Hemd)
schweizerisch (Uhr)
innen gut (deutsch)

Nie mehr murren
niemals klagen
einfach dummstellen
denn Fragen schaden

Es gibt viele Autos
die machen TUT TUT
ich pupe für sie
das tut mir so gut

Fast alles ist lila
das Brot ist grau
 Manche schmecken gut
und viele lau

Die Tomaten sind rot
doch niemals das Brot
Mein Bett ist nicht leer
ich seh mich zu sehr

Heute denken
morgen fertig.

Die Lust zum renovieren
würd ich mir ersparen
du weißt nicht ob hiniden
ne andre kommen kann

Der Tag war lang
was er nicht wußte
deswegen war er sauer
daß er aufstehen mußte

Wer die Vergangenheit nicht auf
die Reihe kricht,
+ das moderne Leben
schon lange nicht,
der sollte × nach Honolulu fahrn,
+ sich + anderen
die Zeit ersparn.

Ich frag mich ob der Trillermann hinter mir (übrigens wir haben früher auch einen Hansi gehabt) wirklich was zu sagen hat? Jedenfalls, der Ausschnitt vom Blümchen-Bh, von meiner leichtgetönten Brille sofort gesichtet, kam nicht schlecht. Bloß jetzt raufgehen, bei meiner gegenwärtigen Halbmigräne, mir einen runterholen (was Nina Hagen kann, darf ich schon lange), bringt nur einen dikken Kopf ein. Es ist nicht mehr mitanzusehen, in der Creperie, die schon seit Tagen geöffnet hat, geht noch immer keiner rein. Dabei steht es doch ganz dick + fett dran, daß es da Crêpes giebt.

Aus: Durch die Pubertät zum Erfolg

Programmatik:
Wurst im Eisschrank
rollt sich von selber ein.

Eine Stunde heile Welt ist auch nichts Böses
Kulenkampf

Wenn ich doof sein soll
Bist du es auch
Oder wenn ich doof bin
bist du es auch

Meine Mutter hat gesagt
ich darf nichts abgeben
mein Vater hat gesagt
bis 30 mußt du es geschafft haben.

Kippi soll wieder menschlicher sein, nachdem Meuser 950,– FF verloren hat im Casino von Deauville – Besitzer Omar Sharif, Kippi kann Omar nicht leiden, Meuser und Philosophen dürfen kein Geld haben. Viel Zukunft und besser essen – wenn die Pariser keine Einbahnstr. hätten, würden sie sich gegenseitig tot fahren. Wenn die Deauviller und Trouviller keine Eisenbahn hätten, lägen sie nicht weit vorne und die Menschen, die trotz Geld kein Hotel kriegen, könnten sonst nicht im Erstklassewaggon übernachten.

Angst hängt im Keller, Schwermut tut gut. Es gibt Rutschen über 150 (auf holländischen Spielplätzen bis 30 Meter) (nach 150 geht man noch nicht kaputt) Beim 400 Meter tiefen Brunnen ist Ende. Treppen runter, Treppen rauf, Hauptsache man fühlt sich nicht wie Jutta Körver (siehe Fr. Namen) Frauen können nie ein Auto so lieben wie ein Mann. Manche Männer können besser Autofahren. Schöne Schuhe haben dünne Sohlen. Mittelmä*igkeit hebt. Gut aussehen ist angenehm. Höhere Stufen gibt es nicht. (Gilt auch für den Jesus von Genazareth) Jesu die Pfeife hat uns doch auch nur alle durcheinander gebracht. Sozialkisten sollen rappeln. Engels und Marx sind wie Schinken und Rührei. Handtaschen sind besser als Handke und Heissenbüttel (Otto hat was anderes zu mir gesagt) auf irgendeinen mu* verla* sein. Kein Abitur in Turnschuhen machen. K. war gut im Skilanglauf, (besser als die anderen) ich weiß aber, wer die Frau war, die es nicht in Reihe bekam, über mich in der Zeit zu schreiben (eine reicht). Meuser möchte keine Schweinebacke haben. (Das macht nicht viel her)

Der Vater hat Pfeife, die Mutter hat Brille, zwei ihrer Kinder gehen aufs Klo, macht zwei Bier, zwei Cola. Kind mit

Spange, lebt sehr lange. Was macht ne alte Oma mit dem aufgerollten Teppich.

Kurven, Kurven und nochmals Kurven.

* = SZ

Orator

die französischen Kinder
bauen keine guten Burgen,
die wühlen nur.

Kippenberger und Cafes:
hört nicht zu, sondern erzählt selber

K: Präzision in der Ungenauigkeit
querfeldein, durcheinander,
aber gut durcheinander

Keine Bordsteine überprüfen
pünktlich für Sonntag
den grauen Himmel beantragen
auf sicher
nicht gut werden,
gut sein
und viele Filzstifte verlieren.
Über Feuerzeuge sprechen wir später.

Wir sitzen an der Rue Chocolade
es fahren nur Neger vorbei
ein Farbenblinder
mit Apfeltaschen
als Händeschutz

KIPPI will auch einen Star haben,
nachdem ich einen hatte.

Courier 12

Die braunen Motten liegen zu Hause. Wir sind schließlich nicht mit dem Hirn an den Eisenmast gefahren. (Schade für den, der noch nicht bei den 14 Heiligen war.) Inder haben zu lange Hosen. Ehepaare ärgern sich den ganzen Abend. Ein bißchen Ruhe, ein bißchen irgendwo. Wer bombt, der bombt – wer bont, der bont, wer blombt, der blombt. (Nicht auf Deutsche zielen.) (Norbert, du bist dran.) Das sind 6 Differenz, Gerd. Du bist doch im Urlaub. Jens hat keine Ahnung von Schweden. Nur dufte nach unten. Wir kriegen den Literaturpreis umsonst + 'n Pfund Butter. Das gilt auch für den Gespensterkurzfilm mit A. Oehlen und W. Büttner. (Knapp an Recklinghausen vorbei.) (S. Männernamen) Ich kann nichts dafür, daß ich keine Mathematik kann. Keine Farbe, viele Freunde. Sentimentale Sachen sind (keine) Sonderangebote. Porsche ohne Steuer kommt teuer. Zwei Schwänze = acht Beine. Später kommt auch Schraubenpeter. (Marais – Detailmarkt im Dunkeln) Mau Mau an der Küste und Suzuki in Biarritz. Versailles – um die Spiegelsäle von innen zu betrachten, hätten wir sehr lange Schlange stehen müssen. So haben wir uns kurzerhand entschlossen, die Gartenanlage zu besichtigen. Wir suchten nach einem Ort zum Konsumieren und waren bald darauf an einem Freiluftrestaurant angelangt. Das war voll. Außerdem hatten wir keinen großen Hunger. In dem großen Garten waren mehrere breite Wasserstraßen, auf denen unterschiedliche Leute paddelten. Das haben wir auch gemacht. M. hat gerudert und K. hat außer Bier trinken (zwei Flaschen) seine Jacke, die er noch aus Florenz hat, unabsichtlich ins Dreckwasser getaucht. Anschließend haben wir zwei

Croques gegessen und im Schatten, als der Park sich füllte, gegen ca. 14^{00} Uhr mau mau gespielt um Geld. (Obwohl Meuser keins hatte.) Ein zweites Mal hab ich gerudert mit Gabi im Tiergartensee. (Dafür haben wir sehr lange anstehen müssen.) – – Unverschämtheit ohne Charme und zu Hause ist unser aller Scham. Viele Tugend = geile Jugend.

Hin + zurück
ist auch ein Stück

Arbeit als Sport und alte Leute
dürfen weiter nacktbaden
wer Bonanza selber dreht
der die Welt umso besser versteht

Herr Doktor
Blödsein und zwischendurch Gutsein
geht das?

Die Mutter der Nation ist lesbisch
Fatti lieben Mutti
Nudeln sind für Tutti!
(Maria laß das Malen nicht sein
wir brauchen deine Bilder! Peter Horten)

Der Frosch der hüpft
Das Gras ist da
Der Bach der rauscht
Die Freiheit nah (In Zusammenarbeit mit
G. Capitain)

Witzig – Witzich
Apfelsine, Mandarine

Mehr arbeiten
Mehr kritisieren
Das Leiden kommt aus dem Süden.
Vergiß der Jugend frohe Stunden,
Sie wissen nichts von Wiederkehr,
Einmal entflohen, –
Einmal entschwunden
Zurück kehrt keine Jugend mehr.
Warum gehen die Ostfriesen immer ans Fenster,
Wenn's donnert und blitzt?
Weil die glauben:
Daß sie fotografiert werden.
Kippi tanzt wie ein
Hoppelhase
Immer voran die
Zukunftsnase. (Gisi)
Einfach tun, als wär gar nichts. (Gabi)
Früher war ich schlank
Dafür ein bißchen dumm
Heute bin ich dick
Aber nicht doof.
Wären deine Sachen wenigstens zum Lachen (wieder Gabi)
(Meine angeblichen Scherze)
Doch sie kommen
Den
Ganzen
Tag
Aus
Meinem
Herzen.

Meine Meinung:

Du hast Angst vorm Baden
denn du hast einen Bauch
nimm's nicht für voll
so geht's mir doch auch.
Die Orgelpfeife ist lang
das Leben ist kurz
sei noch viel schlauer
und benutz die Hintertür.
Eisenbahn hin
Flugzeug her
ist immer noch besser
als Kreisverkehr.
Wie werd ich mit einer
braungestrichenen Wohnung fertig?
Sicherlich nicht indem ich
sie weiß überstreiche.

Ratschläge:

Iß nich zuviel vom Topfenstrudel
Er könnt dich verstopfen, Trudel!
Jetzt muß ich in den Birkenwald,
Denn meine Pillen wirken bald.

(Lampi)

Wer in den Genuß des Beifahrers auf dem Vordersitz kommen will, muß sich der unausgesprochenen Regel beugen, wie folgt: Anderthalb Minuten höchstens vor Besteigen der Mitfahrgelegenheit heißt es: Erster **alles vorne!** Deutlich als erster auszusprechen – nur so ist der Anspruch (egal ob zwei oder Viertürer) geltend zu machen.

Was wünschen wir uns

Als Wandersmann von Wohnung zu Wohnung dann und wann.
Wie vermies ich mir den Einlaß?
Ich bleibe so wie ich bin, was anwesender Bekannter als berühmt oder gut bestätigt.
Philosophinnen sind abhängig von A bis zur Deutung von Z
Eine Dame um 45 mit Hund (war auch in Brasilien 8 Jahre) bestätigte Wunsch von uns: Badewanne, Bett und Brötchen. Sie weiß z. B. was sie in der Badewanne macht. (Laut Lexika waschen)
Nach Alkoholgenuß in tausend Meter Brause träumen – wie krieg ich den Tag wieder rum. (Nie wieder trinken)
Paßt ganz gut zu Jens Jansens Buch: Wie werd' ich fertig mit Rapunzel.
Menschen (Frauen) die sich unter 30 J. bewegen, haben keine Ahnung und deshalb kann nicht ich das schreiben, was sie gesagt haben. Oder durchstreichen und der harmlose Abend geht weiter. Diese beiden perfiden Knaben, die dieser Sitzung teilhaben dürfen, sitzen am Tische und tun nur so, als würden sie kläffen.
(Barbara vertritt die Meinung – sie wird nichts mehr sagen.)
Also, daraus folgt, würden die Herren schweigen, wäre das eine Vorwarnung in Form einer Strafminute.
(Und zur richtigen Zeit ein Tannenbaum)
(Unbedingt lesen muß nicht sein aber mit Menschenverstand)
Man darf bloß nicht bloß so was sagen. (Urin)
4. Stock Die Schräge kann nur ein Zucken sein.

Frauen und Haushalt. Frauen haben einen Korkenzieher (Marke wahrscheinlich Milano) und mindestens einen Locher anheim.
Dazu weiß Barbara Kriese zu berichten: Nach einer Woche Mini-Erfahrung, lenkte sie ihren Wagen zur nächsten Tankstelle und fragte den jungen Tankwart: »Mein kleiner Wagen macht komische Geräusche beim Bremsen, ich glaube man müßte ein wenig Oel auf die Bremse tun (Wissen Sie was).
(Küßchen steckt man ein) Ikra sollte bloß nicht ihre Nudelmaschine verschenken. Trotzdem kann man in der Küche kucken, was die Jungs dafür gemacht haben. Anwesenheit sollte vor Strafe geschützt sein. Die Küche könnte mal eine Dunkelkammer gewesen sein, ich bin fest der Überzeugung, daß warmes Essen besser ist als entwickelte Photos. IBM Dichtung auf schnell, gielt nicht. Waren Sie schon mal bei einer Traffic-Managerin zu Besuch? Das sieht so aus – romantisch, Beruf verfehlt und ganz ehrlich mit hoffnungsvollem Verschiebeprogramm. (Keller-Dialog von Rainer Werner F.) Punkt und Fläche Kandinsky. Nein = kuschelig und nestlig, Zimmerpflanzen, inclusive Tach der Wahrheit = Mahagoni ohne Mann anbei. (Da könnte sie sogar hinter stehen – hinter dem zu klein geratenen Jaguar mit Getöntscheiben. Was verbirgt sich hinter Klaus Fassbinders Eigenideologie? Wünsche sollten so offen sein wie die Heizung im Winter. Der Mann geht fischen und jagen – die Frau macht die Marmelade ein (Steinzeit unrealistisch). Einem Mann ist nicht abzunehmen, was er hat. Sitzungen und Tagungen bedeutet für einige Frauen Glittergeschichtsbild. Der Mann sollte der Gott am Konferenztisch sein.
Wachs und Schokolade, selbst in bester traditioneller

Form dargeboten – gleichen sich zu sehr. Angestellte in der Werbeagentur benutzen farbiges Wachsmaterial mit Vorliebe. In der Werbeagentur spielt man dummerweise nicht mit Wachs, man reibt Letraset. (Man läßt absetzen) Einem Freund kommt man nicht auf die Schliche, Markstücke bereithalten ist nicht banal. (Milch versteckt man nicht auf dem Schrank und Nikon hat Weitwinkel) Frauen und Haushalt (Wir als Last, bei denen zu Gast) Ikras Badetuch darf in schlechten Zeiten auch Falten haben. (Negativismus gilt nicht) Lord Nelson kennt das Unwetter – Doch wir sollten denen erklären, daß das alles so ist, wie wir das sehen. Keine Bange einverleiben. Quatsch machen wir und den Quark machen die. Allein sein – geht nicht auf die Dauer. Bratkartoffeln haben nichts mit Sex zu tun. (Oder können noch Wunder geschehen?) Liebe geht durch den Magen, Oben oder Unten rein, Liebe sollte nicht nur im Dunkeln sein.

Haben

Sie sich schon entschlossen, nachdem sie den Freischwimmer gemacht haben, die Welt zu verändern? oder die Zigaretten vergessen zu ziehen bevor sie auf einen längeren Spaziergang in den Wald gingen? Ist ihnen da nicht plötzlich eine Idee gekommen! – Nein? Ist auch nicht so schlimm, ihnen ist wahrscheinlich, wenn sie ehrlich sind, aufgefallen, daß das mehr oder weniger hoch gewachsene Grün, doch ganz nett ist – stimmt's? Der Ort der zur Entspannung einlädt, wird zuweilen durch den Anlauf (der immer derselbe ist) geschmälert. Es empfiehlt sich die Wälder zu wechseln. Wenn sie die städtischen abgegangen sind, ergibt sich von selber das Angebot benachbarter Städteparkanlagen. Ein Bekannter sagte neulich zu mir, daß in solchen Anlagen mehr Kraft abzustauben sei als beim Auslangschlaf. Eine andere liebenswürdige Person, in einer dieser schon lange nicht mehr angereisten deutschen Städte kam auf eine noch bessere Möglichkeit: Im Teutoburger Wald im Sanatorium sich für 2 Wochen einschläfern lassen. Das soll wiederum nur Bock machen, wenn man sich anständigst zuvor verausgabt hat. Das hört sich zwar nach Arbeit an, – ist aber gar nicht so schlimm. Lassen sie sich gehen und planen sie Sachen, die zum Auf- und Durchdrehen geeignet sind. Schaffen sie sich Verfolger, indem sie das Feindbild vorspielen. Dafür benötigen sie rechtzeitig einen gut aussprechbaren Namen, den man so schnell nicht vergißt (wie z. B.: Siebert, Brinkmann oder Kippenberger). Lesen sie eigentlich Bücher? Ich nicht.

Courier 72

In seinem Kopf kullerte noch immer der Wackerstein. Damals sprach man von einem Dutzend rostiger Kirchennägel, wird man sich fragen, und das tat er auch, wie die da reingekommen sein sollen. Der Freund, von dem hier die Rede war, und selbstverständlich ein Freund des Rauchens und des Plusquamperfekt, sah sich nur selten in der Lage, Fragen zu beantworten, die eine Lösung eintreiben sollten. Auf die zweitere Frage zu kommen, die sich wie auf jeden gezielt richtete, was ist mit dem Haben und Nichthaben, ergab sich der Blickwinkel – des schon Gehabthaben, was somit das Haben gehabt hatte und somit kein Interesse mehr zu entlocken war und das Wollen, welches zu Letzterem führte. Ganz von der körperlichen Verfassung desjenigen zuweilen abhängig, verließ er geschwind Orte des Habens, um auf der einen Seite dem zu entfliehen und lauthals, d. h. draußen sich dem Wollen oder schon Gehabthaben-Vorträgen hinzugeben. Dieses draußen war schon Ausland genug, solange er an Stätten der Fremdorientierung durch Bezeichnungen überdachter Örtlichkeiten, wie z. B. Dschungelbar, Madhouse, Ibizza oder Parisbar sein konnte. Freilich, das konnte für unseren Nimmersatt nicht genüge tun, so ließ er sich allzugerne auf flüssigstem Wege durch Hochlandwasser aus dem Schottischen, gelblich Aussehendem aus der Provence oder gar beizend Jugoslawischem die Zunge lokkern. Kinders, sagt, was wäre gewesen, säße unser Fall da nakicht, was sollte man von – über und wie denken – wohl möglich hätte sich damit auf einfachste Weise er sich und seine Körperteile in den Vordergrund geschoben, aufzufallen um jeden Preis. Mon Diö, nein so einfach wollte er es sich nun wirklich nicht machen, ihm hing schon ein Bündel solchen belastenden Materials anheim, das er sich beizeiten und unter Selbstandrohung durch Einkaufsstopp verboten hatte.

Und sollte es Eingeweihten nicht bekannt gewesen sein, daß dieser, der da sitzt und tut, als ob er schreibe, eine Wanderung durch Textilitas gemacht hat – bin ich sicher, daß er gerade jetzt es laut hinausposaunt, so laut auf jeden Fall, daß es keinem entgangen sein dürfte, daß seine unheimliche Liebe sich auf Giorgio Armani in Sachen Hemden und seine Lustlosigkeit auf die Firma Lewis und Co. mittlerweile erstreckt. Seien wir behutsam und sehen geschwind auf die Uhr – Zahlen sagen da schon mehr über seinen Empfindlichkeitsgrad, schließlich heißt er weder Carter noch ist er Präsident der Vereinigten Staaten. – der nach grober Selbsteinschätzung eine durchschnittliche Schlafzeit von 5 Stunden sein eigen nennt. Also gut, wir fassen ihn behutsam an, am besten gar nicht, denn dieser Artgenosse könnte ein sensibler sein – wie man sieht; der die Hände nicht nur zum bevorzugten Handschlag, (zwecks anständiger Begrüßung) als ›Guten Tag‹ hergibt. Ihm, so heißt es, ich will nicht sagen mißlingen, eher rutschen ihm die Dinge, die er anfaßt, zuweilen aus den Händen. Und ein kleiner Ratschlag zusätzlich: Erwähnen sie es nicht zu oft und kommt erst recht nicht auf die Idee, es ihm fortwährend unter die Nase zu binden. Es dürfte ihm zwar nicht fremd sein, nimmt er es zu gerne für sich und seine Erfindung in Anspruch. Generalisierung, ein schönes Wort, das seinesgleichen sucht, wird in seinen, die vielleicht zu unseren Kreisen gehören oder werden könnten, im großzügigeren Stil angewandt, wenn es um die Welt geht. Da macht sich dann schnell ein Duft von ›die

Welt gehört uns‹ breit. Treten wir näher, und es scheint, daß beschriebener Duft in der Luft liegt, sollten wir uns nicht gleich durch die etwas laute und nicht immer erlaubte Gesellschaft zum Rückweg treiben lassen. Es wäre nicht das erste Mal, daß dieser sich noch in der Auf- oder Anfahrtsstrecke zum Erläutern jenes Weges befindet.

Auch wenn der Wecker nicht klingelt

Geben wir oder sie es zu – daß wir an dem beißenden Punkt der Unruhe angelangt sind, mitunter verursacht durch immer mehr sich in der heutigen Zeit reduzierende qm-Fläche. Ein Punkt, der zu schnell durch beiläufiges Aufräumen (in Ordnung bringen) verdrängt wird. Kaum zu verstehen, wo die Natur samt Frischluft vor der Pforte liegt. Nehmen wir nur den Winter und lassen übliche Lokalitäten zum Anwärmen recht stehen und entscheiden uns dafür weniger, sondern folgen dem jüngst erworbenen Motto = Allein sein, woanders sein. Wie wär es mit den öffentlichen Mitteln Richtung entlaubten Waldes?! Das ist mehr als anders – Das ist = sich Sonntagskleidung um Benehmen fröhnend – Untergrundsluft schnuppern, nicht wie sonst links und rechts abbiegen – einfach vorwärts – überprüfen im Augenblick des Gegenübers und seinen Blicken – ruhig vorangeschrittene Stationsumbaugestaltung vergleichen – die Tunnel durchrauschen ohne dabei schwarzzufahren.
Noch schöner wär's sie fühlten sich verfolgt = das bringt einen auf Trab, in unserem programmierten Digitalzeitalter, heißt es anticomputerliche Haltung und Wege einzuschlagen. Genau da auf das Böse warten, wo es glaubt einzutreffen. Durch diese ziemlich einfache Einsicht stoßen wir auf dessen Humus zur Entfaltung von unausgesprochenem Verlangen. In die Rolle des – ich nicht sein – zu schlüpfen. Keine üblichen Spuren hinterlassen, selbst wenn ein Mädel, zwecks Auffrischung ihres in Leidenschaft gezogenen Studentenportemonnaies am Ausgang sitzt und sie nummernmäßig registriert. Wallungen an verkehrte Zeiten in der Nähe sollten nicht unterbunden

werden, Spontibesuch ist angesagt – die Folgen trage man mit Tee und warmen Formeln unter der Decke der Vergangenheit aus. Klar, – das muß nicht der Fall sein. Ein Feinkostgeschäft kommt trotz aufkommender Einkaufssucht nicht in die Tüte. Eher so ein kleiner Laden, der sich mit Illustrierten tarnt und in seinen Regalen unnützlich Reizvolles für uns versteckt hält. Schämen sie sich nicht am Ende des Rausches, noch alberne Postkarten einzustecken – sie könnten gar Freundschaften aus dem überregionalen Schlaf wecken. Stummes Umherwandern hat sein Ende und Fragen kostet nichts. Wie z. B.: »Kennen Sie hier in der Nähe ein Postamt das 14 Briefmarken verkauft?« Wildfremde Menschen geben Auskunft – gewisserweise als öffentliche, zwischenmenschliche Beziehungsaufnahme. Die allzu nahe Zukunft wird mit liebevoller Vorwarnung der Visitation angemeldet. Karten in den BRD-Bereich dauern ihre 2 Tage, die wir uns zum Überschlafen des Kleinstentschlusses zu eigen machen.

8915496/1

8915496 ist die falsche Nummer von dem Telephon (hellgrau gehalten) das vor mir Mann (meine Geliebte ist auf der Arbeit) auf dem runden Tisch steht. Gut möglich, daß Sie, wenn auch nicht wie ich in einem Nasenloch ein Tempokneul gegen Tropfen, zumindest eine 2-Zimmerwohnung haben.
Unsicher ob man sich erlauben sollte wie so oft – ins Bett (2. Zimmer) zu legen oder sich mit sich selbst beschäftigen. Sind die Hausarbeiten schon verschoben worden und der Sonntag steht vor der Tür ohne reinzukommen, dann fühlen Sie sich gegen ihren Willen einfach gut und fangen an, dem Leertag auf besondere Art und Weise vorzubeugen. Wenn eine müde Ratte das sehen könnte wie wir die Quadratmeter um den Tisch und den 3 Stühlen (4?) ablaufen. Das hat noch gar nichts zu heißen, wir verlassen den ersten Raum und schreiten über zur Inclusivräumlichkeit – stellen das Gesicht vor diese schönste aller Erfindungen und sagen dem den wir da glauben zu kennen laut: »Ich rasier mich jetzt!« Spätestens nachdem die Backen lauwarm angefeuchtet sind, fangen wir an neu zu strategieren. Ich beginne normalerweise nach ausreichender Beschäumung, an oben rechts neben dem Ohr, das Messer zwecks Nacktieren anzusetzen. Egal wo Sie anfangen, genau gesagt: Fangen Sie immer links an, so mach ich das jetzt. Und Sie wo ich sonst anfange. Ein neues Gefühl tut sich kund – genau – für dieses tägliche Ritual finden sich bestimmt noch andere Variationen. – Trotz aller Freude über diese Erkenntnis wollen wir nicht vergessen, daß man nur rasiert gut aussieht. (Ich kenne nur eine Ausnahme: Und das ist ein Mann, der sehr viele

sehr schöne Sachen zum Anziehen hat, – und damit nicht genug = eine aufrechte Haltung und eine kleine Kammschere mit der auch er sich kinnwärts zu pflegen scheint – – s. Abb. Beweismaterial!) Zurück zum eigentlichen Tun und Lassen im Badezimmer. Wenn Sie jetzt glauben Sie brauchten sich wegen der in uns vorgehenden Umstimmung nicht mehr die Zähne zu putzen hab'n Sie sich gründlich vertan. Durch diese progressive Einstellung könnten Sie wie Kiepenbrink an die 19 Zähne umtauschen lassen, – also machen wenigstens Sie weiter Apfelbeißer. Noch ein Blick in den Spiegel und ab ins Hemd. Jeder Knopf kommt in das Loch wo er hingehört, und der oberste wird auch zugemacht. (Sollte er nicht mehr so recht wollen, gehen wir zurück ins Zimmer 2, wo bestimmt der Kleiderschrank steht, und suchen nach einem passenderem.) Wir sind soweit gekommen, daß der Kragen schließt, und daß der Kleiderschrank ordnungsgemäß geschlossen worden ist, ohne daß ein Schlips an uns glauben mußte. – Haben Sie es schon gemerkt? – Ja, das ist ein uralter Hut, aber immer noch was Spezielles. (Bei den Franzosen heißt das spécialité.)

Ein bißchen über Großstadt

Über dem mittleren Ruhrgebiet befand sich ein blaues Meer, eine Gruga-Halle zeigte sich von seiner besten Seite, aus dessen Rillen und Ritzen, sozialistische Anklänge zu vernehmen waren. Zwar nicht von Liebessüchten war die Rede, von Terminplanung und der Versprechung, den nächsten am selbigen Ort zu veranstalten. So jedenfalls war es am darauffolgenden Tage der Lokalpresse zu entnehmen – sozusagen, man konnte sicher sein = nicht ohne Anhänger und Aufkleber.

Einen Sonnen- und Mondaufgang entfernt lag Wasserdampf in der Luft, der seinesgleichen an Spannkraft und Feuchtigkeit in der Masse suchte. In einem Satz, der das Gegenwärtige zu jener Zeit gut beschreibt: Es war nicht unbedingt der schönste Maitag 1980.

Wagen schoben sich im Kreis durch die runden Plätze, Fußgänger wie aufgeblasene Striche bildeten Bevölkerung. Wo die mehr oder weniger ausgeschlafenen Bläschen quer durch die zuwenig gespannte Lage fuhren, verteilten sich, mitunter zu Fuß, schneller und schneller dahin wahrscheinlich, wo sie hin wollten. Mehrere Töne (anbei) hatten sich zu einem Knäuel von Geräuschen zusammengefunden, aus denen zuweilen das eine oder andere Hupen hervorging, längs ihrer eigenen Strofe, sich von Zeit zu Zeit wiederholten. Und ausgerechnet an diesem Geräusch, ohne daß da was besonderes dran wäre, würde ein Mensch nach jahrelanger Abwesenheit, mit abgeschlafften Augen, erkannt haben, daß er sich nicht mehr in der ehemaligen Reichshauptstadt befände. (Straßen lassen sich leichter finden als anständige Schreibwarengeschäfte mit vernünftigem Sortiment.)

Wären nicht die halboffenen Augen, würde er nicht die gleiche Sache bemerken, was in den Straßen los ist, zumindest bei weitem später wie sonst durch das Haftieren an jeder Klitzigkleinigkeit. Und wenn er sich, was er auch kann, nur einbilden sollte, schadet das auch nicht. (Kann das nicht schaden.) Das Überlegen der Frage, wo man sich befinde, stammt aus der unordentlichen Zeit, wo man sich schon besuchte Geschäfte merken mußte. Es wäre wichtig, zu wissen, warum man sich bei einem ständigen Pickel auf der Nase, sich nichts draus macht, nicht einmal sich fragt, in welchem Zusammenhang er zu jenem rötlichen Punkt an der rechten Stirnseite steht, obgleich dieser nicht fortwährend, sondern in gleichmäßigem Wechsel zu Tage tritt, in einer Stadt, die den Anschein gibt, auch nichts besonderes zu sein. Es soll auf den Namen, auch wenn er zur jetzigen Zeit noch nicht genannt werden darf, ruhig Wert gelegt werden. Wie alle großen Städte, bestand sie aus fortwährender Regelmäßigkeit, Verwechseln, Vergleiche-, Geradeausgehen, Auseinandergehen und Angelegenheiten, Punkte des Zwischendurchstehenbleibens, vor roten Ampeln und anbeiwandelnder Zweifüßlerinnen. (S. letzter Abschnitt!) Aus dem großen Graukloß entschwunden, die Einsicht, durch die Aufschrift eines Flippers um die Ecke: we are not alone, bestätigt sein könnte. Drumherum in geputzten Fenstern liebreizende Auslegeware, die schon so manchem den Depri entrungen haben soll.
Die beiden Menschen, die darin eine belebte asphaltierte Straße herunterkommen, hatten zumindest diesen Eindruck. Sie gehören ersichtlich einer bevorzugten Gesellschaftsschicht an, waren ziemlich schic in der Kleidung und nicht unbedingt in der Haltung, wie sie miteinander sprachen, trugen sie behutsam ihre teuren Uhren spazie-

ren und ebenso, das heißt auch nach außen gekehrt, wohl aber in dem ungewaschenen Teil ihres Bewußtseins, wissen sie wer sie seien, und daß sie sich in einer Franzosen und französisch sprechenden Stadt aufhielten.
Angenommen, sie würden Manfred + Doris Chislowsky heißen, was aber nicht stimmt, denn Frau Chislowsky befand sich im Mai in Begleitung ihres ausländischen Geliebten in Athen. So steht man vor dem Rätsel, wer sie seien. (Die Menschen rätseln viel zu wenig darüber in den Straßen.)
Auch die Großstadt hat ihre Tücken. Z. B. frühmorgendliche Erscheinungen (ca. 14 Uhr) daß man selbst beim grünen Ampelleuchten stehen bleibt, und der Magensäureteppich in Form von Husten zur Öffentlichkeit tritt.

Nun gut

Es gibt auch andere Dinge, wie man das Deutschtum, sich selbst verbreiten, den Kugelduft inhalieren und ein: »Das hätte ich nicht gedacht!« ernten kann.
Moderne Errungenschaften im traditionellen Sinn eignen sich noch immer am besten dazu. Fangen wir gleich bei den Düsenmaschinen, dem Pfad der Vertreter an.
Es versteht sich von alleine, daß wir die Testflüge Richtung Spanien und Interdeutschland, N. Y., hin + zurück sowieso, pflichtgemäß hinter uns haben. Eingeschlossen dessen, daß wir Deutsche sind + somit Geld haben, auch wenn hie und da, in vornehmen Gegenden Stimmen laut werden, die da behaupten, das Liebste aller Aushängeschilder und Drogen wäre zurückgegangen, und man könnte sich gar nichts mehr leisten.
Der erwünschte Flair ist im internationalen Korridor zu suchen. Vom Individualismus zeitweise gepackt sitzen wir gefesselt selbstverständlich auf Pfaden des so unerforschten Umwegs. Sind wir vorgestern noch aus Griechenland importiert worden, findet man sich heute oder morgen (vielleicht ist das besser) schon ganz woanders. Kopenhagen überfliegen wir, als wer's gar nichts und streben das Allerhöchste schlechthin an, = den Norden. Hat die Zeit des Umsteigens, uns in Barcelona nur den bezaubernden Blick auf das Kachelmosaik von Miro vor der Haupthalle gegönnt, haben wir in Oslo eine Taxifahrt Richtung Wiegland-Park offen. Ein Skulpturengarten der das Leben, den Mensch, in ergreifender Weise umringt von Grünem, uns auch das Ende skulpturell nicht vorenthält. (Alte Menschen und sowas nackt und würdig.) Keine Bange, die Kunst färbt nicht ab. Dieweil wir an un-

serem Duty-free-Fläschchen, um Entbehrungserscheinungen, von denen man im Nordsprachlichen mundet, über Wolkenteppichen, vorzubeugen, Schlucki machen. Anbei gesagt, ist Besagtes auch im Navajoschen nicht zu ergattern, da die böse Lüge vom Teufelswasser zu einem Nein – im Wigwam-Parlament geführt hat. Doch was soll's, wir fliegen und landen, auch nicht in Stavana, es sei denn, das Recklinghausener Bahnhofsklima wäre uns fremd. Trondheim schon eher, da wird man zum Profi. Innerhalb eines Tages hat man es geschafft, 3 × zu starten und 3 × zu landen. Daran soll's nicht mangeln – wir lassen uns nicht lumpen, und starten ein 4. ×.

Nun gut II

Richtung Tromsö (Mitternachtssonne inbegriffen). Erst dann, so wie es immer ist in schönen Ferien, könnten Zahnschmerzen auftauchen, was uns das Kleinod des Nordens auch vom Inneren her näherbringt (Zahnarzt gibt es da!). Zurück zur Golfplatz-Flughafenbaracke. Leicht in der Nähe von Sonne und Mond + Eis haben wir die Zeit, in unser Tagebuch etwas hineinzuschreiben: Es wird langwierig! Beißen wir uns daran nicht die Zähne aus – es steht zwar noch ein weiterer Flugstützpunkt in der Gegend zur Verfügung = (Kirkenes) (wo man nur über die Grenze zu kucken braucht, um Russen zu sehen). Das wird einem nicht schwierig fallen, denn alle Bäumchen sind von der Mitternachtssonne beleuchtet. Sonst ist dort eigentlich wenig los und Unlust durch Unterbeschäftigung könnte sich breit machen. Es sei denn, sie machen's wie ich und arbeiten in dem einzigen Fotoladen, drehen zwecks Verlängerung der Zeit drei Wochen Hochzeitsfotos durch die Trockenmaschine. (Auch ›durchnudeln‹ genannt.) Die Bevölkerung läßt da zwar Platz und zu wünschen übrig, aber dafür heiraten sie auch alle (manche öfters). Gut, der See, die Birken, sowas wie Fjord und noch mehr Holz (die Möbel und den Norwegerpullover haben wir schon zu Hause) ist abgelichtet, haben die Postkarten an Mutti und Papa, Doris und Helmut abgeschickt, da werden erneut Impulse eines Natur- und Wandervogels in uns breit.

Ab die Luftpost nach Island, an Bord echt skandinavisch Frischfisch tafeln lassen, um Erwägung durch Erwägung zu ziehen. (Z. B. Die Fußballmannschaft oder einen von denen, aus Rekjavik autogrammäßig anzumachen.) (Die

Möglichkeit steht gut, da Island klein.) Vielleicht gewinnen die X gegen den HSV, (natürlich nicht solange Horst Hrubesch (mein Freund) da Kopfballer ist) (versteht sich) (für Unwissende: Der hat doch Deutschland in Rom zum Europameister gemacht.) (P. S. Er kommt von Rot-Weiß-Essen!!).) Was Island sonst noch bieten könnte, und um sich nicht zu verlaufen (da soll's nur 1 Hotel geben) vorsichtshalber bei Ossi Wiener nachfragen und buchen, der hat da Freunde in geschlossenen Schulen, wo man schlafen kann – denn Bier gibt's da nicht. Soweit ich Ossi kenne, sorgt er aber für Entschädigung sonderes gleichen.

Nun gut III

Bloß wo wir schon X da sind + nicht mehr da sein wollen, wo wir sind, + noch mehr davon in der Nähe ist, bin ich dafür Manchester anzufliegen. Warum? Weil ein bißchen Entspannung nicht schaden kann! Diese Einsicht und Wirklichkeit verbindet Claan Ffestiniorg seit Jahrhunderten mindestens. (North Wales, wo man walisisch spricht, der Tom Jones und Caroline, unser früheres Au pair-Mädchen herkommen.) Außer dererlei Normalitäten hat dieses nordöstliche Volk noch mehr anzubieten. Für die ganz Kleinen unter uns = Schafe auf der Kreuzung zum Streicheln (gibt's doch bei uns nicht – oder?) Für die Teenies zum Auslauf (auch unsere Großen genannt) einen Abstecher nach Port Miriam (in der italienischen Kulissenstadt am Wasser hat der Manager von den Beatles (Brian Epstein) X gewohnt. Und für die Älteren vorzeitige Kontaktaufnahme mit der Urbevölkerung (die Pubs – are closing at eleven!) Aus dem Blickwinkel unserer ausländischen Kamera jedoch gesehen, gleicht seit einiger Zeit, bevor wir lange funkeln, warum und wieso, das eine dem andern. Wir besteigen das Flugschiff in Richtung nahe gelegener Einkaufsstadt London. Unsere in Fernweh blickende Gedanken kann der Regen auch nicht aufhalten, denn in Amerika gibt es viel mehr und viel Neueres zu kaufen (sagt die Master Charge Karte vorlaut.). 3 ½ bis 4 ½ Stunden Fliegemann, brav essen, und einen Film ansehen. Ab nach Amerika – schon wieder dem Land der einfach käuflichen Möglichkeiten entgegen. Eins werden sie sich schwören – Pan Am nie! (Es sei denn Sitz 152-153, Ausstreckmöglichkeiten nur dort vorhanden.) Die Filme, dort laufend, könnten im Verlauf der Absolvierung weiterer Flugstunden zum wiederholten Male zur Kritik am Inhalt verlocken! Deswegen BEA hin zum Füße vertreten umsteigen (Kennedy Airport), leise deutsch meckern, wenn da (wie immer) nichts los ist. Das Benzin ist nicht aus, wir fahren nicht nach Haus, von einer Seite zu der anderen, mit dem Gefühl, wir fliegen gegen die Zeit. (Besonders den Geburtstagskindern zu empfehlen, die es satt sind, Mittelpunkt einer solchen Feier zu sein oder darzustellen.) Sollten sie als Leser müde sein = so geht es allen zu dieser Stunde, die in San Francisco landen.

Nun gut IV

– bloß da gelten andere Regeln. Die Blumenmenschen haben Spuren hinterlassen, – die Freiheit für jedermann bedeuten, und gerade diese Freiheit machen wir uns zunutze. Ein Bus – namens Avis fährt vor – öffnet die Türen – fährt die Bagage zum Stützpunkt, von größer, besser und bequemer. Die Kreditkarte zeigt sich von ihrer besten Seite. In einem Fort LTD. (gehobener Mittelklasse) (Viertürer) (die blaue Metallicfarbe wird sich noch in gegebener Landschaft bewähren.) Gott sei Dank ist die Ferne das, was sie versprach, und das heißt geradeausfahren. Wundern sie sich nicht, wenn die Golden Gate Bridge noch an diesem Tage zu ihrem Verwendungszweck abgehakt werden kann. Bis die vielen Knöpfe des Komfort-Kockpits ihrer eigentlichen Bestimmung (kapiert) übergeben sind – liegt die West Coast fast hinter uns und die Beach Boys noch immer in den Ohren!
Fortsetzung folgt (vielleicht)

In- und Ausland I

Die Bauchhaare zwirbelnd
Die Palmen zählend

In den Bauchfalten wühlend
Sitz ich hier und denk nicht viel

Wie in Paris mit Vin Blanc Sec
oder Richtung Vitoria auf dem Deck

Wie auch immer
Von Einfällen nur ein blasser Schimmer

In Hollywood gab's noch viel zu sehen
Bleibt die Frage = Wo werd ich nächstes × hingehen?

Da bleibt einem nur die Vergangenheit
Das war noch eine Kleinigkeit

Irgendeinen Berg in Norwegen erklommmen
Und wie immer mir was vorgenommen

In Stockholm hab ich Speed verbraucht
Dafür hab ich nicht so viel geraucht

In Zandvoort war ich nie am Verzagen
in Zürich am Bananen verladen

In London hatt ich großes Verlangen
und bin früh zum Schlafen in den Hyde Park gegangen

In Hamburg mit Jochen am Klönen
In Finnland bei den Schönen

Im Schwarzwald
bei religiöser Vielfalt

In- und Ausland II

Schön war es in Viareggio
Bloß da gabs kein Papier aufm Klo

In Berlin blieb es bei der Unordnung
In Wales ist die Welt noch in Ordnung

In Düsseldorf hab ich gespielt im Rattinger Hof
Die Türken wohnen im Hinterhof

Die meisten Bekannten in der vierten Etage
in Hinterzarten beim Wichsen erwischt worden,
das war eine Blamage

Dazwischen öfters umgezogen
und viel ungezogen

Durch die DDR fahr ich nur mit dem Zug
Nach Bali bevorzuge ich Flug

Nach Ausflug nach Japan hab ich verschoben
In Altenkirchen gibt es wenig zu loben

In Malmö bekam ich viele Bonbons geschenkt
Papa hat uns mit dem Opel Kapitän nach Hause
gelenkt

In München gibt es Filmer und Fön
In Valun traf die Verlobte ihren toten Bergmann
nach 45 Jahren genauso schön

Aus Wanne kam die Christa Heiselmeier
In Rio macht man viel Gefeier

Afrika liegt im Süden, das weiß doch jeder
Afrika ist schön, sagt jeder Neger

Aus: Gedichte

Manchmal

habe ich das Gefühl, man
hätte
in der Nazizeit
bei mir den Fehler gemacht,
die Geburt
wegzuwerfen und die
Nachgeburt großzuziehen

Der Ober bringt ein Bier
Schwestern
habe ich schon vier
die sind nicht von
Gestern
aber das Bier
scheint mir

Feuchtet an

Feuchtet an and
then I found that the world
is round

Du

Du bist so leer
wo kommst du her
Die Natur hasst das Leere

Im Krankenhaus

Aua, aua, aua
ja, ja
au ja

Der Sohn von Uwe Seeler
will immer das Selbe
Im Keller das Gelbe
Im Keller ist Milch drin

In Hannelore Kohl
Ist Milch drin

Bücken, egal

Aufstehn
Stuhl kaputt machen
you
yellow
you

Wir sind nicht Ernst
Wir sind Albert und Martin
aber wir tragen die Jacke von Ernst

Seit ich da bin,
weg, weg, weg,

1984
Wie es wirklich war
am Beispiel Knokke

Stündlich fährt ein Zug in neunzig Minuten von Brüssel nach Knokke. Stündlich fährt ein Intercity in dreieinhalb Stunden von Köln nach Brüssel. In einem dieser Züge sitze ich im Raucherabteil des Großraumwagens und schaue aus dem Fenster.
Ein erwachsener Mann, Gleisarbeiter, versucht sich auf den Gepäckträger eines fahrenden Fahrrads zu setzen. Als es gelingt, freuen sich Fahrer und Mitfahrer. Wir rasen an einer Litfaßsäule, an einem Sportverein, einer Papierfabrik, an einer Brücke und an vielen Verkehrsschildern vorbei. Ein Hubschrauber fliegt neben dem Zug. Irgendwann registriere ich nicht mehr die vielen großen und kleinen Autos, Pfähle, Buchstaben, Tiere und Häuser da draußen. Alle Häuser in der Nähe von Straßen sind häßlich. Kein Mensch ist zu sehen. Die sind wohl alle beim Essen. Jetzt kommt endlich die deutsch-belgische Grenze. Sie kündigt sich durch einen dreisprachigen Zöllner an. Nach dem einen Zöllner, kommt eine ganze Horde. Alle tragen Funkgeräte und Pistolen. Es sind unsere – in grünen Uniformen. Nach ihnen kommen noch Zöllner in blauen Uniformen – die belgischen. Sie haben auch eine Pistole, aber keinen Walkie-Talkie. Dafür je einen Schlagstock.
Die Belgier bauen andere Häuser, meistens aus rotem Backstein. Die Bewohner sind fertig mit ihrer Mittagspause. Manchmal kann man sie sehen, wie sie arbeiten oder einkaufen gehen. Ansonsten wechseln sich immer noch Weiden, Äcker und Wälder ab. Selten passieren wir etwas aufregendes, wie ein Umspannwerk oder einen Sportplatz. In Brüssel steige ich in einen belgischen Zug um. Er ist nicht vollbesetzt. Ich teile mir das Abteil, in dem acht Personen sitzen sollen, nur mit einem Mann, der sich

mir zum Glück nicht gegenübergesetzt hat, so daß ich ihn nicht anschauen brauche. Der Zug hat statt eines Speisewagens nur eine Minibar. Dort kaufe ich ein Käsesandwich, süßes, weiches, weißes Brot mit vierzig Gramm Gouda und einen Kaffee. Es ist sogar gefilterter Kaffee. Dafür wird auf die braun-weiße Plastiktasse ein ebensogroßes Plastikgefäß gesetzt. Dies hat einen doppelten Papierboden, in dem der Kaffee ist. Der Ober muß nur noch heißes Wasser aufgießen, servieren und kassieren.
Der Zug erreicht den Bahnhof von Knokke und ich steige aus. Knokke riecht gut, ähnlich dem Geruch einer Sauna, die mit Buchenholz heizt, und nach salziger Seeluft. Manche Menschen leben am Meer, andere verbringen einen großen Teil ihres Lebens auf hoher See, doch viele Millionen haben das Meer noch nie gesehen. Aber alle wissen, daß es das Meer gibt. Hier ist es spürbar und sichtbar. Die Witterung macht den Häusern zu schaffen. Fast jedes Fenster hat hölzerne, weißgestrichene Jalousien mit abgeblätterter Farbe. Erst wollte ich mir ein Taxi mieten, doch es ist mir lieber zu laufen. Die alten Häuser sind meist aus rotem Backstein mit weißen Holzerkern und Verzierungen gebaut oder weißgetüncht. Diese haben schmiedeeiserne Balkone. Die neuen Häuser sind schmale, rechtekkige Flachdachbauten. Sie sind beige oder weiß gekachelt mit großen Fensterfronten. Kein Haus hat mehr als zwei Stockwerke. Das ist in Knokke verboten. Damit keiner im Schatten eines anderen leben muß und jeder viel Sonne bekommt. Kleine Bäume säumen die Straße. Ihre Stämme haben einen Durchmesser von zehn bis zwanzig Zentimetern. Sie sind zwei, drei Meter hoch und enden in einem dicken Knorpel, von dem viele Äste abgehen.
Ich schlendere die Hauptstraße, die Lippenslaan lang. In

jedem Haus ist ein Betrieb im Erdgeschoß. Ein Café, ein Friseur, ein Geschäft oder eine Gastwirtschaft. In den Restaurants werden die Tische für das Abendessen gedeckt. Vor dem Eingang hängen ein toter Hase und ein toter Fasan. Sie sind an den Füßen festgebunden und ihre Köpfe baumeln nach unten. Der Kopf des Hasen ist mit Alufolie umwickelt. In fast jedem Fenster hängt ein Neonschriftzug mit dem Namen des Geschäfts oder dem was es verkauft, zum Beispiel in rosa Neon »Stella-Artois«. Das ist ein belgisches Bier. Dieser Schriftzug ist sehr häufig. Ein Restaurant hat außerdem noch ein hellblaues Neonmännchen und ein rosa Neonweibchen zur Kennzeichnung der Toiletten.
Viele Geschäfte sind Delikatessenläden. Die Fischgeschäfte haben Krabben, Garnelen, Hummer und verschiedene Sorten Fisch im Schaufenster. Dazu viele Schüsseln mit Fischsalat. Alles mit reichlich Grünzeug garniert. Ein Wildgeschäft bietet in Porzellanschüsseln Hasen- und Wildpasteten, die mit weißen Sehnen- oder Fettsträngen überzogen sind, an. Vielleicht findet jemand, daß dies besonders gut aussieht oder es schmeckt besonders lecker; ich finde, es sieht ekelhaft aus. Auch die erbärmlichen kleinen Vögel sehen wie alles gerupfte Geflügel, trostlos aus. In den Schaufenstern der Süßwarengeschäfte stehen Figuren aus weißer, brauner und schwarzer Schokolade. Auf Glasplatten werden verschiedene Sorten Trüffel und Konfekt angeboten. Daneben werden die verschiedenen Verpackungen gezeigt: Flaschen oder Glanzpapier, Schachteln mit Seidenblumen. Jedes Geschäft hat andere Pralinen und unterschiedliche Verpackungen, aber keins verkauft normale Bonbons oder Kekse. Die Lebensmittelläden haben den Stolz alter Kolonialwarengeschäfte. Jedes Teil

sieht so frisch und kostbar aus, als wäre es am Morgen aus Übersee gekommen, sorgfältig verlesen, poliert und dann erst ins Schaufenster gestellt worden.
Wer die Welt kennt, weiß um die Unterschiede der Hautfarben. Die Puppen der exclusiven Modeläden sind braun angemalt. Die Dekorateure haben sich nicht getraut, ihren Negerpuppen auch Negerhaarperücken aufzusetzen. Stattdessen tragen sie Käppis oder ihr Kopf ist mit Wolle umwickelt. Die Klamotten, die sie verkaufen sollen, sind dezent und teuer. Wenig Mühe haben sich die Juweliere gegeben. Ihre Fenster sind die langweiligsten. Wie überall liegt ein Teil neben dem anderen. Dazwischen ein Stück Holz oder etwas Ikebana.
Ich bin in die Elisabethlaan abgebogen. Der Platz in den sie mündet heißt Albertplein. Dies ist ein Platz mit kurzgeschorenem Rasen, vier Fahnenmasten und vielen Parkplätzen. Zwei unsinnige, schmale Gehwege kreuzen ihn, ein weiteres Indiz für den Hang der Belgier zu Ornamenten. An einer Ecke, eine Seite zum Meer, eine zum Platz, steht der Carltongebäudekomplex mit der Residence und dem Hotel. Aus Rücksicht auf die Grundstückspreise dürfen hier die Häuser höher sein. Dieses hat vier Fachwerkgiebel, ein Ziegeldach und ist weißgestrichen. Im Erdgeschoß befinden sich ein Straßencafé, ein Sport- und ein Fotogeschäft. Durch eine kleine, unscheinbare Tür betrete ich die Rezeption. Es ist kein Mensch da. Ich bin allein in dem dunklen, mit Holz verkleideten Raum. An den Wänden stehen Glasvitrinen, die bis auf zwei Krüge leer sind. Ich muß nicht lange warten, da kommt der Portier – ein triefäugiger, schnauzbärtiger Mann, Mitte-Ende dreißig. Er sagt nur »vierter Stock« und hält mir die Fahrstuhltür auf.

Das Zimmer gefällt mir, denn es ist geräumig. Irgendwo brummt eine Waschmaschine. Ich kann nicht feststellen, wo sie steht, aber sie brummt entsetzlich laut. Ich schmeiße den Koffer auf das Bett und beschließe gleich noch eine Runde zu drehen. Vom Hotel zum Strand sind es nur ein paar Schritte. Ab Einbruch der Dämmerung wird der Strand von orangenen Scheinwerfern angestrahlt. Sie stehen so dicht, daß sie drei Schatten von mir werfen. Nach zwanzig Metern fällt der Strand steil ab. Dieser Teil liegt im Schatten. Ich stehe da ganz allein im Dunkeln – die Brandung tost, obwohl die Wellen nicht sehr hoch sind. Außer ihrem beständigen, unermüdlichen Schlagen ist nichts zu hören. Kein Auto, keine Möwe, nichts. Ich gehe zurück zum Hotel. Die Straßen sind leer. Die Kneipen sind auch leer. Trotzdem gehe ich noch in ein Bistro und bestelle ein Bier. Die Belgier verstehen es Bier zu brauen. Sie haben es, glaube ich, sogar erfunden. Genau wie die Pommes-Frîtes. Trotzdem habe ich noch keine Pommes-Bude gesehen. Es gibt auch keinen McDonalds in Knokke. Zu meinem Bier bekomme ich ein Schälchen mit Kartoffelchips. Die Kneipe ist mit viel dunklem Holz verkleidet, mit dunkelgrünen Polstern auf Stühlen und Bänken. In einer Ecke steht ein großer Farbfernseher. Der Ober, ein junger Typ, Anfang zwanzig, setzt sich, nachdem er mich bedient hat, davor. Ich trinke schnell mein Bier aus, rauche zwei Zigaretten und gehe in das Hotel. Im Zimmer mache ich den Fernseher an. Als ich den Knopf ziehe, kracht es: der Fernseher geht an und ich teste alle Programme durch. Belgien hat Kabelfernsehen und von den acht Kanälen machen noch fünf Programm. Jedesmal, wenn ich den Knopf ziehe, kracht es entsetzlich laut. Kein Programm gefällt mir, ich stelle den Ton ab und schmeiße mich aufs Bett. Wieder zünde ich mir eine Zigarette an. Neben dem Bett sind zwei Lichtschalter. Damit kann ich die Deckenlampe, einen Kristalleuchter mit Kerzennachbauten als Glühbirnen, und die kleinere Lampe über dem Bett an- und ausschalten. Neben dem Bett steht noch eine kleinere Nachttischlampe. Um das Deckenlicht haben sich eine Menge Insekten versammelt. Ich lösche es und hoffe, daß die Tiere dann verschwinden. Zumindest will ich sie nicht mehr sehen, weil ich mich sonst grusele. Im Badezimmer tropft ein Wasserhahn. Um diese leichte Form der Folter abzustellen, stehe ich auf. Das Badezimmer ist recht groß, aber verwegen gekachelt : blaßgelb an den Wänden, grün mit schwarzen Zierfliesen der Boden. Es gibt nicht nur ein Klo, sondern auch ein Bidet. Auf dem Wasserkasten vom Klo ist eine kleine weiße Sphinx. Während ich versuche die Wasserhähne fester zuzudrehen, fällt mir auf, daß es keine Waschmaschine ist, die so laut brummt, sondern der Fahrstuhl. Ich gehe zurück zum Bett und zünde mir noch eine Zigarette an. Über dem Bett liegt eine senffarbene Tagesdecke. Nach fünf senffarbenen Streifen, kommt ein dunkel-grüner Zickzack. Ich muß mir vorstellen, wieviele nackte Ärsche schon auf dieser Decke saßen und beschließe schlafen zu gehen.

Das Frühstück gibt es auf dem Zimmer. Darüber bin ich sehr enttäuscht, denn ich hatte mich sehr darauf gefreut, die anderen Hotelgäste zu sehen. Nach einem Anruf in der Rezeption wird es mir von einer Frau gebracht. Sie ist nicht sehr alt und sieht ungemein frisch aus in ihrer weißen Bluse. Ich geniere mich etwas, denn das Zimmer ist unaufgeräumt und ich bin unrasiert, aber sie beachtet mich gar nicht, sondern stellt nur das Tablett auf den

Tisch und verschwindet dann wieder. Auf dem beigen Plastiktablett liegt ein »dick & durstig«-Tuch. Darauf steht das Service, weiß mit grünen Rosen, eine Schale aus gehämmertem Metall mit einer Serviette und drei Brötchen. Auf einem Cromargan-Tablett ist ein weiteres rundes Tellerchen mit einem Quader Butter, einem Kännchen Dosenmilch und zwei Glasschälchen mit Marmelade. Rosarote und orangene. Jedes Schälchen hat einen kleinen Löffel. Es gibt noch ein Kännchen mit warmer Kuhmilch. Das finde ich sehr fürsorglich und es tröstet mich über das einsame Frühstück in dem doch etwas trostlosen Zimmer. Ich schaue nach, ob es schon etwas im Fernsehen gibt und erschrecke erneut über das Knallen beim Schalten. Es gibt nur holländischen Schulfunk und die deutsche Presseschau. Ich gehe zurück zum Tisch, schenke mir Kaffee mit warmer Kuhmilch ein und fange an die Brötchen zu schmieren. Sie sind ziemlich groß, aber fast knusprig. Trotzdem schmeckt alles fad, auch die Marmelade. Ich hoffe, daß mich der Kaffee wieder fit macht, denn von der wüsten Ansammlung von Farben und Formen in meinem Zimmer wird mir schwindlig. Die Tapete ist hellbau-hellbeige gestreift. Es sind goldfarbene Blumen- und Ornamentkränze darauf verteilt, in denen Blumensträuße in hellblau, taubenblau und fliederfarben mit braunen Blättern und schwarzer Zeichnung sind. Die Tapete ist voller Flecken. Die meisten sind bei der Frisierkommode. Diese besteht aus zwei an die Wand geschraubten Schubladen, über die eine Glasplatte gelegt wurde. Auf ihr steht ein Tablett mit zwei Flaschen Wasser, ohne und mit Kohlensäure sowie zwei Weingläser. An der Wand hängt ein grundsätzlich verschnörkelter Spiegel. Der Rand besteht aus kleinen hellblauen Kristallen und in die Spiegelfläche

ist ein Schnörkel geätzt. Links und rechts vom Spiegel hängen wieder Kristallüster. Diese haben aber kleine rote Lampenschirme. Es gibt noch eine Stehlampe im Zimmer. Sie steht auf der schwarzen Marmorplatte über der Heizung, auf der auch der Fernseher steht. Die Form des Lampenständers erinnert mich an weit offene Biber und der Lampenschirm ist aus zerknautschtem, weißem Poly. Während ich die Zigarette ausdrücke, fällt mir der Aschenbecher auf. Er ist sechseckig und rauchfarben. Im Boden ist ein Hohlraum, das Profil eines Mannes, und der Schriftzug Dom Perignon, Champagner. Ich beschließe, mich fertig anzuziehen und etwas rauszugehen.
Im Fahrstuhl treffe ich einen Mann, der mir bekannt vorkommt. Der Fahrstuhl ist klein und wir stehen sehr dicht beieinander. Ich kann ihn ganz genau ansehen, aber mir fällt nicht ein, wer er ist. An der Rezeption frage ich den Portier. Er sagt, dies sei Jean-Marie Pfaff, der belgische Nationalspieler, zur Zeit bei Bayern München unter Vertrag, gewesen. Dann erzählt er mir, daß vor ein paar Tagen ein Witzbold Jean-Marie den Ball weggenommen habe. Der sei total durchgedreht, weil der Kerl seinen Ball auch noch in einen Swimming-Pool geworfen hat und er ihn nicht herausholen konnte. Hä, hä.
Ich gehe an den Strand, immer am Wasser lang. Der Sand ist grob und feucht und voller Muscheln. Zahlreiche Spuren durchziehen ihn. Abdrücke unterschiedlicher Profile und Schuhgrößen, verschiedener Hundepfoten und Möwenkrallen. Auch dort, wo das zurückweichende Wasser die Spuren der letzten Stunden gelöscht hat, sind schnell neue entstanden. Zwei Hunde balgen in der Brandung miteinander. Kleine Köter mit kurzen Beinen, deren Schwanz unablässig wedelt, während sie übereinander

purzeln. Stolz und verzückt strahlt mich ihr Herrchen an. Ich habe Lust mich zu unterhalten, aber nicht mit dem und nicht über seine Köter. Schon zwei Tage habe ich kaum gesprochen. Ich fange an zu rufen: »Ha, Ha« und »Ho, He, Ho«. Dann fange ich an zu singen. Leute kommen mir entgegen, darum höre ich wieder auf. Alle zehn bis hundert Meter trifft man auf Menschen. Alleine, zu zweit, zu zweit mit Hund oder eine kleine Gruppe. Dieses sind bestimmt Amerikaner. Es gibt sie nur sehr selten in Knokke, trotzdem bin ich sicher, daß es welche sind. Sie sehen so aus. Amerikaner haben oft den Mundwinkel vorgeschoben, die Lippen dabei fest aufeinander gedrückt. Dies gibt keinen dünnen Strich, weil sie große Lippen haben und sie nicht aus Verbitterung zusammendrücken, sondern um Entschlossenheit zu demonstrieren. Obwohl die Mundwinkel nach unten gehen, schaffen sie es immer noch Optimismus auszudrücken. Wahrscheinlich ziehen sie nahezu unsichtbar die äußeren Mundwinkel und mit ihnen die äußere Wangenmuskulatur nach oben. Außerdem trägt einer, der mindestens fünfzig ist, ein Truckerkäppi, und die tragen nur Amerikaner.
Der Strand ist sehr sauber. Es liegt kein Müll rum, kein Seetang und keine Tiere, wie Quallen oder tote Möwen. Ich sehe auch kein Treibgut, dicht am Wasser besteht der Sand fast nur noch aus kleinen Muschelteilen. Sie schimmern von Perlmutt über rosa und violett bis beige und okker. Mittendrin liegt ein Seestern. Er lebt noch. Die Saugnäpfe an der Unterseite seiner Fangarme tasten sich in alle Richtungen. Es sieht aus, als wäre dies eine glibbrige Masse, die sich nicht entscheiden kann, ob sie links oder rechts runterrutschen soll. Früher haben wir Seesterne gefangen und getrocknet, was entsetzlich stank. Mit spitzen

Fingern fasse ich ihn an und werfe ihn, verwundert über seine Festigkeit und die rauhen Riffel auf der Oberseite, ins Wasser. Wieder rennen zwei Hunde vorbei. Übermütig toben sie durch die Brandung. Ich bekomme auch Lust, ein wenig durch das Wasser zu laufen. Obwohl es sehr kalt ist, ziehe ich meine Schuhe und Strümpfe aus und wate hinein. Es ist wirklich sehr kalt, und trotz der desinfizierenden Wirkung des Salzwassers gebe ich schnell auf. Ich gehe vom Wasser weg zur Strandpromenade. Eine kleine Holzabsperrung, an die Gummimatten genagelt sind, trennt den Strand von der Promenade. Sie ist recht lang, denn Knokke ist aus fünf Orten zusammengewachsen und langweilig. Hier sind die Häuser bis zu neun Stockwerke hoch. Sie halten den Lärm ab. Die meisten sind Appartementhäuser und zur Zeit unbewohnt. Vor den großen, quadratischen Fenstern sind weiße Jalousien heruntergelassen. Fast alle Häuser sind weiß oder ockerfarben gekachelt. Bis auf das Grau des Asphalts und die bunten Schaufenster, zieht sich ein kilometerlanger sand/ockerfarbener Streifen von Strand und Häusern an der Küste entlang, denn auch der Fußweg ist aus Sand, die Promenade aus ockerfarbenen Ziegeln. Nicht nur, daß viele Appartements unbewohnt sind, viele Hotels haben ganz geschlossen. Auch viele Restaurants und Geschäfte, und besonders ärgerlich, das beheizte Meerwasserschwimmbecken, öffnen nur im Juli und August.

Im Süden endet die Promenade abrupt. Eine rot-weiße Holzschranke und viele Verbotsschilder zeigen, daß hier der Hafen beginnt und, daß es nicht erlaubt ist ihn zu betreten. Gleichzeitig markieren mehrere Leuchttürme unterschiedlicher Größe und Baujahre, das Ende des Erholungsgebietes. Ab hier wird gearbeitet. Einige Männer streichen Baracken von hellblau auf dunkelblau um. Andere fahren in LKWs und Betonmischern herum oder laden mit Kränen riesige Steine, mit denen andere Arbeiter eine Straße bauen, aus einem Schiff aus. Soweit ich schauen kann, ragen Kräne und Lichtmasten in den Himmel. Im Kontrast zur Emsigkeit der kleinen Autos und Menschlein, steht die Unbeweglichkeit und Größe der Lagerflächen. Am Ende des Kais stapeln sich trapezförmige Betonteile. Vorne sind Sandberge und Kohlehalden. Zwischen dem Gestrüpp liegt Müll. Riesige Rohre, ein paar rostige Tonnen und große Gesteinsbrocken mit dikken, verbogenen Drähten drin. Ein ganz kleiner Teil Erde neben den Baracken ist sorgfältig umgegraben. Zwei Männer haben angefangen dort Büsche zu pflanzen.

Ich gehe durch den Ort zurück. Hier gibt es eine kleine Fußgängerzone, die durch bunte Wimpel gekennzeichnet ist. Auch hier ist es menschenleer. Zwei Jugendliche, vielleicht fünfzehn Jahre alt, biegen um die Ecke und betreten einen Rock'n-Roll-Club. Ich bin erstaunt, daß es hier so etwas gibt und schaue durch das Fenster. An die Wand sind die Stones, so wie sie ausgesehen haben, gemalt. Tatsächlich trinken die Teenies alle Cola. Einige stehen an der Musikbox, ich kann aber nicht hören, was für Musik gespielt wird. Andere sitzen brav an schlichten Holztischen. Ich überlege, ob ich den Club betreten soll, fühle mich aber doch zu alt und gehe weiter. Die Straße, in die ich eingebogen bin, führt mich wieder auf die Strandpromenade. Ich bin erschrocken, wie weit sie sich hinzieht; das Hotel Carlton liegt fast am anderen Ende. Hinter dem Hotel beginnt das Villenviertel.

Weiße Villen mit Giebeln aus Fachwerk sind in die weichen Dünen eingebettet. Hier wachsen nur stachelige

Kräuter und Flechten. Sie leuchten wie kleine hellgrüne Sternchen auf dem Sand. Dieser Dünensaum trennt Knokke von der versandeten Meeresbucht genannt »de Zwin«. Ein von weiten Deichen umzogenes Brachfeld, voller Strandgräser und Wassertümpel, halb moorig, halb brackig, wird von vollgelaufenen Gräben, ähnlich den Prielen des Wattenmeeres, durchzogen. Bei Hochflut steht dieses Gebiet wieder unter Wasser wie vor einem halben Jahrtausend. Diese Urlandfläche ist zum Reservat für Pflanzen und Flügeltiere geworden, die hier in ungestümer Freiheit oder in den endlosen Vogelvolièren und Wärterhäuschen leben. Hier sieht man, was das Land an Vögeln besitzt und was es noch an Vögeln besitzen könnte, wäre seine Landschaft nicht so domestiziert. Das ist ein ununterbrochenes Zwitschern, Schwätzen, Gurren, Kreischen und Locken.

Bunte Stieglitze, rotröckige Gimpel, gelbgrüne Zeisige, Meisen, blauröckige Kleiber, Ammern, Finken, Stare, alles da. Dazu zahlloses Wassergeflügel: Reiher, Störche, Strandvögel, Kraniche, Schwäne, selbst Raubvögel wie Adler, Falken und Bussarde, Eulen und der königliche Uhu. Welche Pracht! Die bunten Enten schnattern und watscheln eilfertig und aufgeregt, wenn der Wärter mit dem Futter kommt.

Mein Blick fällt auf ein Huhn, das seinen Hals vertikal streckt und den oberen Schnabel aufwärts biegt, während der untere in normaler Stellung bleibt. Darauf folgen Schlucken und Schnabelschließen. Ich überlege, ob Hühner so gähnen. Wenn Gähnen ein weites Öffnen des Maules bei gleichzeitigem Einatmen und Streckbewegungen bedeutet, so weist Konrad Lorenz auf die Feststellung hin, daß weder Vögel noch Reptilien gähnen.

Andere Forscher haben mit Gähnen nur das weite Aufsperren des Schnabels bezeichnet. Die Tatsache, daß bei Vögeln und Reptilien die gleichzeitige Streckbewegung und die Einatmung fehlt, ist unbestreitbar und auffällig genug.

Bei Säugetieren und nicht zuletzt beim Menschen, findet man alle drei Komponenten in synchroner Koordination. Die bekanntlich ansteckende Wirkung des Gähnens ist allerdings auf den Menschen beschränkt. Andererseits weiß jeder Fischkenner, daß viele Fische nicht selten ohne ersichtlichen Anlaß das Maul weit aufsperren und wieder schließen. Bei Vogelgruppen ist das typische Gähnen selten und ich rechne sogar damit, daß eine bedeutsame Funktion nicht vorhanden ist.

Zu meinen Lieblingen unter den Vögeln gehört eine Familie, welche sich keineswegs durch schöne Farben auszeichnet, sondern vielmehr ein düsteres, einfaches Kleid trägt, nämlich die Familie der Raben. Sie ist eine schwarze Familie. Jedermann weiß von der Häßlichkeit, Widerwärtigkeit und Spitzbüberei der Raben. Selbst der ausgezeichnete Verstand, den sie besitzen, wird ihnen abgesprochen und von ihren guten Eigenschaften spricht niemand. Ihnen gegenüber gibt es keine Liebe, keine Duldung. Man mordet sie, raubt ihnen Eier und Brut und zerstört ihre Wohnung.

Die Familie der Raben hat verschiedene Mitglieder. Ihre Namen lauten Krähe, Dohle und Rabe. Welche Namen. Kein einziger hatte oder hat einen guten Klang. Einem römischen Augur konnte die ganze Opferfreude vergehen, wenn ein Rabe erschien. Die Nahrung der Raben besteht, wie die des Menschen, in allem was genießbar ist. Sie verzehren die Leichname selbsterbeuteter und tot aufgefundener Tiere ebenso gern, als sie Würmer, Weich- oder Gliedertiere verspeisen, und sie lieben Früchte, Beeren und Getreide. Sie morden, plündern Nester aus, berauben schwächere Tiere, stehlen und betteln in Wald und Flur, in Städten wie auf dem Wasser. Doch dies bringt uns einen unschätzbaren Gewinn. Alle Raben vertilgen eine unzählige Menge von Tieren, welche unserer Feld- und Forstwirtschaft verderblich sein könnten. Mäuse zum Beispiel sind die Leibspeise der Stärkeren. Von dem hierdurch herbeigeführten Nutzen kann man sich leicht überzeugen, wenn man ein Feld mit getöteten Krähen behängt. Die Lebenden halten die aus ihren Kameraden bestehenden Scheuchen in so hoher Achtung, daß sie niemals ein derartiges Feldstück besuchen würden. Da kann nun sämtliches Ungeziefer ungestört sein Werk verrichten, und der Besitzer wird bald zu der Einsicht gelangen, wieviel er den Rabenvögeln verdankt.

Die Jagd auf Raben ist eine der schwierigsten und ärgerlichsten, welche es gibt. Sie wissen es, den Verstand des Menschen lächerlich zu machen, denn sie setzen seiner List größere List, seiner Schlauheit größere Schlauheit gegenüber. Das tägliche und häusliche Leben der Raben ist für denjenigen, welcher sie zu schätzen weiß und nicht mißgünstig betrachtet, sehr anziehend. Sie gehören zu den Vögeln, deren Stimme man am Morgen zuerst hört. Der große, stattliche Vogel fällt von weitem auf, und seine starke Stimme, welche gewöhnlich »kraach, kraach«, seltener »kruch«, bei großer Heiterkeit aber »kloog, kloog« tönt, vernimmt man aus gewaltiger Entfernung.

Plötzlich ein aufgeregtes Palaver aus tausend Vogelschnäbeln! Es läuft gleich einer Brandungswelle durch das ganze Tierparadies. Die Luft ist erfüllt von Rauschen

und Schreien. Ein mächtiges Geschwader wundervoll kompakt gebauter Graugänse schwillt heran, stürzt herab, fällt ein, die rosafarbenen Schnäbel schreiend vorgestreckt. Endloses Verhandeln auf allen Seiten. Man weiß nicht, ist es Begrüßung oder Auseinandersetzung. Köpfe recken sich gegeneinander, aufgeregt werden Flügel geschlagen, bis das große Ereignis genügend besprochen ist. Ein ganzes Volk von Graugänsen! Gleich werden sie schreiend aufrauschen aus dem Reservat des Parks. Unaufhörlich kreisen und landen ganze Geschwader von Flügelwesen über dem berauschenden Flugplatz der Vogelwelt. Ich finde es wunderschön in diesem zur Urlandschaft zurückverwandelten Stück ungezähmter Natur, in dem sich die Steppe der Schlickböden und Sumpfpflanzen dort entlangzieht, wo noch vor wenigen Jahrhunderten die stolzen Schiffe der Kaufleute fuhren. Denn das ist übriggeblieben vom mächtigen Zwin, um den sich die Könige Westeuropas stritten: die Natur! Der Jubel der Kreatur. Der Rückfall in eine urtümliche Freiheit. Und es scheint mir, als sei dies nicht der schlechteste Untergang.
An kalten Tagen verzichte ich auf meine einsamen Strandspaziergänge und schwimme einige Bahnen im Zentrum für Streßkranke. Obwohl Streß das ganze Jahr über Saison hat, ist das Zentrum nur im Sommer geöffnet – mit Ausnahme des Schwimmbades.
Die Kleidung wird bei der Frau abgegeben, die mich auch schon an der Kasse bedient hat. Keine schöne Kasse und keine kluge Frau. Sie will mir keine Marke für meine Garderobe geben. Dabei ist das in allen Bädern so üblich und schon kleine Abweichungen von dem, wie es immer war, empfinde ich als Störung. Dafür sind doch Gewohnheiten da, daß sie dem, der in ihnen zuhause ist, in turbulenten

Zeiten Sicherheit geben. Nicht umsonst verwendet der erfahrene Segler einen großen Teil seiner Zeit auf dem Boot zur Einübung einer Bordroutine. Doch damit er nicht beim plötzlichen Auftauchen eines Öltankers oder eines Sturmes erstarrt nur weil er nicht entscheiden kann, welcher Griff zuerst zu tun ist, sein Schiff, seinen Verstand oder sein Leben verliert.

Zuerst muß ich durch zwei Fußdesinfektionsbecken und eine Duschanlage, dann bin ich in der sehr schönen Schwimmhalle. Die Decke ist mit dunklem Holz verkleidet und eine Front ist voll verglast. Dahinter liegt ein See. Nur das Glas und etwas Schilf trennen den See vom Wasserbecken. Außer mir befinden sich noch zwei Schwimmlehrerinnen mit ungefähr dreißig Schülern und Schülerinnen im Alter von acht bis zehn Jahren im Bad. Das Wasser ist aus dem Meer und ungefähr 26° Grad warm. Wäre es nicht so salzig und würde das Salz nicht so stark in den Augen und auf der Haut brennen, könnte ich mich wohlfühlen. Ich liebe es mich auf dem Rücken treiben zu lassen, dabei die Augen geschlossen zu halten und toter Mann zu spielen. Ich tauche auch gerne. Eine Bahn von fünfundzwanzig Metern schaffe ich ohne ein weiteres Mal Luft zu holen. Die letzten Meter denke ich immer es zerreißt mir die Lunge und der Druck auf den Ohren zerdrückt mir den Kopf, aber ich schaffe es immer ohne nennenswerte Katastrophen.

Heute macht es mir keinen Spaß, weil die Kinder soviel Chaos machen und das ändert sich auch nicht, als sie das Becken verlassen. Ich plantsche noch ein wenig, aber komme mir albern vor als einziger in dem Becken, und beschließe mich wieder anzuziehen.

Die Garderobenfrau gibt mir tatsächlich auch ohne Mar-

ke die richtigen, meine Sachen und ich gehe in eine dieser orangenen Kabinen, um mich umzuziehen. Als ich mich abtrockne, entdecke ich in einer Ecke einen roten Badeanzug. Ich vermute, daß ihn eine der Schülerinnen vergessen hat. Zuhause wird die Mutter schimpfen, wenn sie den Verlust bemerkt, und da die Klasse noch in der Eingangshalle zu hören ist, beeile ich mich mit dem Anziehen. Den nassen Badeanzug in der Hand, gehe ich durch die mich doof anglotzenden Schüler auf die Lehrerin zu. Eine entsetzliche Situation; ich stehe da und versuche zu erklären. Niemand versteht Deutsch. Alle starren auf mich und ich drehe mich um, werfe den Badeanzug in den Papierkorb und fliehe.
Kaum bin ich außer Sichtweite, ärgere ich mich: Ich wollte noch zur Massage. Durch einen anderen Eingang betrete ich erneut das Zentrum.
Die meisten Masseure sind sehr rücksichtslos und erzählen mir fürchterliche Geschichten, während ich versuche mich zu entspannen, wenn sie mich massieren. Es scheint, als erlebten alle Masseure die fürchterlichsten Dinge bevor sie mich in die Finger bekommen. Einmal erzählte mir eine, daß ihr Vater gerade gestorben sei, sie mit ihm zusammengelebt und ihn die letzten Jahre gepflegt und darum auch keinen Mann habe und daß sie nun ganz alleine sei und sich oft fürchte. Harmlosere erzählen nur von ihrem Schnupfen und daß sie kaum noch Luft bekämen, dabei wischen sie ständig mit der Hand ihre laufende Nase ab und wer einmal angefangen hat über Krankheiten zu reden, dem kommen immer neue in den Sinn und es ist ein endloses Leiden. Hier kann mir das nicht passieren. Die Hände der Masseuse sind kräftig, und als sie merkt, daß ich kein flämisch verstehe, ist sie still. Wenn ich pro-

testiere, weil sie zu heftig wird, verringert sie sofort den Druck. Ich liebe es, wie sie jeden Muskel einzeln durchknetet. Das Massageöl riecht gut und ich konzentriere mich auf das Surren der Neonröhre, damit ich nicht anfange vor Behaglichkeit zu brummen. Ich bin etwas kitzelig, was mich sehr ärgert, und als sie meine Taille massiert, zucke ich zusammen. Sie knetet mir nochmal den Rücken durch und dann ist die Massage beendet. Ich setze mich auf und mir wird etwas schwindelig. Benommen ziehe ich mich wieder an. Ich werde in das Hotel zurückgehen und mich weiter ausruhen.

An einer Ecke des Platzes vor dem Hotel ist ein Schreibwarengeschäft. Dort kaufe ich mir einige deutsche Zeitungen und Zigaretten. Ich finde mich unhöflich, weil ich nur die Marke brummele und nicht einen freundlichen Satz wie »einmal dies und das bitte« sagen kann und so dem Verkäufer die Möglichkeit für eine liebenswürdige Konversation wie »mit Vergnügen, mein Herr, schlechtes Wetter heute, was?« nehme.

Ohne dieses nette Ritual reduziert sich der Einkauf auf ein lustloses Eintauschen seines Papiers gegen mein Geld.

Vor dem Geschäft werden Bauarbeiten ausgeführt. Ein Mann hackt die Erde auf. Bis zum Bauch steht er schon in der Grube – welch einsame Arbeit in dem dunklen Loch. Ein Lastwagen wird von einem anderen Mann ausgeladen. Dieser ist von beeindruckender Fettleibigkeit. Sein Unterleib gleicht einer Halbkugel und sein weiches Fleisch scheint in der Hose zu schwimmen. Versonnen schaue ich ihn an und erstarre fast vor Schreck – in seiner Hand schwingt ein Hammer. Ich sehe ihm ins Gesicht und entdecke, daß er ganz woanders hingeschaut hat und

mich gar nicht bemerkt hat. Trotzdem überquere ich schnell den Platz.
Wie die meisten Hotels in Knokke hat auch das Hotel Carlton ein Straßencafé. Bei jeder Witterung ist es möglich in den Korbstühlen an kleinen runden Holztischen zu sitzen. Vor Wind und Regen schützen ein gläserner Windfang und eine rot weiß gestreifte Markise. Es ist auch nicht möglich zu frieren, denn an der Decke hängt ein Heizstrahler. So kann jeder Gast viel gesunde Meeresluft einatmen. Die meisten Gäste sprechen französisch. Wahrscheinlich sind es Franzosen und diese Art von Café wurde ihretwegen eingerichtet, in der Annahme, die Franzosen seien verrückt nach Straßencafés.
Ich setze mich mit dem Rücken zum Windfang und kann so das Café und den Platz überblicken. Der Kellner bringt mir ein Bier und ein Schälchen mit Chips und ich beginne die Zeitung zu lesen. Obwohl die Zeitungen immer voll der absurdesten Geschichten über Menschen sind, bin ich doch immer wieder erstaunt und erschrocken, selten belustigt über das was ich lese.
Zum Beispiel die Geschichte von der Afghanischen Nationalelf: Da müssen sie vor den Russen fliehen, kommen nach Deutschland und überhaupt nicht zurecht. Sie verhauen ihre Gegenspieler, fliegen vom Platz und ihre Spiele enden oft in Massenschlachten mit den Zuschauern. Der unglückliche Abrahim Hashimi verlobt sich mit der Deutschen Regina. Hashimi hat Regina erstochen – neun Jahre Haft.
Der Kellner bringt mir wieder ein Bier und ich bemerke verwundert, daß es keine Kellnerinnen gibt. Bis auf die Frau die mir morgens das Frühstück bringt, habe ich noch keinen weiblichen Angestellten im Hotel gesehen.

Auch die Verkäufer in den Geschäften, die Bedienungen in den Cafés und Bars sind alles Männer, weiße Männer. Neger oder andere Ausländer habe ich noch nicht gesehen. Dabei soll es viele in Belgien geben. So ein kleines Land, erst seit 1800 irgendwas und schon überschwemmt von Italienern, Algeriern und Marokkanern und zusätzlich noch das Beamtenpack, was ganz Europa nach Belgien schickt. Nur seh ich keine.
Dafür rieche ich jetzt eine alte Frau, die an mir vorbeigeht. Im Urlaub ist es meist nicht schwer am Geruch zu entscheiden, ob eine Frau alt oder jung ist, denn alte Frauen schmieren sich in den Ferien häufig ihre Lippenstifte auf und diese enthalten stark riechende Schwermetalle, die mittlerweile verboten sind.
Überhaupt ist der Geruchssinn der Frauen schlechter entwickelt als der des Mannes, da sie Parfums vertragen können, die dem Mann Ekel einflößen (der Geruchssinn der Frau ist also nicht entwickelt genug, um sie vor schlechten Einflüssen zu schützen). »Viele sehen darin einen Beweis für das grundsätzlich niedriger entwickelte Gehirn der Frauen. Nun, was ich ihnen wirklich übel nehme, ist ihre oft schlichte Art zu denken und einfache Gedankenmechanismen, falls sie einmal zur Tätigkeit erwachen, haben den Drang alles einfach zu sehen und durch diese Vereinfachungen werden die kompliziertesten Probleme so gelöst, daß man dann wünscht, sie wären ungelöst geblieben.
Im Allgemeinen ist das Verhältnis zwischen den Geschlechtern das unreflektierteste, und weil die Instinkte der Natur die Vernunft übertönen, wird in diesem Verhältnis so wenig gedacht und so viel gelogen.
Es erfordert einen desillusionierten Schopenhauer, der

jeden Gedanken daran die Liebe einer Frau zu gewinnen aufgegeben hatte, damit ein Mann das Verhältnis zwischen den Geschlechtern überdenken konnte. Zu welchen Ergebnissen sein abgekühltes Geschlechtszentrum und sein erfrischtes Gehirn kommen, ist uns bekannt. Sie werden Bosheiten genannt, sind aber lauter Entdekkungen.«

In dem Café ist kein Gast unter dreißig. Die Meisten unterhalten sich leise oder lesen Zeitung. In einer Ecke fangen zwei ältere Frauen an heftig mit den Armen zu rudern. Dabei rufen sie »Josephine, oh, Josephine!« und versuchen so auf sich aufmerksam zu machen. Eine Frau, Anfang dreißig, mit Lippen wie Sofakissen, kirschrot geschminkt, betritt das Lokal. Ihre Augen sind von einem warmen, dunklen Braun, die Haare sind schwarz und zu einem langen Zopf geflochten. Sie geht aufrecht ohne zu stolzieren, denn ihr Gang ist sehr weich, auf die beiden Frauen zu. Zwitschernde Begrüßungsküsse werden ausgetauscht. Man tätschelt ihr die Wange, prüft mit der Hand die Qualität ihrer Kleidung und nickt ihr anerkennend zu. Sie trägt eine schwarze Hose und eine schwarze Bluse. Darüber eine schwarze Jacke, die mit roten Riesenbuchstaben bedruckt ist.

Sie setzt sich und bestellt einen Tee. Verwundert und amüsiert zugleich bemerke ich, daß sie mich interessiert. Ja, sie gefällt mir. Ich starre sie an und warte, daß auch sie mich bemerkt. Irgendetwas wird mir schon einfallen, um sie anzusprechen. Ein Mädchen kommt in das Café gehüpft. Es läuft auf Josephine zu. Diese breitet die Arme aus und fängt das Kind auf. Offenbar ist es ihre Tochter, und da kommt auch schon der Vater der Familie. Da ist sie wieder – die Langeweile. Alle Frauen des Cafés glotzen

Mutter und Kind an und lächeln versonnen. Abscheu steigt in mir hoch. Alles die gleichen Typen hier. Graue Kleidung, graue Haare, braune Brille die Männer, braune Nerzmäntel die Frauen. Nur eine nicht: sie ist mindestens siebzig. Ein Leopardenmantel hängt um ihre Schultern. Ihr Make-up ist atemberaubend: rosa-orange schimmert ihre Haut und auf den Augen hat sie einen dicken blauen Lidstrich – die Lippen sind knallrot angemalt. Lässig sitzt sie in ihrem Korbstuhl, beteiligt sich aber nicht am Gespräch ihrer Tischgesellschaft. Sie nimmt überhaupt keinen Anteil an ihrer Umgebung.
Natürlich weiß ich nicht, was sie denkt, aber sie gefällt mir, sie rührt mich. Der Kellner bringt ständig frisches Bier immer mit Schälchen voller Kartoffelchips, Erdnüssen oder Käseplocken. Ein paar Frauen trinken Cocktails. Die meisten Leute lesen Zeitung. An einem Tisch wird Bridge gespielt. Josephine ist samt ihrer Familie gegangen. Es fängt an mir widerlich zu werden. Es ist wie im Fahrstuhl, wenn mir schlecht wird, und um die Qual zu erhöhen stelle ich mir vor, der Fahrstuhl würde nie mehr anhalten. Der Kellner geht an mir vorbei, und ein Reflex läßt mich ein Geräusch machen, worauf er anhält und mich fragend ansieht. »Zahlen, äh, payer« stottere ich und kreise mit meinem Zeigefinger über den leeren Gläsern. Natürlich werde ich alles zahlen müssen. Wie seltsam dieser Kellner aussieht. Er hat riesige hellblaue Augen und eine picklige Nase. Er sagt irgendeine Zahl, die ich nicht verstehe. Ich gebe ihm einen Schein, bekomme mein Wechselgeld und gehe nochmal an den Strand. Schon früher als ich noch ein kleiner Junge war, gehörten die Ausflüge an einen See oder Reisen ans Meer zum Schönsten und Aufregendsten was es für mich gab. Ich weiß noch

wie ich mit meinem kleinen Tauchgerät am Rande einer Grotte saß und durch meine Tauchermaske die Fische betrachtete, die mich ebenfalls ansahen, und plötzlich den Eindruck hatte, diese Augen seien in Wahrheit die Augen des Meeres selbst. Die Gedanken werden mir lästig, und um sie abzuschütteln beginne ich zu laufen.
Zuerst bin ich schwerfällig, denn ich sacke im Sand ein, aber unten am Meer ist der Boden fest und weich zugleich. Es dämmert und die Trägheit des Abends läßt das Schlagen der Wellen langsamer scheinen. Kein Wind weht. Die Sonne ist bereits untergegangen und Meer und Himmel leuchten noch einmal in einem schönen satten Blau auf bevor es endgültig Nacht wird. Es ärgert mich, daß niemand da ist, dem ich auf die Schulter hauen könnte und ich beschließe, mir eine Telefonzelle zu suchen. An der Strandpromenade beim Hotel Carlton steht eine. Auf dem Weg dorthin fällt mir ein, daß ich die Vorwahl von Deutschland nicht weiß und kaum Kleingeld dabei habe. Ich mag nicht mehr telephonieren sondern will zurück in das Café. Es sind jetzt weniger Gäste da und mein Platz ist noch frei. Ich setze mich aber näher an die Hauswand. Mein Blutdruck sinkt. Ich weiß nicht, ob das an den Heizstrahlern liegt, die auf meinen Kopf brennen oder an einem Sauerstoffschock. Vielleicht brauche ich auch Vitamine; deshalb bestelle ich mir einen frischgepreßten Orangensaft. Die blauen Augen des Kellners rutschen zusammen, sein ganzes Gesicht wird unscharf und zu einem einzigen rosa Kreis mit blauen Eiern. In meinem Kopf entsteht ein Vakuum, alles sackt in sich zusammen. Mein messerscharfer Verstand ist zu einer Endlosschleife kurzgeschlossen und schleift sich stumpf. Immer bösartiger wird der Inhalt meiner Gedankenfetzen.

Mit einem energischen »nun ist aber Schluß« reiße ich mich wieder zusammen und straffe meine Haltung. Ich will eine Zigarette rauchen und bemerke erst, als ich zum Päckchen greife, daß ich noch eine in der Hand halte. Außerdem ist die Packung leer und das Glas auch. Dann soll mir der Kellner ein neues bringen, denke ich mir und gebe ihm ein Zeichen. Als er vor mir steht, bin ich wieder glasklar im Kopf und will zahlen. Die Summe, die er mir nennt, erscheint mir zu hoch, aber noch ist es mir zu anstrengend, über die Währung nachzudenken. Doch ich mißtraue dem Kellner und verweigere ihm das Trinkgeld. Durch das Café kann ich direkt das Hotel betreten und mit dem Fahrstuhl zu meinem Zimmer fahren.
Ich genieße es, daß mein Zimmer jeden Tag aufgeräumt wird. Das Bett wird gemacht, die Handtücher werden ausgewechselt. Jeden Tag wird frisches Wasser hingestellt und gestaubsaugt. Das Zimmermädchen ist mir unbekannt, aber es gibt sich große Mühe mir seine Intelligenz zu beweisen. Zum Beispiel legt sie die Streichhölzer, die sie irgendwo im Raum gefunden hat, immer in den geputzten Aschenbecher, so daß ich sie sofort finde wenn ich rauchen will. Das Tischtuch hat sie heute nicht ausgewechselt. Beim Frühstück war etwas Marmelade draufgefallen, und obwohl ich mich bemühte die Stelle zu reinigen, blieb ein Fleck zurück und ist immer noch da. Unter dem Tischtuch liegt eine Glasplatte, und darunter befindet sich ein an den Rändern bereits vergilbtes Papier, auf dem zu lesen ist, was der Zimmerservice dem Gast bringen kann – zum Beispiel ein Ei oder ein Toast Cannibal – und was das kostet. Ich finde es schlimm genug auf dem Zimmer frühstücken zu müssen und habe keine Lust, auch noch die anderen Mahlzeiten hier einzunehmen.

Jetzt gehe ich erstmal in das Badezimmer und putze mir die Zähne. Meine Zahnbürste ist gelb und ich habe zwei Zahnpasten: eine blaue für morgens und eine rote für abends. Außerplanmäßiges Zähneputzen erfordert die Entscheidung rot oder blau. Diese fällt meistens zugunsten der blauen aus, ohne daß ich dafür einen Grund wüßte. Daß sich die blaue Tube schneller verbraucht als die rote, kann auch daran liegen, daß ich mir morgens (blau) immer, abends (rot) eher unregelmäßig die Zähne putze.
Seit ich gelernt habe, den Mund beim Putzen geschlossen zu halten und nicht mehr schäumend und gekrümmt über dem Waschbecken hängen muß, genieße ich es so ausdauernd, daß ich beim Beginn des Putzens das Wasser, das ich zum Ausspülen des Mundes und Anfeuchten der Zahnbürste angestellt habe, wieder abstelle; sonst wäre es Verschwendung. Zum Ausspülen stelle ich es wieder an, und übermütig halte ich auch noch den Kopf unter den Wasserhahn. Es ist eiskalt. Laut schnaubend richte ich mich wieder auf, schüttele mich, so daß die Wassertropfen durch das ganze Bad spritzen und grinse mich im Spiegel an. Mit dem hellgelben, hoteleigenen Handtuch um den Kopf gewickelt gehe ich zurück in mein Zimmer. Gewohnheitsmäßig schalte ich den Fernseher an. Wieder dieses schreckliche Knallen. Trotzdem teste ich durch und entscheide mich für eine holländische Popsendung. Diese sind überall gleich. Die Musik ist dieselbe und die gleichen Typen moderieren.
Dieser holländische Witzbold hat sich was ganz Tolles einfallen lassen; während einer Ansage gibt er eine Percussioneinlage. Mit zwei Trommelstöcken semmelt er auf Plastikschutzhelmen herum, die drei Kinder auf dem

Kopf haben, welche sich um ihre eigene Achse drehen. Ich weiß nicht worüber er redet, aber es sieht seltsam aus, wie die Kinder sich drehen und er auf ihren Köpfen trommelt. Für einen Moment bin ich so hingerissen, daß ich auf dem Bett wippe und »sowas«, »nicht möglich«, »was denkt der sich denn«, vor mich hin brabbele. Am liebsten würde ich jemandem ins Gesicht brüllen »ja spinnen die denn!« – Also umschalten. Im französischen Kanal läuft ein japanischer Kung-Fu-Science-Fiction. Ich liebe so etwas. X-Or ist der Held. Japaner und Kung-Fu-Könner. »Cherie de Space« besingt ihn ein Kinderchor im Discorhythmus. X-Or wird von fiesen Außerirdischen mit einem kleinen Hund, den er retten will, eine Falle gestellt, und dann gehts los. Die Jagd beginnt.
X-Or muß gegen immer neue Monster, Meister und Motorradfahrer kämpfen. Seine Karatekünste und natürlich sein gutes Herz besiegen alle und immer wenn er eine Bande erledigt hat, setzt der Kinderchor ein.
Das Programm danach ist schlecht. Auf allen acht Kanälen. Gedankenlos ziehe ich die Gardine zur Seite und schaue auf den Balkon. Hinter ihm liegt ein kahler Hinterhof umspannt von einem grauen Himmel. Trostlos. Auf dem Balkon stehen zwei schmutzfarbene Plastikliegen. Eine Wäscheleine ist an dem Geländer festgeknotet. Ein dicker Regentropfen läuft wie eine wandernde Blase an ihr lang bis zu einer verrottenden Holzklammer. Dort stoppt er einen Moment und fällt zu seinen Vorgängern in eine Pfütze.
»Pfützen stinken« schießt es mir durch den Kopf. Wieso habe ich nicht gemerkt, daß es geregnet hat?
Ich wende mich wieder dem Fernseher zu und probiere die Programme aus. Es ist seltsam. Auf allen Kanälen läuft

gleichzeitig nur Sport oder nur Nachrichtensendungen oder Spielfilme. Ich kann mich für nichts entscheiden und schalte ab.
Mein liebstes Nudelgericht sind Spaghettis mit einer scharfen Tomatensauce. Aber nur, wenn den Tomaten vorher die Pelle abgezogen wurde. Dazu tauche ich sie kurz, vor den Spaghettis, in das kochende Nudelwasser. Danach läßt sich die Pelle ganz leicht abziehen.
Während das Wasser kocht, zerschneide ich eine Zwiebel, eine Knoblauchzehe und eine halbe Chilischote und erhitze sie in Butter. Die kleingeschnittenen Tomaten dazu, etwas Ketchup, Salz und Pfeffer, fertig. Manchmal koche ich mir das tagelang. Bedauerlicherweise steht kein Herd im Zimmer. Ich könnte mir einen Tauchsieder und einen Topf kaufen und dann Nudeln kochen. Eine Messer wäre noch nötig, aber wie soll ich die Sauce herstellen? Enttäuscht verwerfe ich den Gedanken und etwas wie Heimweh durchzieht meinen Magen. Mit einem »Himmel bist du blöd!« schlägt meine Hand gegen den Kopf. »Kippi, altes Ekel, Du hast Hunger. Du willst Nudeln essen. Geh zum Italiener und hau Dir den Wanst voll.«
Ich erinnere mich, ein italienisches Restaurant an der Hauptstraße gesehen zu haben. Es unterschied sich kaum von den französischen und belgischen Restaurants: Ein mittelgroßer Raum mit elf Tischen, alle mit weißen Tischtüchern und orangenen Deckchen gedeckt, und einer Bar. Neben dem Durchgang zur Küche hing ein Knoblauchzopf. Der einzige Hinweis auf die Nationalität war der grün-weiß-rote Neonschriftzug über der Tür. Dort will ich hingehen. Ich ziehe mir schnell die Jacke über und verlasse das Hotel. Es ist schon dunkel und kaum Verkehr auf den Straßen. Zweimal begegne ich Hundebesitzern.

Einem großen breitschultrigen Mann in dunkler Lederjacke mit einem kahlen Köter und einer kleinen, verschrumpelten Frau mit ihrer ausgeblichenen Mischung. Auf der Hauptstraße knattert eine Horde mopedfahrender Teenies vorbei. Ein Citroen parkt neben mir ein. Ein Mann und eine Frau steigen aus und gehen in einen Hauseingang. Drei Häuser weiter ist der Italiener. Durch zwei große Fenster kann ich hineinsehen. Nur zwei Tische sind besetzt. Ich betrete das Restaurant und setze mich an den zweiten Tisch von links, mit dem Rücken zur Wand. Bevor ich mich richtig umsehen kann, wünscht mir der Kellner einen guten Abend und legt mir die Karte vor. Italienisch ist auch in Knokke dieselbe Sprache, und italienische Speisekarten verstehe ich sehr gut, aber ich brauche nicht hinzusehen, weil ich weiß, was ich will. Also winke ich ab, richte mich auf, stütze mich mit den Händen ab und sage laut: »Insalata mista, penne arabiata et uno vino blanco, por favore.« Der Kellner nickt, dreht sich um und geht zurück. Ich schaue ihm hinterher. »Guter Gang«, stelle ich fest und als er zwei Tische weiter ist, fällt mir ein was ich noch brauche und brülle ihm noch »und ein Mineralwasser... BITTE!« hinterher. Ich starre ihn weiter an. Er geht in die Küche und gibt meine Bestellung an die Köchin weiter. Ich höre wie sie miteinander reden, denn die Räume sind durch einen Bastvorhang getrennt. Nicht mit diesem Dauerbrenner aus bunten Plastikstreifen, die ich so liebe. Es sind Bast- oder Sisalkringeln, die zu langen Ketten geknotet sind.

Der Kellner, ein gutgewachsener Kerl, Mitte Dreißig, Glatzenansatz, dünne, dunkle Haare, kurze Koteletten, kommt zurück und geht hinter die Bar. Er schaut nicht zu mir rüber. Langsam schenkt er den Wein in eine Karaffe, bückt sich, holt das Mineralwasser aus dem Kühlschrank, nimmt ein Weinglas und ein Wasserglas, poliert sie kurz und stellt sie auf ein Tablett. Mit einer Zange holt er zwei Eiswürfel aus einem Kühlbehälter und läßt sie ins Wasserglas fallen. Einen Moment bleibt er ganz ruhig stehen. Bevor er das Tablett nimmt, dreht sich sein Kopf zu mir. Sein Gesicht entspannt sich, sein Mund wird immer breiter, und es entsteht ein unglaublich freundliches Lächeln. Seine Augen zwinkern mir zu und erschrecken mich. Verlegen sehe ich auf den Tisch. Als ich wieder aufblicke, hat er sich auf etwas anderes konzentriert. Ohne mich nochmal anzusehen, bringt er mir das Tablett, ordnet die Gläser, die Serviette, das Besteck an meinem Platz, stellt einen Korb mit Weißbrotscheiben dazu und geht zu dem Tisch am Fenster weiter. Dort sitzen mehrere Jugendliche. Vermutlich Skandinavier. Farblos, beinah durchscheinend sehen sie aus. Vielleicht eine christliche Jugendgruppe – aber warum sollten die nach Knokke fahren? Skandinavisches Design ist wirklich das Letzte. Es macht unattraktiv. Zwei junge Frauen sitzen dabei und mit ihren Kittelblusen, Kordhosen und Gesundheitsschuhen sollten sie sich begraben lassen. Die drei Typen sehen auch nicht besser aus. Bestimmt haben sie feuchte Hände. Aber gutgelaunt sind sie. Der Kellner ist wieder verschwunden. Ich will meinen Salat haben. Es ist furchtbar, wenn das Brot aufgegessen ist, bevor es richtig losgeht und dann der Magen schon voll Pappe ist. Da kommt er ja. Mit meinem Salat. Meine Augen wandern über den Teller. Was haben wir denn da: Tomate, Gurke, Ei, grüne Blätter, kleingehackte Kräuter und Chicoree. Mit einem »bon appetit« wird mir noch ein Rondell mit Öl, Essig und Gewürzen hingestellt. Das brauche ich erstmal nicht. Ich will pur genießen. Also

Kippi, wie schmeckt eine Tomate? Erst als meine Geschmacksknospen ganz deutlich Tomatengeschmack signalisieren, spieße ich eine auf und stecke sie in den Mund. Ah ja. Genau. Sehr gut. Tomate. Dasselbe mache ich auch mit dem anderen Zeug. Erst jetzt schüttele ich reichlich Essig und Öl über den Teller und esse zügig alles auf. Das Paar aus der linken Ecke habe ich noch gar nicht beachtet gehabt. Nun geht es schon. Der Kellner bringt mir meine Nudeln. Sie dampfen und riechen lecker nach Gewürzen und frischer Butter. Mit Gabel und Löffel hebe ich die Soße unter die Nudeln. Es sind circa fünf Zentimeter lange Röhrchen mit kleinen Riffeln. Einen Augenblick verharre ich und trinke einen Schluck. Dann greife ich zur Gabel und spieße drei Nudeln auf. Sie schmecken hervorragend. Genau richtig gekocht. Die Soße verbreitet eine angenehme Schärfe im Mund. Ein wundervolles Prickeln entsteht auf der Zunge. Manche Menschen behaupten, Nudeln würden nach nichts schmecken. Das ist nicht wahr und völlig unverständlich. Natürlich gibt es Unterschiede in der Qualität. Auch zu lange Lagerung und vor allem falsches Kochen können eine Nudel versauen. Schlaff und wäßrig darf sie nicht werden. Besonders wichtig ist die richtige Würze der Soße. Ein Werbeslogan lautete mal: Nudeln, damit sie Soße besser gabeln können. So ein Quatsch. Sie ist auch alleine gut. Das freundlichste Nahrungsmittel, das man auf den Teller bekommen kann. Glatt, weich und ungeheuer ästhetisch. Zufrieden löffele ich meinen Teller leer. Mit Brotstücken wische ich die Soßenreste auf. Schlechterzogene Personen lecken ja ungeniert ihren Teller blank. Ich würde das nie tun, aber es stört mich auch nicht, wenn sich andere blamieren. Kaum habe ich das Besteck aus der Hand gelegt, fällt mir ein, was mir noch fehlt: der Espresso. Der Kellner steht hinter der Bar und poliert Teile. »Monsieur, Espresso!« rufe ich ihm zu. Er nickt leicht und poliert weiter. Erst nach ungefähr fünf Minuten bequemt er sich, mir den Kaffee zu kochen. Schließlich bringt er ihn, und ich zahle gleich. Der Espresso ist noch zu heiß zum Trinken. Die Stimmung bei den Skandinaviern ist immer noch gut. Ich zuckere den Kaffee und trinke ihn in zwei Schlücken aus. Dann stehe ich auf, nicke dem Kellner zu und gehe.

Es ist noch immer kein Mensch auf der Straße. Der Club, der auf meinem Heimweg liegt, ist geschlossen. In den Restaurants sind keine Gäste mehr. Die Bedienung deckt noch die Tische für den nächsten Tag. Ich mache einen kleinen Umweg, der mich ein Stück am Meer entlangführt. Die Promenadenbeleuchtung strahlt den Strand immer noch orange an. Er wirkt wie ein Sperrgebiet. Kein Wind weht. Kleine Wellen schwappen auf den Sand. Der Himmel ist dunkel und bedeckt. Schade, ich hätte gerne noch ein paar Sterne gesehen.

An den Schaufenstern trödele ich vorbei, ohne zu bemerken, was ausgestellt ist. Der Platz vor dem Hotel wird noch angestrahlt. Die Cafés sind schon geschlossen und die Stühle dicht vor dem Gebäude gestapelt.

Mit dem Fahrstuhl fahre ich in den vierten Stock. Auf meinem Zimmer ziehe ich mich, ohne Licht zu machen, aus und lege mich sofort ins Bett.

In Amerika klagen Geschäftsführer darüber, daß immer mehr Kunden an einer Art Supermarktsucht erkrankt seien. Sie betreten das Geschäft ohne Kaufabsicht und schieben ziellos ihr Wägelchen durch die Regalreihen. Dies tun sie mehrmals am Tag und stundenlang in harten Fällen. Mich reizen Läden auch. Besonders gerne streune

ich durch Bücher- und Feinkostläden und Fachgeschäfte aller Art. Ich gehe die Straße lang, etwas reizt mich, schon bin ich in dem Laden und überlege dann erst, was ich kaufen könnte, denn eine Kleinigkeit will ich immer haben. Dieses Kolonialwarengeschäft gefällt mir gut. Über Lautsprecher läuft ein BBC-Sender mit einem Stranglers-Stück. Im Kühlregal gibt es eine riesige Joghurt- und Puddingauswahl. Nicht nur verschiedene Sorten, sondern auch von mehreren Herstellern. Mousse au chocolat und nicht etwa nur Schokopudding, gibt es von drei Anbietern in vier verschiedenen Abpackungen und zum Teil mit Sahne, mit extra-viel Sahne und kalorienreduziert. Ich entscheide mich für den Kalorienreduzierten mit wenig Sahne im Doppelpack. Am Getränkestand gibt es Sekt, Champagner und Sekt methode champenoise in verschiedenen Abfüllungen. Ich packe noch eine nullfünfer Champagner ein und gehe zur Kasse. Ein älterer Mann im weißen Kittel wickelt die Sachen erst in einer Art Butterbrotpapier ein und steckt sie dann in eine Plastiktüte. Ich bedanke mich und betrete wieder die Straße. Ah, eine Sensation: die Sonne scheint. Ich blinzele in den Himmel. Wenn man direkt in die Sonne schaut und anschließend die Augen zukneift, leuchtet es orangerosa mit zwei blaugrünen Kreisen auf. Ich liebe das und blinzele in den Himmel. Psychedelic auf Sparflamme, aber gut.
Heute füllt sich der Ort. Autos mit hauptsächlich Brüsseler Kennzeichen suchen nach Parkplätzen. In den Appartementblöcken am Strand werden die Jalousien hochgezogen. Verschreckte Kinder werden vorgeführt. Männer joggen. Frauen kaufen noch für das Wochenende ein. So viele Menschen. Ich gehe zum Kino. Die Woche über ist es geschlossen. Nur Freitags wird ein Film gezeigt. Heute

Abend gibt es »je t'aime moi non plus« von Serge Gainsbourg. Den wollte ich schon immer sehen. Ich verstehe zwar kaum französisch, aber das Lied von ihm mit Jane Birkin habe ich auch ohne Probleme begriffen. Überhaupt – lassen wir doch die Bilder sprechen. Jane Birkin finde ich gut. Es ist nur noch ewig hin, bis zur Vorstellung. Ich werde ins Hotel zurückgehen und etwas lesen. Bis das Programm anfängt, läuft im Fernsehen Musik. Meistens höre ich keine Musik, wenn ich lese, vonwegen der Konzentration, aber jetzt will ich mich unterhalten. Es werden nur alte Hits gespielt. Diese reißen mich manchmal so mit, daß ich laut mitheule »... love youhuhuhu.« Ich tobe mich ordentlich aus oder besser laufe mich warm für die Nacht, denn nicht nur das Kino, sondern auch die Cocktailbars und Nachtclubs öffnen am Wochenende. Am Nachmittag fühle ich mich schon total erledigt und vertrödele die Zeit bis zum Kino mit schlafen, fernsehen und zeitunglesen. Zwei Stunden vorher starte ich den ausgehüblichen Countdown: baden, rasieren, Haare kämmen, und die ganze Abteilung. Zwischendurch packt mich immer wieder der Groove. Dann zappele ich wild und gröhle etwas wie: »uh, uh, when you're hot, you're hot, when not, denn not...« oder irgendeine Scheiße und spiele Air-guitar. In Topform kann ich die Gitarrensolos so wundervoll mitjaulen, daß man die Rückkopplungen spürt. Gutgelaunt verlasse ich das Hotel und stürze zum Kino. Was soll das denn, alles ist dunkel, das Gitter noch verschlossen, niemand da. Für einen Moment bin ich ganz durcheinander. Ist heute wirklich Freitag? Ist es tatsächlich neunzehnuhrvierzig? Ich schleiche um den Block und tue so, als würden mich die Auslagen dieses elenden Juweliers, Wollgeschäfts, was

auch immer, interessieren. Sieben Minuten später stehe ich wieder vor dem Kino. Diesmal mit mehr Glück. Eine ältere Frau schließt gerade auf. Verlegen schaue ich mir die Schaukastenfotos an, bis sie ihre Kasse geöffnet hat. Außer mir ist kein Besucher da. In solchen Situationen geht man am besten auf die Toilette – Zeit gewinnen.
Tatsächlich sind noch ein paar Gestalten gekommen. Ich kaufe mir Bonbons und Bierdöschen. Der Vorführraum ist zum Glück nicht designed wie eine McDonalds-Filiale. Die Wände sind weißgestrichen. Die Sitze, klassische, rotgespolsterte Kinostühle, riechen so muffig, daß im ganzen Raum die Luft schlecht und staubig ist. Ich setze mich in die fünfte Reihe, genau in die Mitte. Die Bonbons habe ich schon aufgegessen, da beginnen die Trailer. Werbung gibt es nicht. Der Film fängt mit zwei Männern an, die zu netter Beatmusik, einen Müllwagen zur Kippe fahren. Zwei Lehren lassen sich aus dem Film ziehen: Das Fettgwebe des Mannes unterscheidet sich von dem der Frau, (in einer Szene liegen Joe Dallessandro und Jane Birkin bäuchlings auf einem Autoreifen, und obwohl Jane wirklich schmal, beinahe mager ist, wirkt ihr Arsch schwabbelig und Joeys knackig) – und eine Variante der ewigen Leier: Männer und Frauen passen nicht zusammen, denn Joe hat seinen gelben Laster und einen Freund – Jane nur ihren Körper, und den will er nicht mal, weil er dem den seines Freundes vorzieht. Und was macht sie? Sie rutscht auf dem Fußboden rum, fegt Scherben zusammen und tut, als wäre sie blöd.
So kriegt sie den nie, und so endet der Film auch. Das Licht geht an. Die anderen Besucher schlappen hinaus, ich hinterher. Ein paar Meter weiter gibt es eine Cocktailbar. Bislang war sie geschlossen. Ich vermute, daß sie nur

am Wochenende öffnet. Tatsache; Musik, junge Leute und ein Regal voll Alkohol empfangen mich. Die Einrichtung bemüht sich schrill zu sein. Alles ist rosa oder gelb gestrichen. Ich bestelle einen Papa Hemingway und schaue mich um. Es ist schon besser als an der Bushaltestelle. Ein paar hübsche Frauen sind auch da. Endlich, wie ich sie liebe. Besonders heute abend. Und was ist? Nix ist! Die Weiber sind alle mit irgendwelchen Typen da. Später werden sie sich küssen. Von dem Gedanken wird mir übel. Gleich werde ich tanzen gehen. Da braucht man kein Flämisch zu können, um sich zu unterhalten. Ich trinke aus. Im Casino ist auch ein Nachtclub – da werde ich die Sau rauslassen. An der Strandpromenade atme ich tief durch. Die Luft ist herrlich, mild und würzig. Wie schön das Casino aussieht. Angestrahlt von vielen Scheinwerfern leuchtet es an der Strandpromenade und ruft: »Hier ist das Leben!« Da fällt mir eine Zeile aus einem alten deutschen Film ein: »Die Gelegenheit, wenn sie günstig ist, die packen wir beim Schopf, ja, ja!« In dem Film gröhlen das zwei Freunde. Ich hätte jetzt gerne wen dabei.
Am Eingang des Clubs passiert mir etwas, was ich sonst noch nie erlebt habe: der Türsteher verlangt meinen Personalausweis. Nicht aufregen, Alter, zeig's ihm. Eine Frau schlappt in ihr Kassenhäuschen. Der Türsteher winkt ab, und ich brauche keinen Eintritt zu zahlen. Die Musik läuft schon – dann der Schock: es ist kein weiterer Gast da – ich bin der Erste. Trotzdem gehe ich an den Tresen und bestelle Bier. Jetzt sofort rauszugehen, fände ich noch blöder als hier rumzustehen. Der Discjockey legt Platten auf. Das verpflichtet. Der Laden ist mit lilanem Velour und vielen Spiegeln ausgelegt. Ich setze mich in eine der plüschigen Ecken. In den Spiegeln am Tresen kann ich

meine Füße wackeln sehen, sie drehen sich von links nach rechts. Mal erst der eine, dann der andere, nun umgekehrt und jetzt beide zusammen. Das wird mir nun doch zu blöde – also Lokalwechsel. Doch zuerst auf die Toilette. Kaum habe ich die Tür geöffnet, bellt mir ein »Bonjour« von der Klofrau entgegen, worauf ich fürchterlich erschrecke. Völlig verdattert gehe ich meinem Bedürfnis nach und verziehe mich schnell. Wieder auf der Straße überlege ich entnervt, was ich nun machen könnte. Es ist Freitag. Ich will was erleben. »Dansen, grinsen, bumsen« wie mein Freund Albert sagen würde. Der einzig mögliche Zeitvertreib scheint essen zu sein. Die Restaurants sind bereits geschlossen. Auf der Hauptstraße entdecke ich eine bessere Imbißbude. Das t'Brochetje, was immer das bedeuten mag, liegt im ersten Stock. Die Einrichtung ähnelt einer gemeinnützigen Teestube. Die Speisekarte bietet nur Eierpampe und belgische Fadennudeln. Während ich auf die faden Nudeln warte, beobachte ich von meinem Fensterplatz aus, wie die belgische Jugend auf ihren Fahrrädern das Nachtleben sucht. Warum organisieren sie keine Strandpartys? Das macht man doch in deren Alter. Sich vollaufen lassen, mit Drogen experimentieren und ähnliche Scheiße. Wie soll man sonst erfahren, wozu man fähig ist und was man alles aushält? Da radeln sie nun. Alles brave Jungs und Mädels. Diese Nudeln sind ein abschreckendes Beispiel, wie sie nicht sein dürfen. Mit großer Mühe versuche ich, für sie ähnliche Sympathie wie für ihre Vorgänger zu entwickeln. Hinterher brauche ich zwei Schnäpse. Beim Anblick des Aschenbechers packt mich Entsetzen: das soll ich alles in der kurzen Zeit verqualmt haben? Beklemmung überfällt mich. Sofort fühle ich mich alt und krank. Oh, ihr armen Innereien, haltet durch. Auf geht's in die zweite Runde. Ich bin heute nicht so anspruchsvoll. Titten und 'nen Arsch soll sie haben. Schon bin ich wieder da. Diesmal brauche ich nicht den Paß vorzuzeigen. Na, da hat sich doch einiges geändert in der letzten Stunde. Jetzt ist hier richtig was los. Haufenweise Weiber. Nur auf der Tanzfläche herrscht noch Langeweile. Ein Pärchen schiebt sich da müde lang. Eine Frau tritt lustlos von einem Bein auf das andere. Mehr Einsatz, meine Liebe. Wir werden das beobachten. Zuerst brauche ich was zu trinken. An der Theke steht es sich auch besser. Viele Gäste sehen richtig schick aus. Einige Frauen tragen verwegene Dekolletés bis zum Bauchnabel oder rückenfreie Kleider. Der DJ legt jetzt echten Schweinerock auf. Da kenne ich kein Halten mehr. Ich stürze das Bier 'runter und auf die Tanzfläche. Wer mich kennt, weiß, wie gut ich mich bewegen kann. Ich tobe über das Parkett und schleudere mit dem Becken. Eine Frau mit schon reichlich glasigen Augen, steigt darauf ein. Sie schüttelt ihre Titten, daß mir ganz schwindelig wird. Ich packe sie und wirbele mit ihr durch den Saal. Egal, wie viel ich getrunken habe, es ist wohl klar, daß ich führe und das ganz ausgezeichnet. Bei einem langsamen Teil preßt sie sich ganz fest an mich, springt dann aber einen Meter weit von mir weg, reißt ihre Arme hoch und wedelt mit ihnen wie bei einer Art Beschwörungstanz vor meiner Nase herum. Sie bekommt schon kugelige Augen, da steht plötzlich ein schnauzbärtiger Fiesling neben ihr und schleift sie weg. Ihr Beschwörungswedeln ändert sich in entschuldigendes Winken. Interessiert mich nicht. An der Bar erhole ich mich von meinem ersten Einsatz. Neben mir stehen zwei sehr heiße Frauen. Eine hat einen ungeheuren Ausschnitt. Ich rutsche zu ihr hin, zeige in ihr Dekolleté und brabbele:

»Kann ich mir da was fangen?« Ohne weitere Aufforderung falle ich ihr in den Ausschnitt. Sie quiekt ein bißchen. Ihre Freundin reagiert härter. Sie knallt mir eine. »Man wird ja wohl noch fragen dürfen.« Beleidigt ziehe ich wieder ab. Auf der Tanzfläche ist tote Hose angesagt. Betrübt schlappe ich durch den Laden. Wohl nicht mein Tag heute. Ich bin wohl aus der Übung. Die meisten sind schon gegangen oder brechen gerade auf. Ich setze mich wieder an die Theke. Dort stopfe ich Chips in mich rein und trinke Schnaps. »No go home« intoniere ich. Keine Reaktion. Das ist doch zum Heulen hier. Ich weiß, warum hier soviele Brillen tragen. Weil sie so häßlich sind, daß sie versuchen, so als originell durchzugehen. Am besten, ich gehe nach Hause. Es wird sein große Scheiße auf der Welt und die wird entsetzlich stinken.

Immer, wenn man gesoffen hat, fällt man, kaum daß man im Bett liegt, in eine tiefe Bewußtlosigkeit. Ein paar Stunden später wache ich schon wieder auf. Die Sonne ist gerade aufgegangen. Durch das Fenster sehe ich einen klaren blauen Himmel. Jetzt bin ich richtig wach. Schnell ziehe ich meine Jogginghose an und laufe an den Strand. Der Morgen ist herrlich. Das Wasser plätschert leicht um meine Füße. Nur zwei Männer, die bis zum Hals in Ölzeug verpackt durch das Wasser stapfen. Sie ziehen ein Seil hinter sich her. Es sind zwei Krabbenfänger. Die müssen sich gut verstehen, wenn sie stundenlang nebeneinander durch die kalte See marschieren können. Den Frieden dieses Morgens genießend, setze ich mich in den Sand. Nur das Rauschen des Meeres, der weite Himmel, der Sand und Ich, welch ein Genuß. Ganz ruhig, ohne einen Gedanken sitze ich da und lasse Sand durch meine Finger rieseln. Die Sonne steigt höher. Am anschwellenden Lärm merke ich, wie Knokke erwacht. Langsam gehe ich zum Hotel zurück. Beim Portier bestelle ich Frühstück. Er fragt mich, wielange ich noch bleiben möchte. Jetzt will ich nach Hause. Nach dem Frühstück werde ich packen und heimfahren.

241 Bildtitel zum Ausleihen für Künstler

Martin Kippenberger befand sich zur 85/86er Wende im Knast von Rio. Als er an die Copa ging, zum Umlauf, traute er seinen Augen nicht, aber seinem Glauben. Die T-Shirts (Anstaltsoberbekleidung) schienen ihm von der Aufschrift her zu primitiv, bis er merkte, daß es sich dabei nur um Verschlüsselungen handelt. Er hat sie entziffert.
BOY, BOY, BOY

I

REPARATORY-COMPACT FORCE

Bis Donnerstag Schmunzelwasser als Vorfreude für ein Wort ohne K.

II

WE'RE THE WORLD

Wäscheleine = Stacheldraht.

III

5TH AVENUE AMERICA

Schinkenmaria, die Preiswerte.

IV

ALL THE COLORS OF THE WORLD

Tenhundred Kilometers = 1000.

V

USP

Bällchenreißverschluß

VI

FORMA CENTER

Student liebt Studentin, gleicht dem Kaiserschmarren bis zum Holz zuweilen.

VII

IN PIU

Der Ex-SS-Mann beim Säubern der Zelle vor der Jung-Kamera.

VIII

SURFING DESIGN

Fütterung der Affen von der falschen Seite des Käfigs.

IX

HAWAI SURFING

Ein reicher Schwarzer ist weiß, ein armer Weißer ist schwarz (Polyglott Reiseführer).

X

BUSIUS BEACH

Jetzt fängt Polanski an zu jucken.

XI

SPEED SALVADOR

Verwechselte maurische Kacheln im Aufwind der Verlogenheit.

XII

LORD JIM CLUB

Zertrampelte Pfeifenköpfe wie Stummel im Aschenbecher.

XIII

MADONNA

Alkoholverdunstung in und vor dem Kastanienhain.

XIV

MASIOR BAHIA

Erst das Trinkgeld, dann der Verlierer.

XV

WELCOME TO BAHIA

Jazzmania beim Abschluß einer Digitalkonferenz.

XVI

SAVE THE WORLD

Warmer Schatten hat Angst vor der Brut des Vergeltungsschlages.

XVII

IN LINE

Sinnverfremdungsglut in der Tasche des versteinerten Kerls.

XVIII

HALLEY 86

Laßt mich hier pupen und geht nur weiter, Ihr hofft auf den Erfolg und ich kenn' die Leiter.

XIX

THE BEST

Versammelt Euch ruhig zuhauf an einem Orte, wo es keinen Autounfall gibt.

XX

FIORUCCI IN BRASIL

Hätte ich 2 Autos, wär' ich auch nicht zu spät gekommen.

XXI

OP

Lautloses Fieber, das Ende des Urschreis.

XXII

TRY ME

Wortwitz ist der Schlumpf unter den Gehetzten.

XXIII

SUN SEA SAIL

Malt ruhig weiter, aber verletzt Euch nicht dabei.

XXIV

ECONOMICA 150 ANOS

Publikum miteinbeziehen gilt nicht.

XXV

5 FESTIVAL DE PAPAGAIES

Gebt den Architekten eine lustige Quarantäne (denn sie haben das Rechteck mit Schornstein erfunden).

XXVI

COKE

Am Anfang war das Ende, und seitdem wird es pausenlos verfilmt.

XXVII

OCEAN PACIFICAS

Wenn die Haare an der falschen Ecke des Körpers wachsen.

XXVIII

SHOGUN

Noch nie was von Publikumsbeschimpfung gehört?

XXIX

MONZA

Die Brasilianer sind die Ostfriesen der Argentinier und umgekehrt.

XXX

COAST SURF BOARDS

Die Geilheit ist die Geißel der Menschheit, Sheriff.

XXXI

JOGOS INTERNOS

Die IVA ist auch nicht mehr das, was sie × war.

XXXII

TOP ONE ZOO

Unnahbare GESICHTSLYRIK HAUT INS FEUER

XXXIII

NO. 746 6AY

Wo sind die Freunde, die den Kerker der Moralität leeren.

XXXIV
BEACH

Wo sind die Frauen, die den Speicher der Monotonität löschen.

XXXV
MAC DIESEL

Schwester von der sympathischen Kommunistin.

XXXVI
BAD BOY CLUB 85

Wasserwürstchenparty voll im Abgang, denn die Herrin bedient sich an der Jalousie.

XXXVII
LIFE IS GOOD, ISN'T IT MAMA

Die Pflicht gebührt dem Meister, die Kür dem Lehrling allein.

XXXVIII
SORE WEAR

Eine Tüte für drei.

XXXIX
MY LOVE

Critical Mind ist der größte charmeloseste Feind.

XL
OUTSIDER

Die Sau hält in sich – sie wälzt nur.

XLI
INTERTOURISMO

Verdummung ist der Ehrenpreis für: Kälte plus Wärme = nix in de Täsch.

XLII
SERO GRAY

Allein sein ist alles, gäb es nicht die Anderen.

XLIII
HOTSTICK

Vermummte Schleuse der Entfruchtung.

XLIV
ACCESO'RIOS

Wie heißen die 3 Lieblingsflüsse eines Heterointellektuellen?

XLV
GET IT

Zeuget die Kinder und ihr werdet sehen.

XLVI
PURNÉ COUNTRY

Nix verstehen ist besser als gar nichts.

XLVII
FUN

Ich bin die Suppe, ich brauch nur noch vermehlt zu werden.

XLVIII

FOR FUN AND FANS

Laßt nun das Mahl mit der Serviette verdecken als Zeichen zum Abtransport.

XLIX

FUN DECK

Weltwirtschaft ist nur ein schwacher Trost für den glühenden Vulkan, auf dem er, sie, es zu Füßen stehen und gehen.

L

TROPICAL TOUCH

Im Gefängnis muß man ja auch seinen Psychoarsch selber (auf)wegräumen.

LI

WELCOME TO THE FUN ZONE

Schlechte Ausleuchtung liegt an dem, was ich sein soll.

LII

HAVE A WONDERFUL TIME

Lieber betäubt und dafür dick durch die Straßen, als dumpf und artig. Nach keinem wird gefragt: Kulturloses Hitzloch.

LIII

WIND + WAVE DESIGN

Mutter Theresia tut nur ihren Job. US$ 1700,– für 10 Tage.

LIV

HANG LOOSE

Against all Fodds!

LV

WAVE RIDER

So ist es, und so werde ich es mir vorstellen.

LVI

INSIDE

Angeknackter Rhythmus in den Venen der Abgesichertheit.

LVII

OK DOKI

BOSA NOVA NEW IN CASABLANCA NO LIVE

LVIII

WORD 360

Warhol Spätlese Rapp.

LVIX

OCEAN SIDE

1. Versuch der praktischen Rasierzeitverminderung.

LX

AERIAL SURFTROPICAL

Das Bier in Rio ist kalt und sonst gar nichts.

LXI

WORLD CLASS

Schade, alle Denkmäler taugen immer weniger.

LXII

QUEBRA MAR

Gern wirft er sich weg für den guten Zweck.

LXIII

ESTADIUM

Aufmunternde Wiederholungsgutmache.

LXIV

BY 18 SURF

Auf- und Abbaugebläse ohne zeitlich erwägbares Stäubchen.

LXV

SEA CLUB

Totale Enthäufung von Wochenenddiscos.

LXVI

DUCK FEET

Bauch in Rio kommt in gut (falsch reingeblasen).

LXVII

BLUE MARE SUNWEAR

Neon-Unschuld schlägt Vollmond.

LXVIII

SURFSTYLE BODY GLOVE

Vergeltungsschlag gegen teure Argumente.

LXIX

TEAM INSIDE

Fahndung nach Opus-Bock-Typen im Dickicht der Suche.

LXX

BRASIL SURF COMPETITION

Vermelho-Surf = innen braun, außen gelb.

LXXI

PRIMO

Zuscheißen, mixen, versüßen und dann Scheiße davon erwerben.

LXXII

QUESTION BRASIL

Die Schreibwarengeschäfte in Rio sind auch gut (warm).

LXXIII

ANGEL DUST

Verengung durch Spiegelselbstfick ohne Harras.

LXXIV

MELL BIANCO

In Rio ist es auch warm (Pappelaria).

LXXV

APPLE GAMES

Die ad-hoc-Verstaatlichung des unverbindlichen Sortiments.

LXXVI

ACTION

Pouch-Kine-Time = Meinen Sie es auch gut mit den Menschen II.

LXXVII

US CLUB

Popos sind in Rio voll (aufgeblasen).

LXXVIII

GENIUS HERCULES

Interne Auswertung vom Spiel: Zick-Zack laufen und Radiergummi kaufen.

LXXIX

CALIFORNIA

Schuld und Unschuld erläutern Haarausfall am Beispiel (Bleistift) KOMA KOMANDO.

LXXX

LITTLE WAVES

Nur Dada war ein bißchen stumpf.

LXXXI

OH NO

LES DEUX = Nicht nur zur Belohnung wird gekauft in Rio.

LXXXII

ROMANTIC SURF

Pro Unda = Nicht nur die Wiederholungstat erschöpft den Stolz.

LXXXIII

SURF

Der Rap ist im Kampf der Carotta von Ipanema unterlegen.

LXXXIV

JANOVIC PLAZA. WEARE ELSE

Atoba = Nackte Architektur in Rio, tangamäßig verknotet.

LXXXV

CAROTTA DE IPANEMA

Die Welt des Scheins trügt.

LXXXVI

X-TASE

Alle arbeiten in Rio.

LXXXVII

TEENIE PLAYER

Verschlendert und verschleudert Euch, bis des Todes Angesicht zuweilen in Erscheinung tritt.

LXXXVIII

WASHER-SKI

Umsonst schmeckt keinem was in Rio.

LXXXIX

AMARICAN COOLS

Zeichnet weiter Bananenschalen!

XC
SPORTWEAR

Pro Delta Company = Aus Versehen beim Friseur in Rio gewesen.

XCI
PLAYCENTER AMAZONIAS

Solange mich keiner beim üppigen Schwitzen sieht, wird die Suppe entfernt.

XCII
MAKE OF SUMMER

Kauen im Stadtteil von Rio.

XCIII
MARATHONS BEE RIO

Gleichberechtigung von der anderen Seite der Fehlfarben.

XCIV
I DON'T PAY

Nicht voreilig urteilen, laßt sie doch erst mal was bieten!

XCV
THE WAYS OF NEW

XCVI
UNIVERSITY OF JEANS

Die Ober meinen es ernst in Rio.

XCVII

CALL METRIMM

Kinderschokolade ist ein häßlicher Ausdruck.

XCVIII

PASSA CETO

Wer ist schuld in Rio.

XCIX

JOLIET COME ME

Wer die Welt des Erblödens nicht kennt, wird erst recht nicht den abiturfreien Reggae mögen.

C

ISLAND LOS MELS

Nachmittagsständer à Rio.

CI

TROPICAL GAY

Lauscht der Brut, geht nicht in Euch, um dort zu verweilen, veräußert die Vermischung, die nicht den nächstbesten Tag verspricht.

CII

CRUSH

Ein männliches Wesen schreitet eilig durch den Garten und vernichtet dabei die Natur (Ente) und die umherfließenden Ängste (Ego).

CIII

SPORT HIT PARADISE

Die Rio-3-Klamotte = Kreischendes Pulver in der Harnröhre des Non-Plus-Ultra-Pogos.

CIV

TED LAPIDUS

Kommt ein Mann zum Arzt, um Abhilfe zu schaffen.

CV

BRANCA BRASIL

Bist vielleicht auch Du so einer wie einst der Presley: Ein Knecht Deiner nicht vorhandenen Bumsfreudigkeit.

CVI

MARY'S BUBBLE GUM

Kriegstaugliche Kollegen auf der Suche nach Domina.

CVII

LIBRE COM SEASUN

Weiche Knie, die viel weiter oben zum Steiß münden.

CVIII

SPEEDO

Die ewige 2 kennt nicht die spaßige Atombombenattrappe.

CIX

PLAZA

Schmeißt die verlogenen Pariser in die Ecke, Europäer, oder laßt sie Euch über die Füße ziehen!

CX

WEED

Dr. Socrates (Fußballer) = Her mit den Milchtüten!

CXI

HOTWAVES

Hollywood à Cuceso = Bitte nicht Keith Moon beim Drehen im Sarg wecken!

CXII

LUCKY SEVENTEEN

Heischende Blicke der ungläubigen Verfolger.

CXIII

TROPICAL CENTRE

Das Laken rutscht nur da, wo es gestärkt ist.

CXIV

ROCK

Eher trete ich die Pflicht des Nachlebens an und werde eine schwitzige Blutwurst in der Vitrine für vernachlässigte Beuys-Forschung.

CXV

SURFVIDEO

Die Sucht nach verlogener Wärme wird sich nicht bestätigen lassen. Selbst der Rechtsanwalt vom Feinsten wird mir zuliebe ihr erlegen sein.

CXVI

ISLAND WIND

Der sprachlosen Wärterin wird damit gedroht, daß diesmal der teure Schuh aus dem Fenster fliegt, auch nicht hinter den Gefrieraggregator, sondern ganz weg.

CXVII

TRANS MACAO

Unten auf der Rückseite stehen, entsteht durch unverfolgte Anbiederung.

CXVIII

SETTEAMS

Die Front besteht nicht mehr im üblichen Sinn; das Einzige, das zu scheinen übrigbleibt, ist das Frontgewichse (Die Python selber würgen).

CXIX

JESUS PRIEST

Verfolgung durch Widerrede: der Saft, auf den die UNO baut.

CXX

BUGS BUNNY

Die Zeit weicht den Verfolgten nicht nur, sie gibt Beihilfe zur Verharmlosung der Technik.

CXXI

PABLO CRUISE

Der gesunde Co-Verstand sagt: Der Triebtäter verliert. Das ist nur zur Hälfte wahr. Denn die Endresultate erstikken im Mousse der Medien (Schoko).

CXXII
BRASIL

Wenn sie bloß nicht so aggressiv beim Körperklau wären, in Rio d. J.!

CXXIII
THE GREATEST BEAGLE

Wenn die Ausbeutung als Solidarität erscheint.

CXXIV
LORINDA FUMO ESPECIAL

Macht aus den Autobahnen keine Umleitung!

CXXV
ANYTHING GOES

Der unrasierte Betrunkene (farbig), der den Block patroulliert, wird es nicht zulassen, mich anzugreifen.

CXXVI
PLEASE

Der Schäferhund ist nicht mit dem neuesten Pudel zu verwechseln, deshalb wird die Aktion »Tausch« nicht funktionieren = Einen blinzelnden arbeitslosen Westfalen mit einem blinzelnden Obdachlosen aus Brasilien auszutauschen.

CXXVII
MISS KEEPER

Bescheidenheit, der Trumpf für frustrierte Stadtfriseure, denn das liebe Geld verlangt nach Wandel der Persönlichkeit.

CXXVIII
FRIGELS A BAMA GELADA

Selbstbeschiß führt sicherlich zum Hindernis und umgekehrt.

CXXIX

Selbstbelohnung im Dumpfen ist der Orgasmus von Schwester Unsicherheit.

CXXX
RAT SURF

Keine Postkarten aus Rio.

CXXXI
LOUD

Selbst die Erdanziehungskraft kann das stolprige Pflaster nicht verhindern, es sei denn, die Pflastersteine werfen sich selbst umsonst für die Mehrheit weg.

CXXXII
CALVIN KLEIN

CXXXIII
DOM BOSCO MANAUS

Der einbeinige Läufer im gestreiften Polohemd (Ware) zählt das Geld und verwechselt den Gesichtsausdruck.

CXXXIV
PARADEX

Zum Zelluloid: Meine Theorie: Nicht die Spannung macht das Geld (Vergnügen), sondern das Geld bringt die Farbe, die Spannung und die Kürze.

CXXXV

BEACH NOW

Dicky Poops Werner in Rio: Hier würd' er es sich nicht holen, hier würd' man es ihm bringen.

CXXXVI

MAKE GROOVY

Der Zustand verlangt nach Beleuchtung.

CXXXVII

P. I. L.

Wandelbar sei die Welt meiner Gedanken, doch nie des Schaffens (in Richtung Horizont Klausur).

CXXXVIII

THE CURE

Die Aktivität des Richtig-Machens (Auf) deutet sich in Gerhard Richters Spiegelbildern an.

CXXXIX

CIR CULT

Ohne was in der Hand können Sie auch nichts verdunsten lassen.

CXL

THINK BIG

Die Absicht wird nicht entscheidend sein im Los der Unentweichlichkeit.

CXLI

PALM

Der Kampf dreht sich um die grüne Kugel (inkl. Märchensteuer).

CXLII

EXETER

Jegliches Bürgertum kann sich wegrotzen und die Uhr abhängen, wenn sie den Vitamingehalt in südlichen Unterwanderungsfrüchten, per Mark, erkannt hat.

CXLIII

CBF BRASIL

CXLIV

AMAZONAS DE JACQUES COUSTEAU

Versehen sind kalkulierbar, schlecht fickende er, sie, es sind die Herausforderung, das Spiegelbild vom Omelett. (Mischpoke des Himmels, die unwiderruflichen Götter des Unterfangens).

CXLV

HONDA

Gedanken sind beneidenswert: sie laufen schneller, als das Gesäß entweichen kann.

CXLVI

SAIL ALONG THE RIVER BOAT

Minderheit ist kein Attribut. Die Passivität ist das Attribut der Realo-Aktiven.

CXLVII
ELECTRONIC LTDA

Verneinung ist der Kopfstoß (harte Nuß), Bejahung der Vorteil beim Pferdefuß.
Nur der Salamander wird uns koordinieren.

CXLVIII
SURF AND DESTROY

Angriffslust ist zeitlich gesehen die Luftblase, die zuerst auf die Milz und dann auf die Leber und Konsorten schlägt. Dann entweicht sie feige dem großen Inneren gänzlich = flüssig.

CXLIX
777

Nur die Cooperation mit Schwächlingen aller Klassen verhärtet die Birne in Volumen.
Jedoch nicht den Nektar.

CL
YAMAHA

Der fliehende Optimismus schreitet nicht gegen, sondern für die totale Einmaligkeit ein: Das Leuchten am Fenster nur einmal miterleben dürfen. Guter Glaube schließt die Zweimaligkeit aus.

CLI
METAL MANIA BLUES

Negerkind kriegt am Tisch was ab und berichtet von der 3. Front.

CLII
CHRISTEL GRAFITTI

Es gibt keinen Reifeprozeß in Nürnberg – Scheiße kann man verdünnen – die Substanz muß akzeptiert werden. Diskutieren können die Einäugigen unter den Blinden bitte selbst.

350ger aus der 80ger Kiste.

CLIII
STATE MONTANA

CLIV
LAST SET

Wie sich die Verflechtungen gleichen: Heute hü und morgen Lassie.

CLV
NO EXIT

Es lebe die Verfeinerung in der Gleichmache!

CLVI
CASABLANCA

Die Metzgerei und nicht das Arbeitsamt schummelt.

CLVII
28 NOBEL POOL

Tauglichkeit: Dann müßte die Frage anders lauten.

CLVIII

I RUM TO GET OUT

Versammlungsfreiheit, leere Schuhwichsdose,
why = warum ist wie = Unser Bernd hat heute 'ne 2 plus nach Hause gebracht.

CLVIII b

Und was macht ihr Martin so in der Schule? Das wissen Sie doch ganz genau, Frau Böckler.

CLIX

BESTTO BE TOPLESS

Die Wachtürme werden neu gestrichen, und ich zahl drauf, bis es kracht.

CLX

JEANS ROCKS COMPANY

Arnulf Rainer + Frank Sinatra – vom Straßenreiniger zum Wegfeger.

CLXI

ELLE E LUI

Seid bekloppt = 1. Hilfe-Runde zum Verklopftwerden. Doch selten wird jemand in der Lage sein, Euch diesen Gefallen zu tun.

CLXII

MY DESTINATION – SOUTH PACIFIC

Salz und Pfeffer sind überflüssig, seitdem die Suppe nicht mehr von sich hören läßt.

CLXIII
QUITE BRAIN STORMING

O.R. Die Höhle des Löwen ist zur infantilen Wohnsituation geworden.

CLXIV
EAT MY SURF

Die Sonne (das Licht) wird Dich ficken. Umgekehrt wird es Schwierigkeiten geben, allein von der Distanz her gesehen.

CLXV
NO MISSILE NUCLEAR

Wir schaffen unsere eigenen Gesetze, in dem wir anschaffen, um im nachhinein Dinge abschaffen zu können (dürfen).

CLXVI
ANY NAME

Bitte nicht Selbstbeweihräucherung durch suicide.

CLXVII
BATMAN FIRE

Der Vordergrund muß nicht verheißen, dafür mehr versinnbildlichen.

CLXVIII
ESCAPE TO TAHITI

Der runtergespühlte Reim lauscht seinem Echo.

CLXIX
TANCREDO NEVES

Energie ist der Beschützer der Ohnmacht, der verrückten Oma, der toten Mutti, der leisen Kacke – die in uns gemächlich weiterlebt (Kirche).

CLXX
WELCOME TO SALVADOR

Der Abgrund ist nicht tief, sondern hohl.

CLXXI
BRAZIL SUN

Muttermilch von gestern = Exzesse lallen niemals Schwadron.

CLXXII
RIO

Prahlerei ist die beste Ausrede auf dem Acker.

CLXXIII
DON'TTOUCH MYTUTS

Delfine singen nur Dir im Meer zu: Junge, tummel Dich in dem Meer der Unzufriedenheit, im Wasser, das nicht verheilt, sondern verteilt. Die laue Frische, naß zum Gleiten, gefährlich zum Darüberschreiten.

CLXXIV
MAN'S BEST FRIEND

Der Arzt ist trocken und kann lackiert werden.

CLXXV

TERRA PARA QUEM TRABALHA NATERRA

Das liebste aller Spielchen = Bekommst Du keinen Einlaß, laß niemand raus – es sei denn, er hätte eine vor der Tür: Club-Karte.

CLXXVI

SUN LOVER

Improvise = Solange dran rumspielen, bis was Weißes kommt.

CLXXVII

DON'T EATYELLOW SNOW

Liebes, kleines, teures Verließ, verlaß mich, aber komm pünktlich nach Haus.

CLXXVIII

I LOVE NY

Poesie kämpft gegen Dünnschiß an.

CLXXIX

ULTRA MODERNA

Nicht immer trifft die Laute die Stärke.

CLXXX

CAFE RUA CALAFATE

Wenn die Eigentümlichkeit sich verlaufen hat und keinen Schritt weiterkommt.

CLXXXI

CASA RUAS

Die Gläubigkeit beherbergt die Vervielfältigung und nicht die Leuchte von der anderen Seite des Tümpels, denn sie ist auf Strom angewiesen.

CLXXXII

SAO PAOLO POOL

Subtilität will der Kindheit nicht weichen.

CLXXXIII

ELDORADO SURF

Mau Mau erniedrigt den Palmenbaum.

CLXXXIV

GREAT UP + DOWN

Birnenkekserleuchtung pißt auf Mitbringsel von der Müllkippe.

CLXXXV

POOL SOFT

Jimmy doped Gandy – Gandy poor – Pille mors.

CLXXXVI

HOTEL ARISCO

Schmutzige Nadel im Dickicht der versandeten Vaseline.

CLXXXVII

AL COOL DIESEL

Im Land der Nieten gewinnen, ein einfach' Ding.

CLXXXVIII

BURAKO DA FECHADURA

Die Lyrik zersiebt die Zerstreuung des Töters.

CLXXXIX

BRAZIL MANIA

Die Bräune verschenkt nichts in Rio.

CXC

I'VE SEEN IT ALL

Sculp – nirgends Sculp.

CXCI

EXPRESSIVE TOUR 86

Aktualität verhökert Strandgut.

CXCII

I DID IT IN SAO PAOLO

Haut Eurem Möchtegern mit dem Gleitbrett auf den Kopf!

CXCIII

BRAZILIAN BORN

Radikalsozialismus zum Tüten und Kneten.

CXCIV

HERING BRAZIL

Willensregungen am Tropf der Vergänglichkeit.

CXCV

SCHOOL GIRL

Aus Mangel an geeignetem Mörtel bleibt das Reich der Sinne vorübergehend geschlossen.

CXCVI

SNAKE MAGIC

Dialektische Notwehr, der Klingelpütz für den naiven Tropf.

CXCVII

BRAZIL MASTER SURF

Herrenwitze sind so wichtig wie der liebe Gott.

CXCVIII

VIP

Das war nicht die Wahrheit, das ist die Freiheit.

CXCIX

TRANSMAX TOURS

Sich verlassen fühlen ist kein Grund anzunehmen, der Glaube hätte sich geirrt.

CC

NO SWEAT

Schamhaare gehören nicht dem Damenfriseur, denn er könnte ja Chirurg sein und sie falsch verpflanzen.

CCI

CATUENSE RODOVIARIO

Tauglichkeit ist der Verschnitt der Passivität.

CCII

SUN DAY LOVER

Kennerblicke taugen nur, wenn sie zu schweigen verstehen.

CCIII

HOT RUSHES

Lobgesang auf den verlorenen Schein.

CCIV

SUNSET BEACH

Monotone Deutlichkeit von Haus aus, nach draußen rein.

CCV

HOT DOG

Kratzt weder den Alkoholiker an noch den Alkohol, das geht nämlich gar nicht.

CCVI

PLANTAS NATURAIS

Zum wiederholten Male: Ich habe keine Probleme mit den Rolling Stones, ich kaufe mir ihre Gitarren.

CCVII

LAURA DE FREITAS

Die Wartezeit ist mit Deutlichkeit gespickt.

CCVIII

SALVADORAN SUNSHINE

Die Notwendigkeit läßt auf sich warten.

CCIX

SEQUIN NIGHT CLUB

Der Krieg muß warten, der kommt als letztes dran.

CCX

BE COOL WITH COORS

Monochrome Deutlichkeit in der Falle der Träumerei (Heimat).

CCXI

ITHACA IS GORGEOUS

Nur der zielgetreue Torpedo bekommt einen Kosenamen.

CCXII

I SURVIVED THE AMAZON

Verlegenheit hat die Verleumdung schon hinter sich.

CCXIII

CORNELL UNIVERSITY

Nur das Gespinst versteht zu leuchten.

CCXIV

ULTRATEC

Die fürsorgliche Liebe zur Vergangenheit (soweit vergessen) ist entscheidend und nicht der Haß oder die Tat.

CCXV

CASAS DI BAHIA

Ich bin der Haß und nicht der Laß.

CCXVI

LOVE ONE ANOTHER

Schade, daß jede Haarlänge nur eine Übergangslösung ist und daher nervt.

CCXVII

WORLD'S GREATEST EGOTIST

Nimm die einfache Bürde nicht auf die leichte Schulter!

CCXVIII

SAN MARTIN NIGHTCLUB

Nicht Euer Geld stinkt, es sind Eure Fürze.

CCXIX

I CAME ALL THE WAY

Die Absicht bestimmt die Richtung, der Wind bläst nur.

CCXX

XAVIER TUR

Die Absicht bestimmt nicht die Richtung, und der Wind bläst nur.

CCXXI

I'VE BEEN TO SAO PAOLO

Nicht kommt aus der Verzweiflung, gar nicht kommt aus dem ich, einiges kommt daher.

CCXXII

TENNIS CHAMP

Selbstunterdrückung ist das Gaspedal in Gold.

CCXXIII

VAN HALEN ON TOUR

Es besteht kein »vielleicht« sondern das »ja sicher«.

CCXXIV

BOOZE BABY

Hört auf, mich zu loben, das mach' ich besser selbst, denn Ihr lobt auch die anderen.

CCXXV

BEAUTY AND THE BEACH

Aus großen Problemen macht man keine kleinen.

CCXXVI

I DON'T LIKE MONDAYS

Traurig, daß du immer nur so kurz bei mir bleibst, du Geld.

CCXXVII

HIT ME WHERE IT HURTS

Es wird gemalt, was auf den Tisch kommt.

CCXXVIII

BUDWEISER

Liegt der Sieg in Streifen begraben?

CCXXIX

PLACA DI SAO CARLOS

Verfolgungswahn ist die blöde Art, den Alltag zu ermuntern.

CCXXX
RAPIDO BAY

Wenn die Nudeln ausgehen, wird der Pfannekuchen dünner geschnitten.

CCXXXI
THE HEAT IS ON

Die Ausbeute der Ausbeutung.

CCXXXII
THE BIG BEAR

Das Liebeleid zum Wegschmeißen.

CCXXXIII
BEAUTIFUL PEOPLE

Brasilianische Mädels schneiden sich gerne vorne die Haare kurz, und lassen sie hinten länger lockig hängen. Werden sie älter, spucken sie zuweilen auf die Straße (RUA).

CCXXXIV
CUDDLE ME

CCXXXV
LONGAVIDA PNEUS

Wer hat mir den Magnet vor die Tür gelegt?

CCXXXVI

Nach Hysterialand linksum.

CCXXXVII

Sex mit Bekannten.

CCXXXVIII

Vernünftig Extase unters Butterbrot geschmiert, nur weil gerade Dada-Fest ist, und alle dabei sein müssen.

CCXXIX

S/W No Problem

CCXL

0049-7551-61194

CCXLI

(Tankstelle Martin Bormann 0055-248-0913)

Café Central
Skizze zum Entwurf einer Romanfigur

27. 1. 1987 Brief von Sanni

Lieber Martin,

ich war ja ganz von den Socken, als Dein langer Brief kam – Dein Lebensstil da unten muß ja wirklich radikal anders sein. Mit meinem Kurztrip hat es doch nicht geklappt. Ich bin seit drei Wochen hauptberuflich auf Wohnungssuche, frustrierend, nervenaufreibend und zeitraubend. Bis jetzt hat noch nichts geklappt, das heißt, einmal habe ich in einem Anflug von Leichtsinn und Größenwahn ein Angebot abgeschlagen, weil ich dachte, ich finde noch was Besseres, wo ich auch schon früher reinkann. Drück' mir mal die Daumen, daß sich bald was tut. Vorausgesetzt, daß das klappt und ich den Umzug bald über die Bühne bringe, würde ich auch gerne nach Nizza kommen. Im März will ich dann noch zwei Wochen Skifahren in der Schweiz mit Bine und Andreas. Und dann werde ich mein Dasein als Freie in Angriff nehmen – da kann ich auch nur hoffen, daß es so klappt, wie ich mir das vorstelle. Aber an sich bin ich ganz optimistisch. Wann ist denn die Ausstellung im Museum of Modern Art? Ein Bekannter von mir, der dort arbeitet, hatte mir schon davon geschrieben. Herzlichen Glückwunsch! Fliegst Du rüber? Ich würde ja gerne dann da sein. Vielleicht läßt sich das irgendwie mit Arbeit kombinieren. Am Wochenende Freitag/Samstag war ich bei Freunden auf einem Fest. Da war übrigens auch jemand aus dem Haus, wo Dein Atelier ist. Samstag in Essen Folkwang und Treffen mit Bine und Papa. Sonntag Hotel Vier Jahreszeiten in Hamburg. Einladung von einem Leser. Er (Werbemensch) hatte meinen Artikel in der »Zeit« über Kino in New York gelesen. Seine Frau wollte auf die Filmhochschule gehen in New York und wollte noch mehr darüber erfahren. War ganz witzig und leckeres Essen und viel Trinken. Jetzt muß ich wieder los, Wohnung gucken. Vielen Dank nochmal für den lieben Brief,

Deine Sanni

7. 2. 1987

Am 2. Februar bin ich mit dem Flugzeug in Düsseldorf angekommen und abgeholt worden (von drei Personen, zwei Frauen, ein Mann). Der Mann war mein Angestellter, und die Frauen waren natürlich Heliod Spiekermann und eine norwegische Stylistin und Radiosprecherin, die auf den Namen Solo hört. Heliod war gekommen, nicht um mich abzuholen, sondern mich auszufragen. So mußten wir zuerst Richtung Wuppertal fahren. Heliod hat gleich festgestellt, daß ihr Mann eine Karte bekommen hat (Hubertus) und sie nicht. Da der Flug nicht zu anstrengend war, hatte ich noch die Frische, mich ein wenig an den Wänden ihres Hauses umzusehen. Im Eßzimmer hängt jetzt ein Frottee-Bild vom Dokoupil (mit Knöpfen) und ein surreales Werk von Milan Kunc (ich weiß nicht, was er will, schließlich habe ich bei Hausner studiert und er nicht). Abgebildet ist eine Schublade, die sich im Universum (Heliod schreibt in ihren neuen Gedichten fast ausschließlich vom Universum) befindet und eine kleine Bombe drin hat. Die Bombe scheint das Wahrzeichen für Explosivität zu sein. Weitere kleine Veränderungen finden wir in der fürs Wohnen bestimmten Räumlichkeit. Eine neue Bronzeskulptur von Penck. Ich sag' zu Heliod:

»Da hast du eine neue Skulptur von A. R.. Eben hast du noch behauptet, du hättest nichts Neues eingekauft.« Darauf antwortet Heliod: »Habe ich auch nicht. Habe ich doch getauscht gegen das Bild, das ich seinerzeit für die neue von Ralf gekriegt habe.« Ich: »Ach so!« Es wurde eine Flasche Champagner geöffnet und ich sag': »Was ist das denn für ein Jugendstil-Champagner?!« Heliod darauf: »Weiß nicht, habe ich geschenkt gekriegt.« Ich: »Alles klar!« Plötzlich sah ich zur Linken, nachdem wir angestoßen hatten, eine Picasso-Vase stehen. Ich sagte: »Wo hast du denn den Picasso her?« Heliod: »Habe ich geschenkt gekriegt. Aber woher weißt du denn, daß das Picasso ist?« Ich darauf: »Haben wir auch zu Hause gehabt. Dreimal hingeschmissen, aber nur zweimal geklebt.« Ich weiter: »Was hast du denn mit deinem Kopf von Baselitz gemacht? Weiß der von dem Gestell?« »Ja, ja.« Heliod daraufhin: »Der hat mit dem Kopf immer Schwierigkeiten gehabt. Hat er aber selber entworfen, das Podest.« Ich gleich weiter: »Verstehe! Für 150 Düsen muß auch ein Gestell her, damit das nicht so aussieht, als hätte der Kopf in der Ecke gelegen. Darum wird wahrscheinlich das Gestell so hoch sein, damit der Kopf möglichst weit vom Boden entfernt ist. Und der Imi Knoebel versucht's wohl auch absichtlich, ungeschickt zu sein.« Heliod: »Ja, ja. Hat der Hubertus auch gesagt, daß er nur drei Monate hängen darf.« Später war dann noch die Rede vom Fenster und daß sie in der letzten Zeit gar nicht weg war (logisch, im Januar ist ja auch nicht viel los auf der Kulturszene). Immer zu Hause gewesen, sagte sie. Ich zu Heliod: »Das kann ja nicht so schwierig gewesen sein, wenn ich die Sektkorken im Kamin sehe.« Und schon waren wir bei Frau Rodenstock aus typisch München. Sie sprach aber von Iris in dem Zusammenhang. Ich darauf: »So weit bist du jetzt schon! ›Du‹ nennst du sie!« Heliod: »Ich will gar nichts von ihr.« Ich darauf: »Aber ›Iris‹ nennen! Iris Dickhoff, wie weit soll denn das noch gehen mit deinen Bekannten?« Heliod: »Mein Instinkt sagt mir, daß der Dickhoff gut ist.« Ich darauf: »Das wüßte ich aber.« Heliod: »Was hast du denn gegen den?« Ich darauf: »Gar nichts!« Wir haben dann noch eine Flasche Champagner getrunken. Heliods Laune war nicht mehr die alte, und wir sind dann nach Köln gefahren (war ja auch Zeit). Auf der Rückfahrt habe ich dann noch kurz laut gedacht: »Was soll ich den Leuten antworten, wenn sie mich fragen, warum ich die Heliod gut finde?« Gott sei Dank ist mir dann eingefallen, daß man niemals warum fragt...

Später dann vom neuen Personal im Central vor die Tür gesetzt worden, aber diesen Tatbestand Herrn Doktor Peters morgens vermittelt. Er war sichtlich erschrocken, wie immer, wenn ich ihm was sage zum Thema Cafe Central. Er versicherte mir, daß es nie wieder vorkommen soll (wie immer). Pino arbeitet auch nicht mehr. Ich zu Doktor Peters: »Der Pino muß wieder her!« Das hörte er nicht gerne: »Dieser miese, kleine, fiese Piccolo Mafioso kommt mir nicht mehr ins Haus! Daß er mir Zehntausend geklaut hat, nehm' ich ihm nicht übel.« Stottern vor Aufregung kam ins Spiel. Pino soll den Räuber verfolgt haben (die Betonung war so angelegt, daß man vermuten konnte, daß da überhaupt kein Dieb war). Jedenfalls soll Pino »Überfall, Überfall« gerufen haben und dabei eine Flasche Campari lutherisch der Wand übergeben haben. Schade, aber ich habe Pino immer gemocht, und ich vertrete weiterhin die Ansicht, daß die Kellner klauen sollen, solange das Soll in der Kasse klingelt. Ferner fiel mir auf an der Rezeption, daß ein Prospekt des Neueren in Auftrag gegeben wird. Habe als PR-Manager des Hauses einen Blick darauf geworfen, und Freude kam in mir auf. Zur Orientierung der Hotellage gab es ein Foto vom Kölner Dom (unscharf) und davor ein Zweig in der Sicht (scharf). Ferner ein Foto einer Zimmeransicht: Drei Geigen, von Albert Oehlen gemalt, hängen über dem Bett und auf dem Bett ein Blumenstrauß. Und ein Foto für vornedrauf vom Hotel (könnte auch das Straßenverkehrsamt sein). Sagen wir mal so: Der Mann hat sich nicht geändert. Er macht weiterhin alles richtig (Central). Das neue Personal versucht, sich mit dem Bordcomputer anzufreunden (arme Studenten, die so tun, als wollten sie alles richtig machen). Der Aschenbecher läuft über; man fühlt sich wie zu Hause. Die neue Dame an der Rezeption weiß noch nichts von der Faustregel, die mich betrifft: Wenn Herr Kippenberger schläft, kein Telefongespräch durchstellen, sondern antworten »Kippenberger ist schon seit neun Uhr unterwegs«. Nur so konnte es passieren, daß mein Frühstück explodierte. Ich muß es wohl nachts bestellt und im Traum angenommen haben. Jedenfalls war ich so erschrocken, als es klingelte, daß mein Körper das neben mir stehende Frühstück bei der guten Absicht, den Telefonhörer abzunehmen, in die Richtung schickte. Es war feucht und sah nicht sehr hübsch aus, und ich mußte aufstehen (was ist hier los mit Auslernen).

9. 2. 1987

Das neue Timing ist eingeläutet. Visitationen, Besprechungen bis spät in die Nacht. Wiederaufnahme von körperlichen Beziehungen. Erste Liebesgedichte kommen herein ins Fach vom Hotel (33). Michael holt sie ab und nimmt sie mit nach Hause und liest sie zum Einschlafen und zum Aufwachen und ist erstaunt über die Intensität und Schnelligkeit meiner Bekanntschaften, obwohl es sich später herausstellte, daß sie das Gedicht bei Erich Fried abgeschrieben hatte. Seitdem eine neue Arbeitsvereinbarung getroffen worden ist (zwei Stunden kaufen und sechs Stunden Atelier), ist Michael öfters am Telefon im Studio zu erreichen. Es klingelt. K. geht ans Telefon und fragt, wer dran ist. Eine Frauenstimme: »Ich bin die Birgit von neulich. Du warst doch dabei.« Michael: »Wie, dabei? Bist du Krankenschwester?« Sie: »Nein, ich bin doch die mit den Pferden!« Michael: »Ach ja!«

Außer, daß es von Zeit zu Zeit klingelt, sind Skulpturen im Angriff (fangen an zu leben). Das dumpfe Surrounding hatte etwas Elektrisierendes bekommen. Ton des Vergeltungsschlages längst überwunden. Schmutzfarben waren neu geboren und suchten nach Unterschlupf. Sozusagen Waffenstillstand. Taube scheißt nicht, Krieg scheißt nicht. Vorbei an den verreiften Häusern mußten wir augenblicklich an unseren Wohltäter denken, an unseren Mann aus Asche im ehemals vergifteten Rhein: Josef Beuys, der da sang, als alles zu viel war im Choral der senilen aber liebenswürdigen Fischmenschen...

15.6.1987

Wenn 2 junge Künstler (nicht Knappen) voneinander getrennt sind + kein positives Fleckchen Erde zwischen Köln und Düsseldorf, das brainstormt auf der Hälfte des Weges, oder von alleine brainstormt, trifft man sich am gleichen Fluß unten wieder, in den Ohren das Lied: Und wenn wir uns dann begegnen an dem großen Fluß, dann werden wir hier uns wiedersehen an dem schönen Strom, so werden wir uns wiedersehen und uns an den Sprachfluß lehnen – wenn wir uns in the Bettweentime wiedersehen. Das Maigrau lag Tip + Ex über den Großstadt-strapazierten Backen. St. Goarshausen hieß das Zauberwort. Am Rhein, am Bahnhof, stoppte der DB Zug pünktlich um 18 Uhr am Schild – St. Goarshausen. Zuerst wurde nach dem Hotel gefahndet. Der Wegweiser knallte uns an die Verschlüsse, bevor wir die Suche nach dem Schild aufnehmen konnten. Darauf stand in normaler Schrift geschrieben: Hotel zur Erholung rechts (zwecks Relax) nur 2 Minuten. Kaum hatten wir den Wink wahrgenommen, hingen unsere Flaschenköpfe am Gitter des Bahnüberganges. Warten 8 Minuten. Das andere Vorchecken wäre windesteilig vonkleinstadten gegangen, hätten wir nicht auf die Einschreibepflicht bestanden. Ohne Gepäck verließen wir das Hotel und begaben uns ins Herz der Stadt, von dem wir uns immerhin 20 m entfernt hatten. (Flaschenherz) Tip wollte in Einkaufspassage, aber Ex sagte Willst du nicht deinen Pimmel zeigen, brauchst du auch nicht reingehen, weil das ist nämlich ein Schulhof. Das leuchtete ein. Als wir dann eine Apotheke betraten, um uns ein bißchen umzusehen, mußten wir feststellen, daß es hier ist, wie überall – man komplimentierte uns. Draußen gingen wir in ein Cafe zum Zeitungen lesen, die wir zwischen Apotheke und Cafe in einem Zeitungsladen (haben Sie die Süddeutsche? – Nein – Wo krieg' ich denn die Süddeutsche? Tja – das weiß ich doch nicht! Scheißladen) gekauft hatten. Ex hatte wahnsinnige Angst, daß schon jetzt die Natur ihre Fühler nach ihm ausstreckt und bestellte sich daher ein doppeltes Kölsch in Form von FiFo. Tipp hatte sich schon beinahe eingelebt, verzichtete auf das gewohnte Doppel-Alt und ließ sich Kaffee aus Rüdesheim kommen. Aah wie lecker, 8,50 DM.

Bevor wir verunsichert unsere Recherchen anstellen konnten, hatte uns die Tanzfläche, besetzt mit leeren Stühlen, voll recherchiert. Um die Tanzfläche herum keine rein bäuerlichen Recherchengesichter zu sehen. Das Nichtsehen des Anderen und das Nichtmüssen von dem Anderen wiederum war oberbergisch total präsent. So auch später im Wald – aber davon später. Trotz des vielen Platzes wurde es eng. Da war aber noch viel Platz auf dem Rhein, schoß es in ihre Flaschenköpfe. Schwubbi di Wup waren Tip und Ex noch auf die Fähre nach St. Goar gesprungen, um wenigstens 4 Minuten die eingebildete Entscheidung über links oder rechts zu haben. Flotte Landung und zügiger Abgang vom Schiff ermöglichten den rechtzeitigen Landgang auf der linken Seite. Ein Shopping von Checking stand ganz oben auf der durchsichtigen Liste. Noch war der Stoff, aus dem wir sind, leicht verhärtet. So empfahl sich ein Cafe namens Chagall durch sein Entgegenkommen zur Einsicht in dasselbe zum Verdünnen. Das ging ziemlich schnell + auch das wieder zurück über das flüssige Grau unter unseren rosa + hellblauen Backen. An Land hatten wir dann einen Studiotermin für die neue

LP. Das Studio war schon geöffnet und gut getarnt. »Kino« stand drüber und innen drin nochmals getarnt als Striptease-Lädchen mit Klimaanlage und ohne oben und unten ohne. Es wurde verdunkelt im Studio 2., 1. Etage + ein US-Witz-Thriller gezeigt. + verwöhnte uns und unseren Kassettenrecorder. Und wie in jedem U. S. + West Studio wurde Hasch gereicht, das nach der Aufnahmeprobe beim Barbadosjugoslaven gänzlich rüberkam. 4 US-Typen in der Ecke bekamen unsere unter Einfluß stehenden Geschmacksnerven in Sachen Wissen + besser wissen + nicht sonderlich schmecken nicht mit. Ihr Pech.

Wieder über die Bahnschranke ins Hotel fragten wir nach medischen Instrumenten. Haben se nen TV da – sonst heben wir nur ne Zigarre + einen Rotwein vom schnellsten. Am Nachbartisch kam die Antwort – nein, keine Zeitschriften da – aber vollgeküßten Rotwein und Zigarren. Da wußten wir Bescheid + sprachen noch kurz über die Zukunft + deren Länge im Vergleich zur Vergangenheit. Die Vergangenheit, die da noch kommen sollte (rückblikkend). Von oben vernahmen wir unsere Betten, die uns erstmals haben wollten. So schmelzte Futura mit Passiva in Hoffmanns Gestärktem eini.

Jegliche Eroberung einer Diskothek wurde uns mürbe gemacht durch das vielfältige Angebot. Wie jede Kabinettspflaume weiß, gilt nur die Eroberungsform als Stilpräsentation. Läden, wo man ohne zu klopfen reinkommt, interessieren den Fortgeschrittenen nicht. Wer, wie Tip und Ex, den Samba kennt, mag auch gerne mal auf der Straße tanzen. Eqivalentes Surrounding zum Tanz ward durch Wetterlage und Menschenschlag nicht gegeben.

Wie gesagt: Nicht das vielfältige Angebot verleitet zum Immatrikulieren der Beine in der Gesellschaft, sondern das verlorene Austoben in der Masse der noch nicht auf Intelligenz geprüften Klienten. Wir haben es schon lange über, daß farbige Birnen um uns herumtanzen und nicht umverkehrzt. Das einzige Argument, das hätte gelten können, wäre das Angehen von weichen Weinberg-Busengebirgen, die unseren Sommer einläutend die Glocken hätten bieten können (verschürzt). Doch und sowieso hatten nun ja Tip und Ex nur Einzelzimmer und wiederum hatten weder Ex noch Tip Lust von der Tür zu... Normalerweise ohne wenn und aber würde dieses Wort »ficken« oder »deckeln« kommen, aber zu dieser Zeit schliefen Tip in der 7 und Ex in der 8 auf hopp alleine und nahmen ihre guten alten 9 in Anspruch, um um halb 10 beim Frühstück in der 14 mehr von der Zeit zu haben.

Ex bestellt den Kaffee ab, nachdem er einen wachrüttelnden Richard Gere mäßigen Bestattungsbericht von Karl Heinz Schmidt wie gleich folgt unter den Schlüssel: Mach's rechten in Ibiza! – schonungslos zu sich gelesen hatte. Zeit wie Ernst Jandl schon sehr richtig sagte: rings vor Lechzt ist leicht zu verwechserln. Taten wir dem dann nach in Richtung links, berghoch.

Zuerst der Straßenecken Laubbaumverlauf bergauf – die Strecke schien vernünftig zu sein, wiederholte sich dennoch ständig. Nach einer Stunde Geschlängel bog man rechts ab ins Straßen Wiesen Bergaufgewinde, vorbei an stämmigen Damen, die den letzten Erdhaken Schliff den Ackerbildern ihrer Männer mit den Traktorenpinseln auf's entgröbeste vollendeten oder dabei waren. Vorbei an einem Fußballplatz, wo noch mit 3 Toren gespielt wird, wenn es das Wochenende oder Herrgotts Licht zuläßt. Verstört, überhaupt Gehäuse zu sehen, vergaß Ex, Zigaretten für den Fortmarsch zu ziehen. Tip bot ihm kurz nach dem Einbiegen in die Wiesenkurverei durchs nasse Gras mit Alden handgemachten Pferdeleder-Slippern eine handgedrehte andere Zigarette von seinen dreien an. Aber Ex zu Tip: Ich weiß ganz genau, was da drin ist, laß man gut sein – heute nicht, gestern war schon nicht gut + am besten überhaupt nicht – rauch doch selber! Der Friedhof lag schon weit hinter uns, da sah Ex ein Schild mit dem Namen seiner verstorbenen Mutter, der toten: Lore LEY (Kippenberger). Da will ich wieder hin zurück – sagte Ex. + So ging man vorwärts nach hinten in die Vergangenheit, laubkurvenmäßig irgendwie zurück (ihr versteht schon) Wald, Wald, Wald abwärts + dann die Variation Wald, Wald aufwärts bis zur falschen deutschen Darstellung von verwünschtem Frauenabgrund. Doofe Aussicht – Autobahnraststätte auf der Loreley – echt Scheiße. Kein Eintritt, lieber abhauen mit einem Vergiß es Cornetto Eis, Stufen runter bis zum Fuße von Loreley + ran an die Open air Non Music Stop Art Show – Drive in Pace mit Julian Schnabel, Meuser und Prince Objekten und Bildobjekten. Durch den Eindruck der Arbeiten auch nicht beruhigt shopten wir 2 ein F-Kameraequipment auf unsere Habenseite + schossen in Richtung St. G. auf der rechten Seite des Rheins drauf los. Der Vorschlag der Kamera ließ uns an einem gutbürgerlichen Tisch landen. (Abgesichert durch Alliierte mit ihren Frauen, die nicht unscheiße aussahen.) Wiener mit Soße war wie Alliiertenfrau auf gedopter Geschmacksebene. Das Medium Mensch und Essen machte uns so fertig, daß uns nach Hotel Erholung zumute war. Der Walk wurde in einen Mittagstraum umgearbeitet, in ein harmloses, sonniges Erlebnis, das nach Bananen ruft. (Sprich Ex hat es sich nach 4 Stunden Mittagsschlaf selber oral mit einer Banane besorgt.) Die vereinbarten Forschungsvorhaben projezierten uns vor die Tür (Casting for Set without shower). Ex (aus der Branche) hatte den richtigen Riecher. So waren es nur 3 Stufen, bis wir in Front einer leicht beweglichen Wachsfigur spargelschneidenden Volkswachspuppe femininer Prägung angelangt waren. Da sonst keine Puppen platzgenommen hatten, taten wir dieses unter Urkunden alter, prädikatierter Weine. Später kamen noch mehr Probespargel, Tip + Ex kehrten zu ihren Schreib- + Maltischen zurück.

20. 5. 1987

Das Diktat kommt nicht von oben. (Wäre ja zu schön.) Alle ekelhaften Schleusen der Befruchtung werden gelüftet durch einfache Handhabung. (Prinzipien gehören in den Kellertopf.) Nicht Bewährtes, sondern strenges Vorhaben gilt. Es besteht die Möglichkeit, wie der Präsident der Vereinigten Staaten (Johnson, Kennedy, Nixon, Carter) nur 5 Stunden die Nacht zu schlafen und dem politischen Alltag nachzukommen. Der Kulturalltag verfügt über die selbige Stundenzahl von 24, der Umgang ist freier gestellt. Die Gestaltung obliegt dem Künstler. Kann er damit umgehen? Ja oder nein? Wenn nicht: Weiter Künstler sein auf der einen Ebene oder dominant und umgangsförmlich auf der selben. Die Hoffnung und der Glaube sei als Kacke dahingestellt. Was zählt (in der Selbstzählung)

ist der Umgang, frei von innen und außen und drumherum. Goldig wird die Wirkung, wenn die Tat in kleinen Stunden gerafft wird (volle Konzentration). Der Hochsprung hängt vom Anlauf ab. Man kann laufen, ohne hochzuspringen, man kann anlaufen, ohne hochzuspringen, man kann hochspringen und die Latte reißen und sich in Tränen voll Begeisterung ergießen. Die überwundene Latte (schlechte Latte) kommt einer Scheidung gleich. Die Tageslatte ist unser Partner. Es ist eine Latte aus Holz, die in jedem Land ein anderes Holz ist. Ein Holz, das wir nicht kennen. Selbst wenn wir ihm noch so nahe kommen. Das Holz kann unseren Mißerfolg nicht teilen.
Schon viele Geschichten über Marmelade haben in der Unterhaltung gewechselt. Über den vielen Straßen von Köln schieben sich geballte Grauwerte. An gleicher Stelle unter diesen bewegt sich ein Fleischball in nicht unähnlicher Farbgebung auf der unbewußten Suche nach neuen Marmeladengeschichten. Das, was da als 43jähriges aussieht, ist vor 34 Jahren in Dortmund geboren worden. Sein momentaner Auftrag ist: Schreibender Romantiker. Alle können es ruhig wissen, durch was er gekommen ist. Sein Vater war Bergmann und seine Mutter Hautärztin (irgendwie kam jemand zu der Feststellung, es sei eine Artistenfamilie). Begleitet wurde er bei seinen ersten Fortschritten von seinen Schwestern Barbara, Bettina, Sabine und Susanne. Seitdem standen des öfteren Umzüge auf der Tagesordnung (gewesene Kinder). Aber davon später! Zwischendurch bekam er durch die Tatsache, daß seine Mutter den Schritt von lebendiger Mutter in tote Mutter machte, (ein LKW, der überladen mit Euro-Paletten war, ging zu schnell in die Kurve und verlor dabei Teile des geladenen Gutes, das den Tod meiner Mutter verursachte)

(so mußte meine Mutter nicht an dem schwerleidenden Krebs sterben). Sie hinterließ ihm um die 750.000 DM. Anhand der 750.000 DM konnte er sich nochmal genau vergewissern, daß das Geld nicht in der Lage war, länger als vier Jahre zu reichen, noch ihm einen Funken gehobenen Mittelmaßes vermitteln zu können. Dafür aber konnte ihm das liebe Geld auf ein neues beweisen, daß die Vermutung der Mutter stimmte, daß der liebe Junge nicht mit Geld umgehen kann. Und so ist es noch heute: Er hat einfach kein Verhältnis zu Geld. Dies ist nicht weiter traurig, weil das Extrem, das er da eingeschlagen hat, von Albert Oehlen unterboten wird. Wie das bei guten Darstellern so der Fall ist, scheint es umgekehrt. Schließlich ist Geld wie Darstellung und von Darstellung hat Kippenberger die Hosentaschen gestrichen voll. Über die Engpässe sollen andere schreiben (selbst der engste Weg scheint viel zu breit). Seit '75 geht es immer weiter nach vorne mit dazugebauten Überholmöglichkeiten. Trotz der Breite dieser progressiven Entwicklung ist kein Platz für Vergangenheitsüberholung. Der professionelle Täter ist immer jung. Er trinkt sehr gerne Gemische, die mit Alkohol versetzt sind. Sie sind Teil seines Alltags.

21. 5. 1987

Neulich war K bei seinem Vater über Nacht zu Besuch und wurde um 10 Uhr geweckt, weil der Vater zu seinen 9 Kindern noch abends sagte: »Laßt den Martin mal richtig ausschlafen!« Seine Finger machten beim Frühstück noch einen leicht nervösen Eindruck, sozusagen: Er hatte noch nicht alles fest im Griff. Die laut schreienden Augen seines Vaters zielten kräftig auf diesen Zustand seines Sohnes, der sich darum veranlaßt fühlte, seinen Vater mit dem Satz zu berühren: »Hast du die Vorwahl von Überlingen da?! Hab' ganz vergessen, im Sanatorium einen Platz zu reservieren! Ist doch schon längst überfällig!« Das ist auch schon lange her. Diese Art Antworten gehören bei K unter die Kategorie »Witz« (Humor lehnt er ab, weil er vermutet, daß es nichts anderes ist als zur Schau getragene Männerfreundschaft und desgleichen. Man muß sich ja auch nicht am Pißbecken stehend mit dem anderen unterhalten, und ich sage ja auch nicht zu meinem Mann (Michael Krebber = MK 1): Kannst du mal kurz ins Nebenzimmer kommen und mir die Haare kämmen! Witze spielen eine minder große Rolle in der Welt der Veräußerung (Martin Kippenberger (MK 2) Hauptrolle). Aber davon später! Um sich als Romancier zu bewähren, muß man sich erstmal an hängengebliebenen Assoziationen lehnen und starten, in dem Fall Stefan Zweig – Brasilien, Heinrich Heine – St. Goarshausen, Sartre – Paris, Joyce – Triest, Goethe – Florenz, Mexico-City – Castaneda, Edinburgh vorsichtshalber auch, Knut Hamsun – Kopenhagen usw. (Spurensicherung) So war schon mal eine Route vorgegeben. Da MK 2 bis zum 30sten Geburtstag nie ihm unheimliche Bücher lesen wollte, um seine freie Filterung weiter selber gestalten zu können, war er nun ein bißchen auf gute Bekannte angewiesen. Die guten Bekannten waren schnell gefunden. MK 1, weil er arbeitete schon eine Weile an seiner Seite, und Diedrich Diederichsen (DD). Sie stellten ihm eine Liste a 20 Bücher zum Einkauf und Einblick zur Verfügung:

Knut Hamsun – Hunger
Musil – 3 Frauen
Huysmans – Gegen den Strich
Huysmans – Tief unten
Kafka – Amerika
Gogol – Taras Bulba
Gontscharov – Oblomov
Baudelaire – Spleen de Paris
Baudelaire – Mein entblößtes Herz
Rigaud – Suizid
Vache – Kriegsbriefe
Caroll – Alice im Wunderland
Vischer – Auch Einer
Chloderlos de Laclos – Gefährliche Liebschaften
Lermontov – Ein Held unserer Zeit
Babel – Budjonnies Reiterarmee
Proust – In Swanns Welt
Diderot – Rameau's Neffe
Makacenko – Ein Weg ins Leben

24. 5. 1987

Bisher hatten es ihm nur Passagen angetan, in denen Größen das Frequentieren von Lokalitäten (Lokalen) mehr oder weniger einfühlsam beschrieben. Geschreibe über maßloses Trinken und damit zusammenhängende Angebereien stießen nicht so auf sein Interesse (Millerpeter, Bukowski, Peter). Schon früh erkannten die Eltern, daß das Interesse ihres einzigen Sohnes an Büchern von lauem Interesse war. So wurde der Vater von der Mutter (die für die Erziehung zuständig war) mit dem Sohn in die Buchhandlung von Baedecker in der Kettwiger gegenüber von der Lichtburg (Deutschlands größtem Kino) geschickt. Die Mutter hatte dort eine Freundin im Verkauf. Hier wurde nachgefragt, was das Richtige in dem Alter sei. Nach einer freundlichen Beredung verließen die beiden die Buchhandlung durch die Schwenktür, in der Hand eine Tüte, deren Inhalt die Abenteuergeschichten von Klaus Störtebecker waren. Der Sohn hatte gleich kapiert, daß dieser Aufwand tieferen Sinn hatte. Man wollte ihm was Gutes tun. Schon öfters hatte er feststellen müssen, daß seine kleine Schwester für ihr vieles Lesen übermäßig gelobt wurde. Da ihm schon in frühen Jahren das Lob das Liebste war, spielte er von nun an demonstratives Lesen im Wohnzimmer (von Zeit zu Zeit umblättern). Da diese Aktionen mit zu großem Aufwand (Anstrengung) verbunden waren, sah er sich nach neuen Möglichkeiten der Erhascherei um. Dabei half ihm das Malen und Zeichnen. Davon ab hatte es noch den Vorteil, daß man sich teure Materialien vom Vater zum guten Zwecke klauen konnte. Früh war herausgefunden, daß man leicht Berechtigung findet, um Spaß zu haben (Schreibwarengeschäfte sind wesentlich interessanter als Spielzeuggeschäfte – man ist unter Erwachsenen).

Auch wenn es jetzt noch nicht so aussieht, wir wollen James Joyce nichts Schlechtes tun. Aber immerhin gibt's da so einige Gassen in der Freiwildbahn des Verstehens, die darauf hinweisen, daß es Ähnlichkeiten gibt. Vergleichen Sie nur ein Jugendfoto von James Joyce und MK2! Lauschen Sie der Geschichte einer Fotobeschreibung in einer Buchhandlung namens Shakespeare und Company: am Tisch sitzend mit zwei Buchhändlerinnen und reichlich Büchern in England. Joyce schmunzelt, als ihm berichtet wird, Matisse habe die Illustrationen der Luxusausgabe von Ulysses nach Odysseus von Homer hergestellt, da er Ulysses nicht gelesen hatte (auch wenn es nicht unbedingt zur Sache tut, die zwei Buchhändlerinnen machen für mich den Eindruck von starken Fans). Geht es ja meistens, wenn die Namen fliegen, nicht um das Unter- oder das Überschätzen der Person, sondern um das angenehme Flair, welches man zuweilen in sich selbst vermutet zu sehen (spüren).

Andersrum poltern auch Namen, die durch ihren Klang oder Realitätsnähe (Personen und Zeitgeschehen) für einen harten Teil der Wahrheit stehen. Wie wir wissen, ist die Wahrheit nicht immer das Schönste. Man bedient sich der Namen von Menschen, die törichte Einzelaktionen wiederholt vorgeführt haben (Dahn, Schuhmacher, Dr. Felix, Ulrike Meyfarth, Schokoladenpeter Ludwig etc.). Es sind nur Spickzettelchen wie Schilder, die man sich vorhält, um auf der Lauer zu sein vor der Selbsteinreihung. Letzten Endes werden diese und andere nette Kerls sein, die in der Eckkneipe und zuhause und im Freundeskreis viele Freunde haben und auf viele Neider und Applaudierer zurückgreifen können. Es sind nicht diejenigen, von denen man körperliche Aggressionen zu befürchten hat (körperliche Aggressionen = das Warme, Unausgefochtene, im Raum Stehende). Nur den Schweinen wünscht man Übelstes. Davon kenne ich vier: einer heißt Helmut Costard. Schweine sollen es satt und mies bekommen. Meine Ereiferung in unerträglichen Haßwünschen sei ihnen gewiß (man darf alles sein, bloß kein Schwein).

25.5.1987

Seitdem es keine Städtevergleiche mehr gibt, ist Köln wie jede andere, besser gesagt: wie Ferien. Kennt man erst mal einen fremden Ferienort, kann man im nachhinein Erlebnisse finden, die einen zur Rückkehr durch Gewohnheit zwingen. In einer Stadt möchte man sich ungezwungen und willkommen fühlen. Im In- und Ausland (da wo man zu Gast ist, wird gebaut, um noch mehr Platz zu finden für bizarre Typen. Da das Auffassungsvermögen des Menschen schlechthin als klein zu bezeichnen ist, ist der Mensch gezwungen, sich auf einige und nicht alle zu konzentrieren. Zu den Höhepunkten auf Erden zählt Dr. Werner Peters. Was er studiert hat, weiß keiner richtig, auf jeden Fall war es nicht Wirtschaftskunde und erst recht nicht Gastronomie. Er ist ein langsamer Mensch in einer schnellen Zeit und paßt auf, daß sein Outfit nie die Grenzen überschreitet. Er nimmt sich kein Beispiel an seinem Personal, und sein Personal nimmt sich kein Beispiel an ihm. Früher nannte man das Ganze, über das hier versucht wird zu schreiben, einen Hauch von Flair. Heute erkennen wir in demselben Flair von Mittelmaß (wie erwähnt) eine teure Angelegenheit.

Dr. Peters ist Inhaber eines Hauses in der Lindenstraße. An dem Hause hat er folgendes gemacht: ein Cafe im Stil unserer Neongefühle von einer Innenarchitektin (auf die wir noch zu sprechen kommen) erbauen (einrichten) lassen. Dieses trägt den wunderschönen Namen »Cafe Central«. Ein Name, der schon immer für die Mitte stand. Man möge nur an New York, Central Station, und Cafe Central, Wien, denken. Im Rest des Hauses stehen, außer in der Messezeit, leere Betten. Das Hotel heißt Chelsea. Es kann vermutet werden, daß auch bei dieser letzten Namensfindung New York ausgeholfen hat. Vorher hieß es Hotel Maria Lenz. Da jedoch immer nur nach Maria Lenz gefragt wurde und nicht nach Dr. Peters, wurde es ihm zu bunt, und er nannte es Hotel am Lindenplatz. Die Briefbögen waren gedruckt, da fand man gemeinsam mit den Taxifahrern heraus, daß es keinen Lindenplatz gibt in Köln. Das war nicht weiter schlimm. Unsere Lieblingskoriphäe fand sofort einen neuen Namen: Hotel Central. Die Briefbögen waren neu gedruckt. Das Geschäft war somit angeleiert. Empfehlungen kamen über Empfehlungen, doch die Gäste blieben aus. Schnell war auch hier die Fliege im Bienenstich gefunden. Gegenüber vom Bahnhof stand schon ein Hotel mit dem Namen Central, aber das nur als Vorgeschichte der zweiten Doktorarbeit von Dr. Peters. Durch materielle Einfachheiten waren ihm die Hände gebunden. Vielleicht hatte er sie sich auch selber gebunden. Jedenfalls sollte man ihn nicht in den Schatten des jetzt im Bau befindlichen und schon jetzt mit fünf Sternen dekorierten Hotels Holiday In schieben, nur weil die es sich leisten können, die Fassade der Leonberger Bausparkasse abzunehmen und eine neue, sprich gleiche, aufzukleben. Ich bin dafür, daß er auch sowas wie Sterne bekommt für Sonderleistung der Eingebungskunst. Ein Stern für den Koch (kann auch 'ne Kasperlerute sein). Seit dreieinhalb Jahren wird getreu dem Hausmotto »Fliegender Wechsel« schwer geschuftet. Italiener, Polen, Franzosen und Tschechen gaben sich hier die Kochlöffel in die Hand. Letzte neue Errungenschaft ist ein Meister der neuen, guten, alten deutschen Küche. Wie auch schon bei den Italienern wird viel mit Mehl gearbeitet zum Verdikken. Zum Verdünnen der Speisen und zum Abbau des EWG-Butterbergs stehen Creme Fraiche und Butter in schönen, großen Plastikeimern zur Verfügung. Und wie es sich für ein Szene-Lokal (wir alle sind eine riesengroße Szene) gehört, sehen wir da anfangs Mozarella mit Tomate und am Ende eine abgerundete Mousse au Chocolat. In der Mitte hatten wir die Saltemboka alla Romana vergessen. Drei Jahre kämpfte ich für Linsensuppe mit spritziger Wurst. Jetzt, wo diese Speise im Teller vorliegt, und ich sie gekostet habe in verschiedenen Gemütszuständen, esse ich sie nicht mehr. Der Antrag auf Nudelauflauf zog sich noch länger hin. Gepredigt und gepriesen habe ich ihn, Andeutungen aufgeschrieben, scheiß gute Ratschläge erteilt. Schließlich ist es das einzige Gericht, das ich auswendig und richtig kann. Gesagt, daß ganze Erinnerungen tiefe Wunden meines Lebensglückes in die Makkaronie hängen. Nun gut. Der Tag war gekommen. Die Vorbereitungen waren warm gelaufen. »Am Wochenende« hieß der Schlüssel, der die Tür zu meiner Befriedigung öffnen sollte. Sonntag abend kam ich wie oft herein, nahm Platz und bestellte Nudelauflauf. Ich will mich kurz fassen: Andere hatten ihn nach drei Jahren Vorbereitungszeit und länger aufgegessen. Nicht einer muß dagewesen sein, der mir ein Stück hätte aufheben können. Weitere zwei Wo chen vergingen unter Flehen und Betteln inclusive diversen Gesprächen mit Dr. Peters: ob ein neuer Anlauf zur Zubereitung der Speise möglich gewesen wäre. Dem war dann so. Komme hereingeschlendert ins Cafe, gehe gleich Richtung Küche, frage: »Ist Nudelauflauf da, und kann man ihn mir aufs Zimmer bringen?« »Sicher, sicher, klar, klar«, war die Antwort. »Und eine Weißweinschorle bitte noch! Bin erschöpft von den letzten Tagen«, fügte ich hinzu, »und möchte mal in aller Ruhe klasse Fernsehen, den ganzen Abend lang gucken, und als I-Pünktchen den guten alten Nudelauflauf einführen.« Der Nudelauflauf bequemte sich in meine Belle-Etage und war französisch hergerichtet. Nouvell-cuisine-mäßig war er in dünnen Scheiben auf dem Teller drapiert. Nur schade, daß man ihn nicht in der Pfanne aufgebraten hatte, wie sich das nun mal gehört, sondern im Microwellenherd von oben warmgemacht. Die Absicht ist zu loben und zum Essen aber nicht. Eine absolute Ein-Sterne-Schweinerei! Hier noch zwei Stimmen von zwei bekannten Damen: Lieber Martin, da uns zu Ohren gekommen ist, daß Du ein Buch schreibst, worin auch das Cafe Central eine große Rolle spielt (die diesem auch zusteht), sind wir der Meinung, daß folgende Begebenheit auch erwähnt werden sollte. Kurz zu erörtern wäre, daß aus Gründen, die wir zu unserer Peinlichkeit hier lieber nicht niederschreiben wollen, zwischen dem Chefkoch (Allround-Talent) und uns nicht eine grade herzliche Beziehung besteht.

Bauernomlett mit Gewürzgurke DM 9,50. Nach einer langen Nacht fiel uns am Sonntag Mittag auf der im Central vielversprechend aushängenden Speisekarte das Bauernomlett mit Gewürzgurke ins Auge. Der Service funktionierte diesmal reibungslos, und nach wenigen Minuten hätten wir mit dem Essen beginnen können, aber diese formlose, undefinierbare, gelbbraune, rotgrün durchzogene Masse ließ unsere Augen hilfesuchend Richtung Küche wandern, denn das einzige Erkennungszeichen waren zwei nett dekorierte Gewürzgürkchen mit einem delikaten Salatblatt. Dort sahen wir den Koch, schmunzelnd in der Essensausgabe eingeklemmt, unserem entsetzten

Blick zwischen ihm und dem Omlett standhalten. Dies ignorierend wollten wir das BO einmal kosten. Doch als wir die Gabel zum Mund führten, brach der Koch in schallendes Gelächter aus. Jetzt war uns der Appetit gründlich verdorben. Empfehlung des Hauses: Der Kellner gibt fünf Cafe gratis für einmal ins Essen rotzen.

Maria und Gabi Söttel.

26. 5. 1987

Selbst der sture Mensch riecht das Lagerfeuer. Er erhebt nicht die Hände zum Schützen, sondern zum Wärmen. Der moderne Genießer liebt die windstille Ecke. Der Hurenbock verschmäht die Glut, tritt aber aus Versehen rein. Gesetze sind uns nicht mehr eigen, sie kommen einem entgegen, und stößt man auf sie, muß man sich nicht gleich entschuldigen. Ein Hallöchen tut es auch. Der Held bestätigt sich auf der Straße der Jetzt-Zeit, indem er sich opfert, aber weiterlebt. Die Gewinner einer Nicht-Streitigkeit bekommen von uns die ersten Preise unverbindlich. Würde es Gott geben, wir würden ihnen eine große Scheibe fortwährend zusprechen. Das dünn geschnittene Carpaccio hauen wir uns wie Fleischklumpen in die gute, alte Pfanne. Das ist das Geheimrezept des Kochs aus der guten Küche. Gewürzt wird es mit Sich-Scheiße-von-anderen-anhören, auch wenn man die Scheiße nicht verstehen kann (spanisch – portugiesisch – griechisch), weiß man, wie es gemeint ist. Mißverständnisse tragen zur Deutlichkeit bei (Deutlichkeit = Aufhebung). Aufhebung so drollig wie die ersten drei Plätze einer Miß Universum.

16. 6. 1987

Der angebliche Forschungsauftrag leitete uns über Graz nach Triest. Imponierend waren die Brücken, die sich über die heftige Mur zogen und so manchen Grazer auf die Brückengeländer ziehen. Das ist so weit so gut und schön wie die Hinterhöfe, wenn's mal nicht regnet. Ansonsten scheint das Leiden nicht erste Schlagobers zu sein. Schnell wird es eng in den Gassen, und der Grazer versteht es nicht, in dem notwendigen Maße durch Schmäh die leidenden Gassen zu verbreitern. Zu schnell werden die gepreßten Mirabellen um Hilfe gerufen. Der Priester sollte auf der Tour der Glaubensvermittlung nicht sofort Hilfe schreien. So rief die Reisekasse ins motorisierte Brehm's Tierleben: Schnell war der Rabbitt gefunden. Benzin und regnerischer Rückenwind schoben uns über die jugoslawische Grenze. Das erklärte Ziel war, verschlüsselt durch das Motto in vier Buchstaben: TRST. Grüne Bällchen, die sich zu Hügeln emporgearbeitet hatten, waren nahtlos vor unseren Augen mit Sträuchern besetzt, die wiederum nahtlos in kleinere Mischbuschwälder übergingen. Der Osten sang lautlos die Melodie zur vorbeigrünenden und verdreckten und verschlauchten Landschaft. Unmengen von Kleiderschränken in spe ließen uns passieren (passee). Die Baumverpflegung zur ambitionierten Wahrnehmung waren gelbe Blumenkohlpeter und Schoko Yogu Haselnuß Traube. Wie ein Fjord von Bergen öffnete sich das Land vor unserer Windschutzscheibe. Schon an der nächsten Umbiegung konnte das Blau des Himmels, das Blau des Horizonts und das Blau des Meeres kommen. Irgendwann war es dann auch so weit. Das Panorama, genannt auch das Wien am Meer, tat sich in den Kurven der Serpentinen auf. MK 1 bekam schon glasige Augen wie Frau Kelly vor dem Absturz. Ein genuscheltes »Michi« vom Beifahrer halbierte die Freude an der Aussicht und brachte uns heil am Bahnhof an. Aus dem Fahrer wurde der Wärter, aus dem Egophilosophen (Beifahrer) der Albergobooker. Schnell war eine Herberge mit reduziert interieurtem Surrounding für beide gefunden. Es hieß »A la Poste«. Wie sich später herausstellen sollte nicht umsonst. Kaum hatten die Abenteurer die Schlüssel zu den Buden synchron umgedreht und ihre Kleidungs-Geheimwaffen in die schmale Räumlichkeit geschmissen, hieß es den eigentlichen Auftrag wahrzunehmen.

20.10 Uhr. Einen Geheimtip nach dem anderen zu überprüfen. Die Geheimtips stammten von der Tochter eines verstorbenen schwäbischen Komikers. Man legte sich auf zwei Pointen fest, aber nur deswegen, weil eine Pointe an diesem Tage geschlossen war.

20.30 Uhr. Alles klaro. Mangare con Vino tinto al dento oder nicht al dento. Nicht mehr lange zappelte der Fisch. Vermischt unter Nudeln und Pane lag er zu unseren Händen. Weg war er und die ersten Lirepeters (no problema). Ganz natürliche Schweinereien brachen aus. Dio gratie, daß uns keiner verstehen konnte! Angesäuselt durch die heimischen Traubenextrakte fanden wir gutgewachsene, klassische Häuser vor, deren Außenwände nicht nachgaben und uns so ziemlich gradeaus den Weg wiesen. Nur da, wo die Seitenwände der Straße nachgaben, kehrten wir ein. Augen und Gaumen waren schier unersättlich. Das Detail selbst im letzten Span des befleckten Barbodens wurde gründlichst analysiert und gepriesen. Der gereichte ätzende Wein rosso bekam als Juwel seiner Art den ersten bis zweiten Preis. Wir waren eins geworden wie einst Italo Svero und sein Kollege Umberto Sava. Die Triestianische Uhr lief schneller als ihre langsam um den Hafen herum untergebrachten Einwohner. Es hatte lautlos 11.30 Uhr geschrien. Die Lokale ließen die Rolläden runter, um die Fässer für den neuen Tag und die spärlich aber gut dekorierten Wände mit neuem Ambiente einzuheizen und zu füllen. Vielleicht auch um das eine oder andere Ambiente um Zentimeter umzuhängen. Während also der Mond mit letzter Kraft den Weg durch die Wolkenmassive am suchen war, waren wir auf der Suche nach mehr »Italo will nicht ins Bett«-Atmosphäre. Man betrat eine Bar für Flugbodenpersonal und enttrat sie wieder. Ihre Schuhsohlen wärmten weiter das kühl umnächtigte Pflaster aus anderen Zeiten. Um 24.10 Uhr war der Hauptbahnhof gefunden und zu. Was folgte, war die Illumination der Stadt aus der Taxifahrerperspektive mit freundlichem Rausschmiß aus einem Taxi in eine Pizzeria hinein. Die Darstellung des Oberkellners ließ kein Heimweh aufkommen, und von seinen Zigaretten wollte er auch nichts abgeben. Klasse, die Einsicht, daß wir es nicht, wie immer behauptet, mit einer All-Aldente-Gesellschaft zu tun hatten. Der Weg führte schließlich ins Bett.

17. 6. 1987

10.30 Uhr. Der Fleischklumpen mit Synthetik umhüllt, wurde durch die Untertasse mit dem daraufliegenden

Hörer zum Zucken gebracht. Am Hörer eine bekannte Stimme: »Hier MK 1. Roger. Take lift from 2 to 0. Waiting here. Chiao, bello!« Der Aufforderung ward Folge geleistet. Was man beim Aussteigen zu dieser frühen Stunde und von der Seite noch nicht wahrnehmen konnte, war das Argument einer rotbetuchten Treppe vom Tiefparterre ins Hochparterre, wo der Elektrolift flankiert war von zwei Säulen. Eine gute Lösung. Während MK 1 sich von einem Taxifahrer durch die Stadt führen ließ (Wiener Arschgeiger Vollgas Zickzack aus dem Asphalt), hatte MK 2 nur ganz kurz paar warme Märker in Frankfurt telefonisch zu bestellen. Das war mit den für hiesige Verhältnisse leicht anstrengenden Bedingungen verbunden und erledigt. Man fand sich wieder.

13.30 Uhr. Der Magen knurrt für die neugierige Seele. Ein Ziel vor Augen wie Essen läßt einen einfacher hakenkreuzmäßig die Straßen erobern. Diverse alt und avantis und piu avantis lenkten unsere Gefühle, die genommen waren von Impressionen und nicht gleich zu ex werden konnten. Leichte Schwenks von Blicken, magnetisch-mechanisch funktionierend, bejahten die Notwendigkeit, nebeneinander in dieselbe Richtung zu laufen. Etwas Neues umschlug uns. Es war das gute alte Gefühl auf anderer Ebene (Stadt). Links oder rechts war einerlei. Das zeitangeschandelte, okerfarbene mit silbernem Licht begütete Gemäuer winkte uns in den Tag (vornehmlich Versicherungsgebäude der Firma Lloyd). Alles war so freundlich, so gentile. So viel Aufregung und Tristesse machte uns hungrig (neugierig wie junge Wölfe). Eins war uns klar: Wir sind nicht in Rom, wo wir die Mutter mit den Eutern finden. Sondern in oben genannter Stadt, deren auslaufender Glanz in Wohnzimmern wiederzufinden ist.

13.45 Uhr. Schon am Vortage hatte man ein Lokal aufsuchen wollen, welches geschlossen hatte. Jetzt stand man davor unter der Laterne über der Tür, wo Trattoria dranstand, deren Birne nicht zu leuchten hatte, denn das Licht war Geruch von Innen her. Ein freundlicher, älterer, graubärtiger Jude hieß uns mit den Worten »Guten Tag!« willkommen. Wir suchten uns eine vermeindliche Ecke zum Einnehmen von Dargestelltem und zur Einnahme von Essen aus. Die Jeans preßten sich gerade auf das Polster der um den Tisch gestellten Stühle, da fingen MK 1 Augen wieder an zu leuchten. Eine leuchtende Boje der Wahrnehmungskunst fing lautlos an zu feuchteln. Das deftige Leuchten war dadurch zu erklären, daß er die volle Verantwortung im Einverständnis für seinen noch schwachen Chef zum Ausdruck brachte. Was war es, das das neugewonnene Wohnzimmer so heimisch machte? Waren es die Intarsienarbeiten in hellen Furnierhölzern, die schwimmende Fischskelette darstellten, waren es die Schiebetüren zu Klo und Hinterräumen, die aus gleiches Meisters Hand geschaffen waren, war es der Arc, der das Restaurant in all seiner Höhe zu unterteilen versuchte, war es die leicht verschachtelte Küche, die sich inmitten des Restaurants als Schattentheater hinter Ribbelglas mit gelber Lichtquelle und einer Öffnung, an der ein nasser Vorhang mehrmals um die Gardinenstange geworfen war, darbot? War es Claudia Cardinale in den Anfängen ihrer feminalen Darstellungskünste mit freiem Rücken neben einem Quallenblumenstilleben ärmlichst großzügig gerahmt? War es der andere Tritt des Sprachgesangs in der

Bestellung vom Nebentisch? Waren es noch die in uns brodelnden Behauptungen während Gastronomiebesuchen in Colonia, daß alles, was Scheiße ist, unserer ständigen Anwesenheit bedarf (Cafe Central, Broadway, Nudelfabrik), daß wir uns schämen müssen? War es, daß alles in der richtigen Höhe hing, war es die Ohnmacht auf der einen Seite, daß wir, Dämlack 1 und 2, trotz Verunsicherung in der Schönheit uns stolz fühlen, es zu begreifen? Entschuldigen Sie jetzt schon die Wortwahl für verräterische Argumente (weil das geht nur uns was an). Das »War-es-Das« wurde unterbrochen durch die Bestellungsaufnahme. MK 2 bestellte Grießknödelsuppe mit Nudeln (es waren zwar keine Nudeln in der Suppe, aber der Inhaber hatte wohl das richtige Gefühl zu der Einsilbigkeit meines Geschmacks). Er wußte wohl von MK 2s Definierungskünsten, daß Essen bei ihm Nudeln heißt. Bei all den ganzen Bestellungen gab es keine Schwierigkeiten, weil MK 1 zur Seite saß. Ein Gourmet, ein Kenner, eine Leuchte in seinem Fach, der wiederum seine Kriterien richtig zum Ausdruck bringen kann, indem er sich ständig von seinem noch kritischeren älteren Bruder beobachtet fühlt. MK 1 hat den Nerv noch auf der Zunge. Kippenberger, der tapfere Krieger, hat sich schon so weit durchgeschlingelt in seinem Leben, was Geschmack anbelangt, daß, wäre es vonnöten, man ihn als ehrlichstes Kanonenfutter bezeichnen könnte in Sachen Geschmack: Er hat seit Jahren keinen Schallplattenspieler mehr, keine Beat-Rock-Chanson-Idole, um die sich das Loch dreht, kein Telefonbuch mehr, keine Schlüssel, mehrere Fernseher, keine Uhr, keine Absonderlichkeiten in Anwendung von Kleidung, keine übertriebenen Geschlechtsbetrieblichkeiten, er bleibt nicht hinter dem Berg mit der Behauptung, daß er nach vier verstrichenen Jahren eine Großstadt wechseln muß (jedesmal macht er ein Jahr zu lang (sein Preis)). Er schert sich einen besonderen Dreck darum, wie früher, in der guten alten Zeit, Billiges gegen Teures zu tauschen, schlechte Gefühle gegen teure Argumente (Kashmir-Mantel, zwei Wohnungen, Hawaii-Seance, die Unermüdlichkeit falscher Interpretation zu preisen, im Frohsinn behabte Fehler zu wiederholen, jegliche von außen und von innen herangetragenen ästhetischen und unästhetischen Häßlichkeiten Prinzessin sein zu lassen). Da ihm seine Zunge Jacke wie Hose ist und er nicht die Lust hat, seine Zunge schaden zu lassen, nimmt er als Geschmackbeutel MK 1 mit auf Reisen zum Diktat und zum Gourmieren. MK 1 berichtet nach dem Essen ausführlichst über die Einzigartigkeit des Geschmacks. Ab und zu poltert es über seine Lippen, das Eis sehe nicht besser aus als am Zülpicher Platz, dann aber führt ihm MK 2 über die Lippen: »Gucken kann ich noch selber!« Erst probieren, dann bezahlen, dann berichten. Bohrt man jedoch penetranter an unserem Möchtegern-Romancier, kann man auch ihm eine Wunschliste von Lieblingsessen entbohren. Da fällt dann sowas wie Kohlroulade, Fleischroulade, gute alte Bratwurst, gebratene Blutwurstscheiben mit angebrannten Zwiebelringen, angebrannte Buttersoße und Pfanni-Kartoffelpürree, da können dann auch noch mal Nierchen dabei sein, ein gutes Stück Leber vom Tönshoff. Aber wenn einen der Kellner oder der Inhaber, wo Kippenberger zu Stammgast sich vor dem Teller aufhält und mäkelt und ihn fragt: »Wie sollen wir das bloß machen? Wie geht das denn?«, dann kommt die unumsetzbare Antwort: »Wie bei meiner Mutter!« Seine Mutter war zwar keine Meisterköchin, aber sie konnte ja nun nicht mittags und abends mit den fünf Kindern und dem einen Au-Pair-Mädchen in die Stadt ins Restaurant fahren (sie konnte nicht kochen, aber sie machte es richtig). Seitdem heißt es für Kippenberger: armes Abendland, und ich geh' trotzdem aus. Hauptsache die Atmosphäre und drumherumliegenden Behauptungen machen Freude (gehen ans Herz). Im Grunde genommen sollen sie auch gar nicht ans Herz gehen, sondern mitten ins Zentrum der Wissenschaft, wobei Kippenbergers Wissenschaft nicht die der Lehre ist, die er weitervermitteln möchte (weil diese Sprache spricht er nicht). Wissenschaft ist für ihn die Stärkung des Stolzes, der inneren Kraft und des nach außen hin Leuchtens. Kommt von ihm zum Beispiel ein nicht gar so toller Witz, hat es vielleicht nur zu bedeuten, daß der Kellner vom letzten Mal in seiner Schlampigkeit nicht genau genug agierte.

15.00 Uhr. Auf Plaza San Antonia Nova, wo die schaukelnden Motorbötchen noch auf ihre Angeberpiloten warten, wo hinter dem Canale anstatt Palmen Maiglöckchenstauden gezüchtet werden, dort schmeckt der glasige Peter bauchiger als der schnauzbärtige aus dem Scotch Broadway. Auch wenn Unterschiede zuweilen unter ihren eigenen Argumenten darben, läßt sich schon jetzt eins sagen: die größte Lüge ist, die Geschmäcker seien verschieden (wer weiß?). Wenn die Cremeschnittchen vertrocknen, bleiben sie weiter Cremeschnittchen; es wird nur härter zugebissen (sich durchbeißen).

15.07 Uhr. Es ist eine wahre Freude, dem Ober Gutes zu tun. Es plätschert der Brunnen gleich einer Vaterfontäne, 4-5 Tantenfontänen und einer Anzahl unüberschaubarer kleiner, weißer Wasserhüpfer in kristallklarem, niedrigem, unter freiem Himmel gelegenem Bassin. Besonders groß ist die Freude diesmal deshalb. Alles haben die hier hängengebliebenen Dichter, Schreiber und Pianisten wohl gesehen, diesen Brunnen wohl kaum. Es scheint ein Spät-Fünfziger zu sein, erbaut zum darüber schreiben, um Daheimgebliebene zu erbauen. Auch Weißes kommt von oben runter. Die Sonne war's. Die Haut wird munter: macht nichts, denn wie heißt es so schön: Sommersprossen haben, heißt nicht, kackbraun zu sein.

22.00 Uhr. Ein durch Spaziergänge, Aufstiege und Bimmelbahn unter mächtiger Sonne geprägter Tag schnürt die Sinne. Alles Bewegliche am Corpus warnt mit schwächlichen Argumenten. Schlapp und nicht willig. Die letzte Konsequenz: das Bett zu suchen. Noch mucken gehetzte Sinne zu einem schleichenden »gib' nicht auf«. Die Standhaftigkeit der hohen Säulen, die die Architektur tragen und auch die Stimmung, werden abgefangen durch wunderschöne, billige Gesichter und kleinem und großem Danners. Kommunikation wird im Schilde geführt – im Schilde von zwei sich gegenüberliegenden Ausschankbetrieben. Dazwischen Motorroller, Motor-Guzzis und von menschlich betriebenen, motorangebräunten Jacken, Perücken aus dem Fundus alter Pasolini-Filme mit dazugelieferten Köpfen dunkelbraunst gebrannt, servieren auf verkohlten Tabletts schamlose Blicke. Besonders günstig und immer wieder beliebt durchlöcherte weiße Stiefel, in denen Meterware steckt. Stramm die Waden, golden die Kettchen. Tigerhöschen und Pantherhöschen vom Couturier »peng und knalleng« durchschwitzt solide gebärden sich normalst als Abgesang, der da kommen wird, auf den Tag, wo die Tischtücher gelüftet werden und die Gesichter auf den Lift warten. Meeresluft kommt nochmal durch die freizügige Architektur um die Ecke, und quasi mein drittvorletztes Mal sammelt man die Kraft zu einer verqueren Versinnbildlichung von Körper und Körper und Zeit, solange noch Zeit ist.

Luigi hat schon eine – es mag nicht die Schönste sein, aber er hat sie – und davor hatte er ja eh schon alle guten und schlechten Gesichter, die das Lied auf den Abgesang der Zweierbeziehung singen. Aber gerade die Übergänge haben sich als hilfreiche Hinweisschilder in die Geschichte geschrieben. Erhebend wie der Heiligenschein der bürgerlichen Erotik erhebt sich die Faust des Italieners und läßt sich vom Nachgesang meißeln (erfahrene Männer verstehen dies auch ohne Kommentierung). Ragazzas ergeben sich der Situation, haben dafür aber das Leben im Griff. Der Rückblick auf vergossene Tränen stählert das Auge (keiner hilft keinem, die Frau wird zur Göttin der Loge in einem Männerclub). Im Insalata Mista ist es ja auch nicht so einfach, die Grünen vom Grün zu unterscheiden. Das Kernöl, aus feinsten Pistazien gewonnen (einfaches Fleisch und Blut), vermag es die Erinnerung an den Platz und Ort der Einnahme auf ewig zu erhalten (besonders gute Küche) (lies in Macho, Teil 1, der Vati auf der Straße, und zu Hause hat die Mutti das Sagen) (da vorne ist das Meer, da geh' ich rein, dann bin ich nicht mehr nach dem Motto der Bauarbeitersfrau aus dem Ruhrgebiet: wenn du nochmal die Lohntüte versäufst, geh' ich mittn Kinnern ans Gas) oder wo wir schon mal bei Gedichten sind: wir sitzen an der Rue Chocolat. Es fahren nur Neger vorbei. Ein Farbenblinder mit Apfeltaschen als Händeschutz. Wenn da deine Frau nicht anfängt zu blinzeln, dich gutmütigst mit ihren Augenfalten streichelt, dann hast du auch nichts als Mann von deinem Gedicht, dann kann es sein, daß aus dem Gedicht einsame Gosse wird, und wer hat das schon gern?! Was ist ein Taubenschlag, von Hand gemacht, wenn nicht ein wohlwollend gurrender Ton herauskommt?! Zuscheißen kann man sich von allem und jedem lassen, aber wenn das Lob aus dem Taubenschlag kommt, dem Handgemachten, dann ist es doch ein handgemachtes Lob, das zu weiteren Bemühungen im Denken und Tatschen führen könnte (aus: Flair on the Street, Triest 1987, 23.00 Uhr, 21. Juni). Der Vagabund strotzelt, die Damen kichern, obwohl sie noch so jung sind. Dreckige Erfahrungen macht man weder in der Öffentlichkeit, noch zu Hause, sondern im Hängeschacht (in Deutschland dürfte der Ausdruck: ich gehe auf den Platz, wo die Beatles ohne Reporter hingehen = aufs weiße Telefon zutreffen, in Triest sicherlich nicht). Wieviele Gondeln sind nicht schon alleine durch Scheiße gerudert und haben ihr Ziel erreicht. Irgendwie hat der gute, alte Zweierschiß was tüchtig Liebevolles (doch darüber mehr in dem Buch von Albert Oehlen und Martin Kippenberger, das schon lange geschrieben sein will: Gespräche über Frauen). Manchmal ist es wie ein mit beige frisch lackiertes Cafehaus unterhalb von Österreich in Jugoslawien zusammengelegen, wo der gute, alte Tonetstuhl mit Gumminoppen versehen auf zu stumpfem Bohnerwachsparkett steht. Ganz, ganz früher, es kann auch gestern gewesen sein, verlangte man von uns, sich auf dem Parkett bewegen zu können. Aber wie werden wir damit fertig, wenn sich das Parkett verselbständigt? Deshalb hängen wir unsere Verzweiflung noch lange nicht zu den

Glocken von der 900 nach Christus entstandenen Kapelle am Piazza Cadera, sondern läuten weiter gerne auf den Bergen in den Hinterlandcafes (selbst wenn vier Tische weiter Kollege Clemente mit seinem sachtig sensiblen Stechauge in zugekürzten, ausgewaschenen Jeans all das behaarte Fleisch zeigt) (egal wie man das mit dem Gesicht und der Malerei von Francesco deuten könnte, es gibt nichts Schlimmeres auf Mutter Erden). Und wenn dann noch im Hinterland in selbigem Cafe ein Coppa mit New Wave Heavy Metal Dekoration am eigenen Tische steht und sich nach dreimal nach Eis suchenden Aktionen eine Handvoll Aliens Teil III Schleim vor den Augen ergießt, gibt man nicht auf, verdammt nochmal! Sondern begibt sich zu der gläsernen Vitrine und bestellt sich das Normalste zur Wiedergutmachung. Wir lassen uns nicht mehr von derlei ungeschmäcklerischen Darstellungen fertigmachen. Wir bestrafen uns selber für die daraus gewonnenen Erfahrungen. Bevor noch die allerletzten bekannten Tonetstühle sich das Stelldichein auf den Tischen geben konnten, fragte Martin den Michael: Habe ich heute Farbe gekriegt? Michael zu Martin: bestimmt! Martin darauf zu Michael: Schau mich einmal an! Michaels Antwort im sofortigsten Maße darauf: das geht zu weit! (Keiner ist des anderen Mösenknecht).

Donnerstag, 10.15 Uhr. Das Taxi hat uns schon früh aus dem Bett geholt und uns in die Landschaft gebracht, die schon immer unser erklärtes Ziel war. Ziele sind zwar hämisch, wenn man sie erreicht hat, insbesondere wenn sie am Arsch der Welt dreifach Salto Mortale sind, am Jugoslawisch-Italienischen Zweiländerbusen. Uns wurde durch einen Fiat 900 T mit dem Nummernschild

TS 278 317 ganz kurz die Sicht versperrt, bis dem Fahrer das Mißgeschick sofortigst auffiel und er seinen Wagen ca. 7 Meter um die Ecke lenkte, um uns freundlicherweise nicht die Sicht auf Jachten kleineren und größeren Formats und den dahinterliegenden Gewässern im Mittelmeer zu verderben. Drumherum wird gekämpft wie die Blöden. Wer früh genug aufsteht, kriegt ein paar Muscheln ab. Wer wie wir auf weiß überzogenen Sitzen in dieser Temperaturlage die Pinien und Zypressen und Buschhaine an sich vorbeidreschen läßt, stellt fest, daß die Taxifahrermorde nicht mehr in Mode sind. Für gute Freunde von Michael seien auch diese Informationen nicht unterschlagen: sein Aus-dem-Fenster-Blick eröffnet seinen Augen ein original geiles Militärcamp. Da kommt so manche Erinnerung aus guten Legionärsbroschüren hervor. Vielleicht sollte man dafür dankbar sein, daß dieser Platz gut bewacht ist und mit Stacheldraht umzingelt. Soldatenfrauen tragen ihre Backen beschäftigt über den Rasen. Der Nachwuchs paddelt und schreit, was durch die Mauern unseren sensiblen Gehören gedämpft erscheint.

Ein kugelförmiger Schattenboxer in schwarzer Badehose hoch über den Nabel gezogen kämpft mit sich in äußerst selbstbewußten Kung-Fu-Geräuschen. Er verkauft sich gut in seinen Bewegungen und Form des Vortrages. So kommt er nicht umhin bei den anstrengenden Aktionen, ein Päuschen zu machen an der Hafenmauer. Noch wissen wir nicht, ob die Darstellung urzeitlichen oder psychischen Ursprungs ist. Der Tag hat sich warmgelaufen. Die ersten Katzen kommen aus ihren Löchern, um bei der Betriebsamkeit der Autos vielleicht überfahren zu werden.

10.15 Uhr. Wir nehmen an der Überführung mehrerer Grenzgebietsdamen zum leichten Einkauf in der Stadt teil. Der eitle Sonnenschein bringt nicht die Kraft auf, sich noch weitere 20 Meter nach unten durchzuschlagen. Die Badeanstalten und Betonpisten für Sonnenanbeter sind leergefegt; nur eine Bella de Vice kramt im Flaschenpfand. Michi und Martin hüpfen über die Steine, trimmen sich von Stein zu Stein im Kampf gegen die Zeit. Nur Steinen, die weit auseinanderliegen, wird souverän aus dem Weg gegangen. Diverse Minuten später kommen sie aus einer Kartoleria mit gekauftem Papier heraus. Das Geschenk des Tages verlangt nach Umgang. Eine von MK 1 entdeckte Bar mit großzügiger Terrasse und nix los wird betreten. Man lobt die Tische und schwört auf den gestrigen Tag, wo die Terrasse so schön voll war. So jedoch hält sich die Bombenstimmung vornehm zurück. Was soll's?! Dafür brauchen wir uns auch nicht die leere Kleiderstange und das wenig tolle Grinsen des Kellners im Central und dem kaum was abzugewinnenden Platz vor dem Central und die ebenfalls nicht so klassische Kirche am Platz reinzuziehen. Wir brauchen jetzt auch nicht auf die blöde Idee zu kommen, in Richtung Rudolfplatz zum Broadway-Cafe zu gehen oder uns dahin zu setzen und uns die Musiker von Walter Dahn und die Express-Leser von den anderen anzugucken. Nicht mal eine Verabredung hätten wir als Ausrede für ein Da-Eintauchen in das nach nichts verlangende Klima. Wäre es Samstag zwischen 12 und 3 in der Ehrenstraße im Broadway, würden sie ja nichts sagen. Da trifft man wenigstens die Freundinnen vom [redacted], der bei Elke und Bernd [redacted] arbeitet, hoch auf dem Schloß bei Osnabrück. Oder die Freundin von der Freundin vom [redacted], die Gabi, die immer so nett lächelt und ab und zu einen penetranten Farbigen aus New York dabei hat. Vor dem muß man ein wenig aufpassen. Der will nämlich Edition machen und meint aber Nerven. Oder man trifft Dirk [redacted], an dessen Tannenbaum von Körper man neue lustige Accessoires entdecken kann oder zumindest die Fortschritte der Risse in seiner Blue Jeans. Oder Gisela Capitän, die Freundin vom langsamen Tommy (der mit dem Futurier) auf nen Espresso. Oder ein Espresso mit Cognac mit der Jutta [redacted] und ihrem Freund Diedrich von der Musikzeitschrift. Oder noch enger rücken mit Leutchen, die gar nichts zu sagen haben, oder wenig Interessantes, oder die einen fragen, ob man schon den oder den Film gesehen hat. Oder sich zu jemandem auf den Schoß setzen, weil es so eng ist, und sich mit den anderen einbilden, daß es ja gar nicht so eng ist in Köln, daß allen Dingen irgendwie in einer halben bis dreiviertel Stunde was abzugewinnen ist. Oder daß einer in dem Gemenge einen beknackten Vortrag hält, der einen selber besser aussehen läßt. Oder daß einer aus Düsseldorf vorbeischaut und neue Gesellschaftsaktivitäten von Immendorf umschreibt. Aber Donnerstag, so leid's mir tut, ist das schon ein harter Brocken, im Broadway zu sitzen. Da freut man sich schon, wenn eine Birne ausgewechselt wird (Musikcassetten niemals). Irgendwas ist kaputt an der allgemeinen Fluktuation. Die Künstler sind faul in Rum und sparen an Gebärden. Keine läßt er rein, keine Haßtiraden, keine Beleidigungsschoten, nicht mal 'ne halbwegs doofe Intrige will uns die Stunden des Tages zuckern. Wenn man Glück hat, kommt Fritz, der Mitbesitzer vom Neuschweinestall und hüstelt: Was ist hier los mit Vorverkauf? Was einem bleibt, ist das Bewundern der zu langen, dichten Haarpracht einer lauten West-Amerikanerin, die da bedient. Früher gab's noch taillierte Tigerhöschen in der Barkurve und absichtlich überhebliche Bedienung (das waren noch Zeiten!!).

18. 6. 1987

Es roch nach Mittagszeit. Sie sangen noch kurz ein Arrivederce, bevor sie nebenan zum goldenen Seebären bei Antonio Chacci mit den Bon Jorno anfingen. Die Steuerräder vergessener Schiffe umschwirrten Neonlichtern gleich unsere angesommerten und hungrigen Gemüter. Irgendwie war die Salami und Prochiuto vom selben Effekt wie die bunten Karnevalsfotos an der Wand. Frauen hatten sich auf diesen Dokumenten des Forschritts als Kriegsversehrte auf Stühlen stehend verkleidet (nur so konnte man erkennen, daß es sich um eine Verstellung handelte). Andere Bilder zeigten muntere Kinder, die mit offenen Wunden nach dem Kameramann tatschten (die Wunden sahen aus wie Studentenpizzas). In der Ecke, wo man von der Fotohängung abgesehen hatte, war ein braunes Dreieck gemalt. MK 1 faßte alles zusammen mit dem Begriff »dieser Laden wirkt irgendwie unehrlich«. Leicht verdattert und noch immer nicht ganz bei der Sache fragte MK 2 MK 1, welch tiefere Aussage diese halbschlüssige Aussage hätte. MK 1 antwortete: »Die scheinen uns das Geld aus den Taschen ziehen zu wollen.« Aus der Rechnung war allerdings dieser Verdacht nicht zu verhärten. Aber so ist MK 1 nun mal. Neulich auf die Frage, wo Ascan wohl sein Geld hernehme für die kleinen Fußbänkchen, für die Paravents von Penck und Kirkeby, die reizvollen Telleruntersetzer aus echten Stichen auf

Pappe unter wischfester Folie, das Moos für die bibliophile Erstausgabe der Goethe-Gesamtausgabe Bände 1, 3, 6, 7 und 10, für die an jeder Ecke auf ihn wartenden Sekretär aus Nuß- und Eichenholz poliert, geschweige denn, wo die Knete für die Schlafzimmerutensilien und diverse Essen vor und nach jeder Verni-Finissage mit Bürgermeister Dohnanyi und Frau Christa und den anderen 80 Zuschauern, die Pinke-Pinke für Nicht-Verkäufe sondern Ankäufe mit Katalogen in Farbe von Cucchi über Koberling, Knobel, Clemente herkommt. MK1 nach längerem Nachdenken: Rauschgifthandel. Kippenberger darauf: ›Da gehste mal wieder ganz schön weit mit deinen Vermutungen. Ich hätte höchstens auf Kinderhandel getippt!‹ Als Ascan mal das Büro für eine kurze Zeit verlassen hatte, schnüffelte er in den Aktenordnern: Crone, privat. Crone, geschäftlich 1-8. Aber nichts war zu finden. Totale Leere kam ihm entgegen. Aber irgendwie ist er einer von uns: er will Freund und Feind auf einmal sein. (Lob erhaschen, Lob vernichten). Nachdem auch die Pastas sich ihren Weg nach unten Mitte geebnet hatten, bekam MK2 Kopfschmerzen weil es nicht aufhören wollte, das ›wer ist wer in Wirklichkeit‹, das: was wären wir geworden, wenn... (schwul sein, nichts dazulernen, früh sterben, bevor man's hätte ausleben können). Ein schon den Herren bekanntes Cafe an der Kirche, wo sich Architekten und Konfessionen die Klinke in die Hand drücken, wurde Unterschlupf zur Einnahme von 4 Schmerztabletten und 3 Grappas zur Bestärkung einer wohlgesonnenen Wirklichkeit. Aber irgendwie war auch das bezahlt, und in zwei langen an dem jungen Gemüse von Maggio-Stadtmitte fast unbemerkt vorbei, hätte nicht MK2 sich sofort das Hemd vom Leib gerissen und Weißes gezeigt und

MK 1 sein Oberhemd sorgfältig gefaltet zu den Akten in die Plastiktüte gesteckt und dann dem Sohn von Alain Delon nachgeeifert, indem er den obersten Knopf seiner Jeans-Hose öffnete. Es blitzte in den Pupillen der Minderjährigen, und die beiden waren teilgeworden im Vulgarismus, der in der Mittagspause ging. Gestiefelt von der Sonne und dem leicht anrüchigen Meerwasser versetzte es die Körper nach hinten in die Liegestühle. Schnell waren sie durch Erinnerung dämlicher Untaten ins Träumen geschaukelt. Ungeziefer konnte nunmehr sich in aller Ruhe an ihnen laben und brauchte sich nicht vor einem Rückbiß zu ängstigen. Schließlich waren sie in friedlicher Mission hier. Geweckt wurden wir durch das mit Leder und Nyltest überzogene Fleisch weiblicher Natur, das uns was vom Eis abgeben wollte. Das ging eine Weile auch ganz gut, bis sich das Lutschen in die Länge zog und immer länger und feuchter wurde. Hätte MK 2 nicht zum Abgang aufgerufen, er wüßte nicht, wie appetitlich das Ende ausgesehen hätte. Obwohl MK 1 ständig beteuerte, daß sie früher ganz toll ausgesehen hätte und man mit Sicherheit davon ausgehen könnte, daß die Dame, die sich ihm so großzügig zeigte, aus guter Familie wäre.

In den letzten Tagen machte sich MK 2 zunehmend Sor gen über den zu still gewordenen MK 1. War es womöglich Unausgeglichenheit, erzeugt durch Unterbeschäftigung? Schließlich konnte nach der vielen Bildhauerarbeit der letzten Monate mit dem hier Nur-Essen, Nur-Trinken, Nur-Hotelieren, Nur-Herumlungern und ein bißchen im Flipper-Spielen-Verlieren ein Arbeitsentzug in Kraft gesetzt worden sein. MK 2 überlegte sehr lange. Er wollte das Problem unauffällig lösen, nahm all seinen Ideenreichtum zur Hand und sprach betont: »Michael, ich glaube, Du brauchst eine neue Badehose! Gehe gen Stadt, und such' Dir eine, aber 'ne anständige! Und wenn Du willst, auch noch ein paar Handtücher!« Da war erstmal schweigende Stille. Ich wiederholte meinen Wunsch, ihn in einer anderen Farbe vor mir zu sehen und fügte noch hinzu, daß ich meinen Mittagsschlaf mache und er jetzt losgehen möchte. Die Zeit wäre gerade richtig. Wiederholtes betretenes Schweigen zog sich in die Länge und Breite, bis ein kurzes »Nee« aus MK 1 Richtung kam. MK 2 fragte: »Wie? Nee?« Diesmal hielt er mit der Antwort nicht so lange hinterm Berg und antwortete selbstsicher: »Ich bin zu faul!« So war nicht das neue Angestelltenverhältnis geboren – es war gereift.

Freitag, 19.00 Uhr. Karneval in Sex und Karneval in der Kirche. Ein freches Kostüm. Ohne Softie kein Hardie. So sah die Prozession aus an diesem Abend. Lila Talar, 'ne heilige Stange in der Hand, beste musikalische Stimmung, weiße Tischtücher aus den Fenstern, und die Type mit dem lila Talar trägt abrasierte Koteletten und Sportswear darunter. Die musikalische Untermalung am Hafen entlang und um die Kapelle drumherum besorgten zwei Kapellen mit wunderhübschen Flötistinnen und einem sehr vertrauensvollen Notenbücher-Hinterherträger. Auch der hektische Prozessionsrichtungs-Straßenanweiser konnte sich sehen lassen. Prozessions-Paraden scheinen in dem von byzantinischen Kirchen untermauerten Städtchen längs der Triest üblich. Es scheint eine besondere Disziplin darin zu herrschen, wie bei uns bei der Arbeit die Präzision, hier bei den Freizeitumzügen. Die Vornehm-Häßlichen haben montags Ausgang im Kastanienhain, der von Cafes surroundet ist. Wer montags als Fremder die schönen Teenies aus Mealo sucht, wird Montag kein Wohlgefallen finden. Die schöneren Konsorten haben Dienstag Ausgang. Früher tat es noch genüge, das Hemd vor der Brust um zwei, drei Knöpfe zu weit zu öffnen. Dieses reicht der Meterware nicht mehr. Muskelpakete sind dazugekommen, so massiv, daß man glauben könnte, der Arsch hängt auf der Straße zum Rubbeln. Hektisches Treiben ist auch in diesen Gefilden nur durch Anstrengung darzustellen. Meistens wird die Coolness durch Giggeln und sympathisches Kindergelächter unterbrochen. Die vom Durchleben etlicher Dynastien und Besatzungsmächte gezeichneten Menschen scheinen morgens von der Haushälterin aufgezogen zu sein. Wer keine Haushälterin sich nicht mehr leisten kann (schade bis traurig), wirft sich selber Groschen ein. Hier wird das Hin-und-Her-Schreiten noch als Ehrensache und richtiges Angeben verstanden. Der Wettbewerb kennt keine Pausen. Ein bunt gewürfelter Pralinenhaufen vor unseren Augen, wie aus derselben Mozzarella geschnitzt. Die mühevolle Arbeit läßt selbst die härtest modisch gewaschene Kleidung hinreißend erscheinen. Man teilt sich durch das Dabeisein den Applaus. Jeder wurde zur Mannschaft, jeder teilt sich selbst gleichviel Gerechtigkeit zu. Ein Lob auf das Winkelvolk im nordöstlichen Teil von Italien.

Stotternde Entdecker auf Reisen, wie wir es sind, beschäftigen sich mit der Suche nach besonders schönen Ansichtskarten. Auch hier Gerechtigkeit: nach fünf Tagen Suchen fanden wir in einer mit frischer Wäsche naß behandelten Gasse ein Geschäft, wo wir mit allem Antikdreck (schöne alte Filmfotos, Postkarten und Führerbinden) bestraft wurden. Es ist schon nicht leicht, etwas zu finden, was längst erfunden. So klopften wir uns nicht auf die Schultern – wir klopften auf die Träume. Unaufhörlich wachten wir schweißgebadet unter rauhen Bettdekken auf, weil wir dachten, man hätte uns in Jugoslawien untergebracht.

24. 5. 1987

Liebi Martini,

alles Scheissi hier in New York, aber kein Problem – alles guti und gemütlichi mit meine Freunden. Wir warten für Dich in Oktober. Barocco Nudelfabrik wird Bratwursti und Kohlrolladeni machen. Und Du mußt auch ein Set für eine Choreographer machen. Die ist eine gute Freundin von mir, und die hat ein Mucha Skulpti kaput gemacht, wann der Günthi war hier. Die ist sehr toll und Familie. Alles klar, meine herzlichi Freundi? Ich komme im August, und nach Deutschland in September. Bremen für Tannhauser, und dann gehen wir nach New York zusammen, vielleichti. Gute Griechenlandi, meines Herz für Martini, ein kleines Brief für Michi, das Geldi kommt gleich, und alles Guti.

Herzi Judie

Bitte, eine Postekarte von Griechenland.

1.7.1987

Die soll ruhig so geschlingelt da durchgehen. Und da sind jetzt diese Gummidinger mit den Haken. Krieg' ich die? Die besorg' ich, wenn ich da bin. Und dann müssen da eigentlich so Holzdinger dran, die uns kleine Schrauben ab und zu machen. An die Holzdinger von der Kette? Ja. Daß daran wiederum die Gummidinger befestigt werden, durchziehen. Aber es liegt im Regal, wo... wo Durcheinanderprogramm ist. Da liegen auch diese Gummidinger drin, zwei oder drei. Du weißt doch, was ich meine, diese Ketten... mit den Hausmeisterhaken?! Ja, die Hausmeisterhaken sind an der Kette dran! Ah, die sind da schon dran! So, die Installation machen wir dann zusammen. Hergestellt werden muß der Kasten und diese Kette. Die Kette wird grundiert mit... eh... silbermetallic Kupfer, Bronce, Eisen ... wie nennt man das? Nicht Dispersionsfarbe ... eh... Acryl! So, die Töne, ne? Bloß einen Ton! O. k., ich baue also die Kiste, die Dachlatten werde ich so machen, daß man sie abnehmen kann, sonst kann man das Ding nicht transportieren. Ja, aber das ist ja die zweite Skulptur. Das ist die offene Version, über die wir jetzt sprechen. Und der Titel war: Die Kassette. Und was ist jetzt bei der zweiten Version anders als bei der ersten? Die zweite ist so, daß wir den Kasten nehmen, den wir jetzt haben, mit den Farbtropfen drauf... eh... Schallplattenständer. Und dann ist die geschlossen. Dekord-Kasten. Jetzt wird der Sockel dafür nicht ein Ständer, sondern ein Kreuz, oder was? Ja, das mit dem Kreuz auf dem Kopf! Nur geschlossen! Also hier haben wir den Kordständer, und dann wird das Ganze vervollständigt zu 'nem Kreuz? Na der ist doch schon da! Was, der Kasten? Nein, den hab' ich noch nicht gebaut. Ah so! Dann machen wir das in einem Stück – das heißt, wenn man das zur Tür rauskriegt! Aus was für 'ner Tür? Ja, aus der Ateliertür! Das ist neu, das sind Sachen, die ich jetzt nicht weiß! Ja, von der Größe haben wir geredet, wie hoch das ist, also 1,92. Das muß doch aus der Ateliertür rauskommen! Deswegen sag' ich das doch! Ob man das im Ganzen baut, oder ob man die beiden Kästen hier ansetzt. Ich meine doch bloß, deine Version soll doch die geschlossene sein, ne?! Zuerst haben wir das so besprochen, in Köln, daß hier die hautfarbenen Pappen mit den Begriffen draufkommen. Jetzt denke ich wieder weiter, und da vielleicht mal nicht, ne?! Verstehe! Zuerst haben wir gesagt, das wird geklebt, aber jetzt ist es doch besser, wenn man das tackert. Ja, takkern! Klar! Und da, wo das Innere hingehört, da, das schneiden wir raus. 'n Loch ... eh... 'n Türchen. So, ja? Man kann da natürlich 'ne kleine Tür machen – mit Scharnier. Eh... ist zu witzig. Nee, machen wir einfach nur da 'n Loch. Das ist dann genau seitenverkehrt die ... eh ... da ... ne?! Dieses machen wir jetzt! Alles klar, he?! Was hatten wir uns bislang vorgenommen? Laß uns erst mal das... eh die wir schon mal einigermaßen im Kopf haben! Für den Schrank. Ja, schreiben wir mal da drauf. Der ist wichtig. Da ist nur das Problem, daß ich gar nicht weiß, ob das überhaupt geht mit dem Ausgießen, weil der verschraubt ist mit diesen Metalldingern. Und wenn ich das jetzt gieße, krieg' ich das nicht wieder raus, weil... eh kann man so 'ne erfundene? Ja, 'ne erfundene, das kann man! Bauen, zum Beispiel, ja! Da müßte irgendwie mit Gießen, das müßte so'n weiches Material sein. Ja gut, ich weiß aber Bescheid! Muß ich Uli fragen. Wie, 'ne erfundene Form? – Nicht dieselbe Form nachbauen! – Doch. Also nicht gegossen, sondern als sei sie so gemacht wie gegossen. Ja, Styropur. Also Styropur wär' dir recht? Ja, mir wäre es das Liebste. Und das dann hohl machen, also aus Platten und dann zusammensetzen. Nicht massiv? Muß nicht massiv sein, so hätt' ich's jetzt gemacht – nicht wegen Preis, sondern ... o. k.? Ja! Also das ist sehr wichtig. Also beide Versionen! Was hatten wir noch? Ja, ich überleg' grade! Ich hab' die Sachen zu Hause. Bananen. Eh... das hast du aufgeschrieben. Dann der Zaun. Ja, den hab' ich noch nicht! Der war zwar schon da, aber... Dann »Friend« – die Skulptur »Friend«. Ja, laß mich überlegen – das war 'ne dreieckige Skulptur, die auf einer Seite Plexiglas hatte, farbiges Plexiglas, also durchsichtig farbiges Plexiglas, wo im Regal dann Kugeln waren – so 'ne Disco-Kugel – Disco-Kugel, dann kommt ... Ja, das müssen wir dann aber jetzt richtig durchgehen! Ich hab' das nicht in meinen Sachen. – Eine Disco-Kugel, also nochmal: Skulptur »Friend« ist 'n dreieckiger Kasten, also von oben dreieckig. Gleichschenkliges Dreieck oder unregelmäßig? – Unregelmäßig! – So, eine Seite ist Holz, eine Seite ist Holz, vorn ist Plexi, wobei bei dem farbigen, durchsichtigen Plexi, das gilt auch für Spiegel, das ist dann nochmal bedruckt mit dem Preßspanmuster. O. k.. So, ich hab' mir vorgestellt, wenn man da Fächer reinbaut, in dieses Dreieck, ne?! So, hier ist so 'ne Halterung. Auf allen kommt die Kugel rein, Stoß an Stoß, ne?! Dann hier Kugeln und da Kugeln, die man findet, und dann hier um die Ecke das Wort »Friend«. Eh ... das ist aber jetzt nicht meine Sache. Eh ... nee! Also es geht darum, mit der Halterung, selbst wenn die Kugel zu klein ist, kann der Abstand so groß sein. Verstanden? Die Abstände von den Fächern unregelmäßig? Ja! Jetzt muß man nur ... eh... hierfür ... eh... das wird wahrscheinlich Geld kosten. Es muß 'ne Disco-Kugel sein? Ja, weil selbermachen ... eh, kann man nicht gebrauchen. Also in den Dekorationsgeschäften gibt's das ja, weil die Gummi mit zugeben. Gummi, 'n paar Meter Gummi, Platten oder was? Nee, Gummi, Gummi, dieses ... Ja, Gummi gibt's als Platten, oder Gummi gibt's als so 'ne ganz dünne Haut. Haut, da wo die die Wäsche draus machen. Schwarzes Gummi, oder wie – auch noch – Ja, hautfarbenes! Krieg' doch eh so 'ne kleine Palette wie von Plexiglasplatten. Läßte dir eine kommen auch von dem Gummi! So, So'n kleines Heftchen. Das ist das äußerst Wichtigste, daß das bis zum Februar fertig ist. Den Engels unter Druck setzen? Ja! Ich hab' ja nur ein Druckmittel. Dann ein anderer Drucker. Es muß bis dann und dann fertig sein. Das heißt, wenn du zurückkommst am 10., mußte sofort dahin gehen. Mit der Fotografie, daß der schon die Aufnahme macht, ne? Für die Rasterung! Macht der die selber, die Aufrasterung? Ja, oder er gibt sie weg an einen Mann ... und sagst: »In drei Tagen müssen wir anfangen zu drucken.« Und dann so drucken, daß das fertig ist. Auch danach noch der ... weil auch danach, was da noch drübergedruckt wird – der Entwurf, den wir noch machen müssen, muß dann und dann fertig sein, damit das dann nach Kopenhagen geschickt wird. Wart' ich nicht erst noch ab, bis die aus Kopenhagen ja sagen? Und ob das in Köln gemacht wird? Mußt Gisela anrufen! Ne? Das Ja muß man haben! O. k.! Ist das mit dem Druck und den Platten jetzt soweit klar? Ich glaube ja! Meinste Plexiglas jetzt auch in verschiedenen Farben? Ja! Wir brauchen durchsichtige, und wir brauchen ... wir fangen erstmal mit den Plexiglasplatten ... Du suchst die vielleicht mal nach ... Du suchst die nach deinem Gusto aus! Die Firma, die haben nur bestimmte ... die nimmste dann! Die haben größere Platten, da mußte sehen mit den Maßen, wie das dann bedruckt wird. Dann alle Platten besorgen und zu dem hinschleppen. Ach so, ja! Pappen brauchen wir noch! Also diese Schneidepappe von Hubert und die weißen Pappen, die ich sonst benutze. Und für mich müssen 40 Plakate gemacht werden. Was heißt das jetzt? Plakat ist Auflage 100 und 40 für dich? 1000 DM darf das kosten, und da hast du keine Spanne jetzt? Da gibt's keine Spanne! O. k.! Und du mußt dem sagen, inclusive Mehrwertsteuer. Daß die Leute alle so sauer waren! Nochmal inclusive Mehrwertsteuer. Inclusive Mehrwertsteuer! Zwei Farben. Die anderen Auftraggeber? Ja, weil ich hab' das ja vermittelt! Und dann kommen da hinterher 1.250 raus. Das geht nicht! Der Bücherschrank ist auch klar, ja? Mein Meterbücherschrank. Die Zeichnungen, die krieg' ich ja jetzt alle nicht mit, ne? Die kannste mitnehmen, aber das haben wir ja jetzt alles soweit besprochen! Jetzt... ich möchte jetzt sichergehen! Was heißt denn Kästchen Ehrhard? O. k.! Jetzt kauf' ich bei Bauhaus oder Ikea so'nen Schrank, he, kommt das Dingen rein, wird oben abgesägt, so, ne? Ja, ja. Eh... was ist bitte das? Eh... das war für mich – andeuten. Also, wird dann oben abgesägt und... also wie gesagt, mit so 'nem... eh... die Schienen, sollen das die Sachen aus Teneriffa sein? Nein!!! Meine Bücher!! Ich mein' die Befestigung, wo die Bücher reinkommen. Nee, weil de die ja kaum siehst. Em, Zeichnung mit Bananenschalen ist klar. Em, das mach' ich selber. Em, der Drachen? Die hab' ich zuhause, die Zeichnung. Und was haben wir...? Das Brett mit den Löchern, was war das? Die Ständer. Die Bar, die Wandbar. Hier, im New Wave Club. Ja gut, dann ist die Eckkiste im New Wave Club, die Kiste mit den... eh, nee – ich meine die Sache, wo wir gestern waren. Das sind die Ständer für die Gläser. Ach so! Ja, der ist klar. Ja, das sind ja so die Sachen, die man komplettieren muß und Zeichnung machen und... für die Kartei, die wir ja anlegen. Für Nützer ist noch wichtig das Bild eben. Ja, ich meine, dann haben wir diese Säulentonleiter da. Die machen wir dann speziell. Hast du mir Broncegußsachen gesagt? Brötchen? Ja, zwei Brötchen, in dem einen ist Aspik drin. Und das andere ist zu. Eins ist aufgebrochen in der Mitte... Ja, an der Seite haste gesagt! Seite Mitte. Und das andere ist zu, ja, aber beide sind aus Bronce! Beide sind aus Bronce! Kann das ganze Brötchen nur in Wachs machen. Das linke ist das zue Brötchen. Ne? Das rechte ist das, wo das Feuerzeug drin ist. Wobei das Feuerzeug so nach vorne zu sehen ist. Warum sagst du überhaupt links und rechts? Warum ist das für mich wichtig? Weil das linke Brötchen zu ist! Gehste nicht um 'ne Plastik rum? Das linke Brötchen ist zu!!! Das aus Wachs! Das ist hier so auf, und guck, das Feuerzeug! Mußt du mal gucken nach den Bildern, nach den Vorlagen, wie das dann so wird. Ich glaub' das Original war beide mit Feuerzeugen. Wird der Stein von dem Kiosk noch in Bronce gegossen? Ja, der sollte wenn, ja nur in Wachs gemacht werden. Aber lassen wir das erstmal! Und dann die Staffelei. Ja, die hab' ich jetzt allerdings zu Hause! Ja, gibt's noch 'ne Randbemerkung? Wir fotografieren deine Zeichnungen ab von so einem Ding und ziehen das auf. Oder wir fotokopieren das hoch, die Zeichnung, gibt es in der Copy-Bar. Kennste, in der Händelstraße? Gibt's verschiedene Papiere. Auch in Alufolie. Eh... nicht in Alufolie – durchsichtige Folie. Kann man auch machen! Dann wird die Zeichnung so groß, wie man se braucht. Kann man auch zwei, drei von machen, ne?

Verschiedene Vergrößerungen. Dann kann man sehen, ob da eine, zwei oder drei angeklebt werden. Der Inhalt von der Kiste, so wie wir 'se besprochen haben, bleibt. Folien willste durchsichtig haben? Je nach Gusto! Weil mit dem andern kannste natürlich aufkleben, em... Papiere ne?! Da gibt's farbiges Papier auch, Fotokopierpapier in DIN A 2 Größe. Das kann man ja noch größer machen, so groß kopieren, wie man's will. Ankleben, ankleistern. Aber sonst bleibt alles, auch mit dem Rand. Moment, was war der Rand unten drunter? Das war das Loch. Auch was drunter ist, zum Vorschein kommt unter dem aufgerauhten Ding. Ach ja? Das ging so, ja?! Und hier ist die Zeichnung, und hier ist... Wenn man die Kopie macht, muß man... muß man die Fotokopie wieder aufziehen auf ein Brett! Über das Loch, weil man ja von der anderen Seite wieder reinguckt und sieht, daß da ein ganzes Loch ist – ne, von hinten, wo man reinguckt! Durch die Schlitze. Ja, muß man die Fotokopie dann noch aufziehen auf irgendein Brett und dann dranschrauben. Mmh, das versteh' ich nicht! Warum sagst du das? Weil das Loch ist ja so groß – auf der Säule, und jetzt kannst du ja hier nicht mit Papier drüberkleben. Also mit Fotokopierpapier. Mußt du ja Fotokopierpapier aufziehen auf 'ne Holzplatte, ne, die Zeichnung. Aber Folie kann man doch da drüberziehen? Das wäre möglich, ja! Aber dann braucht man die Schlitze nicht mehr! Warum nicht? Das wäre ja doppelt gemoppelt. Wenn du dann hier reinguckst, dann siehst du ja, daß da innen drin Neonröhren sind und... du hattest eben auch von lichtdurchsichtiger Folie geredet. Das war nur das Material, was man benutzt! Also – wird man jetzt Folie nehmen? Kannst du dahinter die Maserung sehen von dem Holz? Wo man das drauftackert? He? Aber ich möchte nicht, daß man da reinguckt! In den... in den Kasten so direkt! Dann ist ja der Effekt mit den zwei Schlitzen kaputt! O. k. Ach ja, für das Regal, wo meine Bücher drin sind, zwei Plexiglasplatten. Moment. Ja, um deine Bücher dazuzunageln? Genau! Da muß man mal 'ne Notiz machen – das dauert jetzt zu lange, weil das muß man richtig ausmessen. Monument Mountain. Schreib mal »Monument Mountain«! Das sind die Stücke, die aus weißen Streifen von der Autobahn. Von einer Straße. Red'st du jetzt von dem Tapetentisch! Genau! Mit dem Tapetentisch das besprechen wir dann en detail. Ach ja ... ehm ... Brief ans Central müssen wir aufsetzen. Ja. Da machen wir die Fotos, die da hängen sollen, die müssen gar nicht in dieser Qualität sein. Die machen wir in Billigqualität, weil... mmh... in so 'nem Laden das eh vergilbt. Tu schreiben in dem Hotel Central Brief, in dem und dem System das machen, weil das billiger ist. Ja, dann gib mir den Zettel. Ja. Dieses Micki und Mucki Foto, daß man das so retouchiert, daß das hinterher nur noch ein bißchen verwackelt ist. Nur noch die Barhocker, da. Du wirst die Kontakte selber abholen müssen, wahrscheinlich. Kein Problem! Also, das krieg' ich schon hin. Für New York von der Bronx aus gesehen 'nen Stecker. 'Nen Stecker, ja den hab' ich schon notiert. Ja? Und daß man da 'ne Zeichnung zu macht. So daß du von allem irgendwie eine konstruierte Zeichnung hast, auch wenn sie im Nachhinein gemacht wird. Stuhl mit Kopfschuß... mmh... ist auch klar. Machen wir da 'n Podest drunter? Hatten wir da irgendwas gesagt? Nee, hatten wir nix gesagt. Na ja, der steht ja so für sich. Dann haben wir hier die Schulbank mit den Karten. Ja. Tarot... eh ... nicht Tarot... Patience. Genau!! Also wenn die Tischplatte jetzt zu groß ist, welche

Richtung geht das da? Nach da hin? Ja! Läuft nicht mehr! Doch, doch... doch, doch! So – Tischplatte wird so groß sein. Patience ist doch sowieso so, daß man mehrere Karten hat und immer aufdeckt! Ja, Patience geht nicht so, wie du das erklärt hast, denn Patience ist...! Ja, ich denke ja auch nur an meine Vorstellung von Patience! Ja, so denk' ich auch, aber ein Stapel ist doch immer höher, und da deckt man auf. Ja, da oben, die oberste Karte, ist unterlegt mit 'n paar anderen, so daß das auf dem Tisch sich verteilt, jedesmal 'n anderes Muster ist, so halb halb... mh?! Rückseite grün, Vorderseite rot. Ja, grün, rot und blau nicht? Doch! So, grün, rot, blau und dann gibt's ja die größeren Muster und die kleineren Muster, und die Rückseite ist immer 'ne andere. Bei denen, die du hier gekauft hast, nicht! Doch! Na gut. Die Karten werden doch genäht, und dahinter wird 'n anderer Stoff genäht – auf die Rückseite. Mmh – so! Von der Gabi. Und daß man halb – halb halb – oder – so verteilt. Die kann man natürlich auch da anlegen, daß es nicht mehr stimmt. Jetzt genau Hälfte, mh? Also die Naht kann man woanders anlegen. Ja sagen wir dann hier ist das Grobkarierte und hier ist das Kleinkarierte, dann ? daß die nicht auf der Mitte ist, die Naht, also die kann auch 'n bißchen drunter liegen, ne?! Mehr so in der Mitte. Visuell. Aber du meinst sowieso mal so mal so? Ich meine jetzt mit der Naht? Ne – es darf nicht zu gleichmäßig sein, ja?! Also... ja? Und dann hatten wir gesagt – wieviel Stück machen wir? Irgendwas ... 42 oder irgendso 'ne Zahl. Dann machen wir 37! Hatte der 'nen Sockel, oder war da nur 'n Preßspan drunter? Da hatt'ste zwei Variationen. Da war eine, da war nur 'n Brett darunter. Schreiben wir erstmal nur, Brett drunter! Können wir ja auch fertig machen, ne?! Dann haste die Styropurkiste, die zersägt werden soll hier und da und wieder zusammengeklebt, in Köln wird, die ich aber nicht mehr transportieren kann. Tu ich ja! Zersäg die noch! Daß man sie einfach so transportieren kann. Dann ist die Frage... mmh ... ob man Bälle ... mmh ... also, Gummibälle ... mmh ... mußte mal die Gabi fragen, ob man die drumherum beziehen kann, ob das möglich ist, das zuzunähen! Signor, un Mass per me, un Cuba Libre. Du noch 'n Bier? Nee danke. So das wär jetzt wichtig. Das wär ja nicht unwichtig. Das ist toll! Gummibälle mit Stoff benähen! Das wird nicht möglich sein! Das wird nur möglich sein, neue Bälle zu bauen! Warum muß man se bauen, wenn se schon da sind? Weil man die dann stopfen kann, denk' ich. Mmh, nein, nein, ich will keine gestopften Bälle! Ich will Gummibälle! Ja, ich weiß nur nicht, wie das möglich sein kann. Die kann's auch mit Reißverschlüssen machen, ne, wenn's anders nicht möglich ist. Ob es da überhaupt 'ne Möglichkeit gibt, ob man Gummibälle, ob man die überhaupt mit Stoff beziehen kann. Kannst du mir sagen, was das da ist? Nein, das hab' ich noch nicht gesehen. Vierekkiger Kasten. So, ist das gut? Kann man ja ausprobieren, ist ja nicht teuer! So, ne?! So, 'n Kasten, und dadrunter ist an der Ecke die Perücke. Ach ja, jetzt haben wir – wie hoch stellst du dir denn solche Sachen vor? Ich mein, ich bin immer schnell dabei und bau' so kleine Sachen. Na, das wär' ganz niedlich in kleiner. Tanga besprechen wir ein ander Mal. Besprechen wir jetzt! Nee, genau, weil mir geht's jetzt primär auch um das Aussortieren von den Dingern hier. So Sachen wie mit Buchholz und das haste aufgeschrieben? Ja, Betonskulpturen hatten wir eben noch, ne? Die sind speziale. Mmh... der hier. Machen wir auch morgen. Warum machen wir das morgen und nicht jetzt? Ja, mir geht's jetzt einfach darum, daß wir einmal hier den Stapel durchhaben! Das sind die hier... alles machen bis zum 2. Februar? Ja Moment! Heißt morgen morgen oder 2. Februar? Bis zum 2. Februar? Morgen heißt morgen oder Februar! O. k. Und wir haben jetzt, glaub' ich, die wichtigsten Sachen, die gemacht werden müssen, drin. Also jetzt kommt der Schrank mit dem Ikea-Schrank noch drauf. Notier den mal! Damit man das anschaffen kann. Nee, jetzt sag' nochmal: Was ist Schrank mit Ikea-Schrank? Der eine Schrank, der bei mir steht... ja, genau! Und oben drauf kommt der Ikea-Schrank. Ikea-Schrank ist der...? Ja! Mit den Klimaanlagen-Türen, mit diesen Fächertüren, diesen... Den gibt's bei Ikea? Klar! 'n ganz normales Ding wie diese Schwenktüren in den Western. Hier, deine Kissen von den Klimaanlagen, da ist die Zeichnung. Und ... mh ... der Ikea-Schrank wird ja wohl nicht bündig sein mit dem Spind. Jetzt war aber auch noch so 'ne Sache, wo in den Schrank 'n Schrank reingesetzt wird, wiederum ein Loch in den Schrank, von hinten nochmal 'n Schrank dran, aber ich mach' jetzt erstmal hier nur das? Ja! Der Schrank da, der kommt da oben drauf. Sag' mir, was das hier sein soll! Das soll 'n Sektglas sein, da unten. Und das ist 'n Schlitz. Sag' mir, was das hier soll! Markus Lüppertz. Das soll 'n Sektglas sein, da unten. Und das ist 'n Schlitz. Ach so, das ist jetzt die modernisierte Form von dem Schuh. Die könnten wir eigentlich machen. Dorothee Rasmeier? Ja. Ja, da hatten wir gestern noch das Ding mit den Betonröhren. Nur daß das so teuer ist mit dem Transportieren. Vertikkern tut der das hier sicher nicht. Also lassen wir das? Ja, also, ich guck' mir das auf jeden Fall an! Du weißt wo die stehen? Dieses Open Air Atelier – dahinter. Ja, sonst tut mir der Herold auch leid. Dann werden da

Taschen für gebaut, und daß jeder, der Teneriffa verläßt, so 'n Ding mitnehmen muß. Also – das ist manchmal nicht auszuschließen. Wubsch, wubsch. Ja, dann wolltest du nachbauen die Kiste hier aus diesem Ort, die mit den Ketten und Schlössern. Ach ja, da machen wir für unsern ... Tonband hier zu Ende ... und Tonbandwechsel ... also Absatz.

So – jetzt Aufnahme:
Ja, warum hast du das gedrückt? Ja, ich dachte, da muß man beide drücken. Ja, kann sein, oder? Mmh... weg... Billigkoffer. So, Palermo verkaufen. Ja, das habe ich in Köln schon mal,... mmh... den muß ich ja erstmal besorgen! Ja, aber bloß keinen... Was heißt denn blauer Palermo Katalog? Da ist das drin. Was du hast? Ja, die Zeichnung, die ist da abgebildet! Falls da jemand die Originalität bezweifelt. Der Bonner Katalog? Mmh... ich glaube ja. Mmh, wie man's gerne hat, Türsteher, diverse BHs. Discotheka Tschad. Ach ja, da mußt du mir auf meinen Memory-Zettel draufschreiben »Tschad, da steht so 'ne Skulptur«. Diesen Pokal? Ja, den Pokal! Den will ich haben! Alles dreht sich um das Loch. Mmh? Das ist, so bin ich rangekommen an diese Skulptur. Ich bau' mir Gedankenstützen. Das hab' ich auch schon vorgezeichnet. Haste das Fenster eigentlich schon fotografiert? Welches? Das mit den Gestängen, wo außen auf dem Balkon so'n Dingen steht! Dieses Schiebedach mit dem Stand! Ja, das hab' ich schon. Da war meine Eingebung schon vorher da. Mmh!! Jetzt guck sich einer mal die Katrin an, wie begeistert die ist!! Ist ja nicht auszuhalten!! Aber wir haben's gleich. Wir gehen nur den Packen hier durch. Dann kann man die hier reinkleben. Machst du das noch? Falls du mal

was für übers Bett brauchst? Hier hab' ich das mal erklärt, was ein Quadrat ausmacht, ne?! So – aha... Büttner Karte schreiben. Ach ja, Eisschrank, mit Frottee beziehen. Ja, ja, da suchen wir 'n Schloß... eh... da suchen wir einen Stoff aus für. Ich hab' das aufgezeichnet, also dieses, nicht das, das, das. An den Werbeverlag Postkarte Skulptur... mh... Chefchen. Wenn Chefchen besoffen ist, macht er solche Sachen. Haste den Trichter gesehn, diesen Gummitrichter, den die haben? Gibt's 'nen ganz tollen. So'n Gummitrichter. Die Kiste, die haben wir ja auch noch! Wo ist die denn jetzt geblieben eigentlich? Jetzt wird's Zeit, auch gleich noch in die Disco. Wie teuer ist denn eigentlich das Taxi von hier zurück? Achttausend? Nein, von hier! Achthundert! Achthundert! Man muß jetzt wirklich mal gucken... La quenta.

Jetzt kommt ja gleich noch die Belohnung, erst noch, jetzt gleich. Hier, ich geb' dir jetzt alles. Was mach' ich morgen? Das ist doch alles irgendwie Kacke! Ich muß doch Besorgungen machen! Morgen wird Geld gewechselt. Wechselst du morgen früh Geld? Der wechselt das, Leyendecker. Ja, am besten anrufen, kurz bevor du losgehst. Und haben wir oben noch im Teller Geld liegen? Wird das achthundert sein oder was? Ja, auf jeden Fall! Ja, dann können wir... dann kann ich hochfahren, das Geld runterholen, weil's um die Rückfahrt geht. Jetzt, heute. So – nimmst du das an dich? Jetzt gibt's doch Belohnung! Kurze Belohnung. Belohnung für'n Martin und 'n Michi, kurz. Gleich hier um die Ecke. Kurzi, Katrin! Nicht jetzt kurz vorm Ziel schlappmachen! Packen wir's, ne?! Da, hab' ich jetzt wenigstens die Zettel weg.

16. 1. 1987

Micha, der Brief von heute mittag ist zwar schon zu – aber ich schicke ihn morgen erst per Express ab. Mir ist nach eigener Systemstörung zumute. Konnte meine Gelder nicht zurückhalten während des Abbiegungsrundgangs. Resultat: zwoeinhalb Meter New York und 40 mal 40 Zentimeter Pierre Cardin. Stolz noch eine C. Libre zur Berichtniederschrift. Der Müdigkeit strotzend eine Ytong-Mauer beim Versuch, sich abzurunden, erwischt. Ferner Selbstmörderkasten auf 13. Stock und ein Vordach, das sich um ein Palmengewächs einen Weg sucht, und eine Billigpumpe und ein Holz mit Messingkante und Landungsleinenfestmachbügel in klein. Bei der Bank der kurzen Hose Tausend-Pesetenschein in Fünferstücken kleinmachen lassen – dafür bedurfte es Zeit und der Genehmigung des Oberkassenwarts. Der Yin-Yang-Kasten mit Schlitz steht seiner Fertigstellung entgegen. Normaler Hafenverkehr – zwei Damen im richtigen Alter und nach Vorschrift geschustert mit einem Mann, der nicht so aussah wie ich (wie üblich) vorbei. Aus den Schaufenstern hat es nur so gewunken, die 750er, 1250er, 1750er, ich mußte widerstehen, gelang mir auch ganz gut, weil Taschen leer (Mucki Mausi still). Befinde mich schon auf halber Strecke zu grüner Cord-Bettdecke. In mir will was nicht, weil immer dasselbe – Bettuch, Ruhe, Aufwachen, Zigarette rauchen – kurzes Sammeln – außen vor – bloß keinen Rambla Cabana Ring – wohin des Weges – in die Stuttgarter Räumlichkeiten kann ich auch nicht mehr – weil uns der deutschsprachige Inhaber seinen Kompagnons vergessen hat vorzustellen. Ein arrogantes Ekel-Sauberpaket. Schlimmer als die von Christo überarbeiteten Pißbecken im Chac. Matrosen gehen ihren Weg. Brauche dringend per Express die kleinen Farbfotos von Brasilien. Habe gute Ausschnipselmaschine entdeckt (kommt eins a!). Vollmond-Peter hinterm Grau-Getue besorgt's mir mit Auf-und-Ab-Gefühlszuständen (sprengt alle Laß-mich-in-Ruhe-Ketten). Selbst das Kackerln ist mit Intermezzos verbunden, Überlegungen und für zur Unterbindungen dieses unlieben Zustands mangelt es an Konzentration. Sich gehen lassen – wo man das Gesäß nicht einmal hochkriegt … –. Ich würde den Kaspar nicht einmal hochkriegen, um ihn an den Ohren zu ziehen – alles sonst so Schöne löst sich in Gleichgültigkeitssuppe auf, und der Fernseher zum stumpfen Reinsehen ist auch nicht mehr da. Armes, blödes Ich. So muß sich teilweise die Einrichtung vom Central fühlen (Lederimitation aus Pappe, dünn geschraubtes Rohr). Und dann wieder ein sensationell gekacheltes und in die Breite geschnittenes Klo mit fünfzehn Zentimeter umfassendem Loch in der Decke mit Blick in einen Schacht zum Himmel empor, um vor Dank die Hand durchzustecken. Und damit meine wiedergefundene Freude nicht in Übermut umkippt, baut sich das Häßlichste an asiatischer Korpulenz vor mir auf, will sich nicht verziehen, weil's angeblich auf in Rosa gekleideten Fleischsproß wartet. Mitleid ist anscheinend nicht die Erfindung aus dem Reich der Mandelsinne. Daß meine Augen das noch nicht mitmachen, früher hätt' man ja gesagt: miterleben dürfen. Ich versuch's nochmal im Guten mit V-Rosado. Dir ein besseres Dasein,

Martin.

Lieber Michael,

die Stimmung scheint mir entsegelt zu sein, und Angel de la Cruz, dieser kleine Engel, weiß noch immer nicht, wie er die Kunst zu verstehen hat – oder wie er sich mit ihr (dem dreifach bedeckten Doppelsofa) anfreunden soll. Er geht soweit, daß er sein Mißverhältnis zu der Angelegenheit ausplaudert: Es wäre doch billiger, das Ganze in Deutschland noch mal zu bauen. Die Andeutung läßt nach wie vor die Tür mit Müll schließen. Abgemachte Sache was, daß diese von Menschenhand anformulierte, personifizierten – Holz – Stoff – Pappe – Leinwand – Farbe Schraubensachen tschernobombenmäßig kostspielig vor den sich aufgelösten Türrahmen zu befördern. Hab' mich auf das Gedankengut seinerseits nicht lumpen lassen und entwerfe jetzt eine Schiffsreisekiste a la Laguna – (Exil). Das Einteilersofa nimmt eine verzögerte Reise – über Kunstmarkt Arco Madrid – zu Händen Erhard Gräßlich – via Alleman Frank Foto – Cologna bis in die November/August bei Gisi. Die schönen Spanierinnen räumen sie weg und lassen mir die ausgelaugten Gesichtsspanierinnen im Kneipenlicht. Wär' ich bloß ein Fernseher! Aber was bin ich geworden?! Eine als Spiegel getarnte Qualle! Nicht mal eine einstweilige Begleiterin ist zur Seite, der man ein weißes Kleid mit Löchern sowie aus Kordel geflochtenes Kleid kaufen könnte – warm und durchsichtig (wie sie am Plaza Espagna zur Mittagszeit feilgeboten werden – um meine Blicke zu schärfen. Es soll nicht sein – zur Beruhigung meiner Nicht-Laune steht ein farblich excellent gespachtelter F. Capri. Anscheinend sitze ich außen jetzt, denn der Schuhwichser ist gekommen fortwährend an der falschen Stelle (Platz Discofläche, Rua, Callier, Bar) (Nur das Bett in mir tut Gutes – weil allein) Und die Spanierinnen sind woanders und werden älter und sind des späteren nicht mehr als Traumfrau wiederzuerkennen, und ich kann mich höchstenfalls an ihrem Blute zurückvermuten und den Glanz der dicken Lippen von Arno erahnen und mich dann selber küssen. Wer hat gesagt, daß für mich nicht mehr drin ist? (Ich sollte meinen, gegenüber unten das andere Paar laden, die aus dem Atelier zur Akademischen Durstarbeit schicken). Man selber kennt die Wiener Tricks ja nicht. Nur allzu rar sind sie gesäht, die Facharbeiter! Er hat die Ruhe und den Gesichtsausdruck eines amerikanischen Serienkomikers, zwei Hemden wie unsereins, ein kariertes und eins blanc, weit auseinanderstehende graue Streifen (in der Schlach-Hose) – blaue Frotteesocken (wenn das Firmament bedeckt ist, leuchtet's von unten). Loppenslipper schwarz, und das mit dem Lift hab' ich ganz vergessen, von mir zu geben: Ich war noch nicht wach und der ältere Herr aus dem siebten auch noch nicht und die Zigarette auch noch nicht, aber an. Ein neues Loch war geschaffen. Überlegungen, was heut zu besorgen (kaufen, kaufen, kaufen – das einzige Kurzweilspäßchen, das mir bleibt), geben sich ein Stelldichein. Zigarren werd' ich kaufen bis zu 80 Zentimeter lang und kurze und mittlere und dann bauen wir ein schönes Kästchen mit schönen Scharnieren und geben ihm einen hübschen Begriff. Wie wär's mit »Viel Rauch um nichts«? Oder die Wiederholung von »Er wollte nach oben, aber kam nur bis zur Mitte« oder »Ich tu' rauchen, und sie machen den Sex«? Gestern kurz vor Ladenschluß bin ich zielstrebig in einen Sexladen gegangen und eine Plastikapfelsine mit oben in der Mitte einen

Gummischacht drin. Der Kauf kam dank meiner Dunkelweltviertelexkursion zustande. Mit welcher Treffsicherheit und ohne Diskussion ich an die Vitrine ging und meinen Zeigefinger ausgestreckt habe, hat der Verkäuferin schon gefallen. So haben wir beide Spaß gehabt und sie die Peseten und ich die Kugel (die Welt ist rund, wie wunderbar, wir treffen uns bei EDEKA – Rudi Carell, Holländer). Kaum hat man nicht aufgepaßt, ist der Capri weg. Diesmal wird der arme Max sich aber wundern, was für tolle Einfälle nach gelängerter Abwesenheit bei ihm in seiner Kaufmannswelt abgehangen werden. Die Dekkenabhängung gerät in meiner Vorstellung zu einem sehr groß gelungenen Puppenstubendach (möglicherweise mit Holzkacheln zur Sichtseite wie in dem Musiklich im Hongkong-Viertel von S. C.) p. s.: Die im Text auftauchenden Namen unpositiver Erscheinungsassoziationen – kommen in ein Spezialregister, wo der Leser dann Selbstbedienung vornehmen kann. Anstatt der Namen kommen ... hin, je nach Anzahl der Buchstaben. Wer diesen Text liest, sollte abwechselnd das von dir mir empfohlene Buch Oblomov von Gonscharov sich zu Gemüte bringen (Fehlfarben lesen). Gestern auf dem Weg zur Arbeit während der Arbeit neue Pflichtfotos gesehen. Eine neue Variation von Fortbewegung gleich Erleben der Strecke wird getätigt. Höchstwahrscheinlich schon nächste Woche per pedes. Beabsichtige zehn Tage Essen und Trinken Einhalt zu gebieten. Bißchen Meier-Kur mit Einlauf und Mineralwasser. Ich sehe mich dazu genötigt, da gestern Nacht der Alkohol mich betrunken machte, ich mit einem schwulen Englischlehrer aus Schottland nur Scheiße geredet habe, ohne mich zu wehren, und im Notizbuch fand ich Schriftliches vor, das mich gar erschreckte. Gleich macht die Post gegenüber auf. Es ist viertel vor vier – per Express.

B. M.

5. 1. 1987

L. M. i. Und bei der Person stand man einfältig im Glauben der Gefühle. Nun ja – die liebe, gute, alte Gerechtigkeit – der Glaube bleibt beim Weib – auch Einseitigkeit werden ihr Gutes haben. Nächstes X länger schlafen und früher kapieren. Aber Freund Kippenberger scheint es wohl um keinen Preis so haben zu wollen. Nach schlechter Laune kommt immer wieder der gute, alte Alltag. Genießen wir die Stunden der Mißverständnisse before it's too late, Marie! Als wären Männerfreundschaften nicht schon widerlich genug! Da rühm' ich mir den Taxifahrer am 1.1., der zumindest von hinten so aussah und dicke Brillengläser trug. Er sortierte gemächlich, nicht ganz ohne vollendete Konzentration, die Steine um den Kioskstand herum. Mit absoluter Sicherheit vergrub er oberflächlich gesehen die spitzen Steine im Sand, ohne den bösen Beigedanken, es könnte jemand drauftreten und sich in wehe Gestöhne laben. Nein, dieser Taxifahrer hatte was von Jesus! Er holte die Steine teilweise unter ihrer dünnen Sandschicht hervor, legte sie auf den Kiosksims, drehte sie auf die andere Seite (andersrum), verschwand für zwei bis fünf Meter Freilauf – kehrte zurück, um die dicken Kiesel in einer anderen Konstellation gegenüberzustellen – zu kontrollieren – Blicke würdigend über das Zwischenstadium wirken zu lassen, um dann von Neuem hinter die Bar zu laufen und zurück und dem Zuschauer eine neue, eigenartige Kompositionsfreudigkeit auf den Treppen (mit diesen Steinen) zu zeigen. Für Stolz hatte er bei dieser Aktion keine Zeit – nur reine Liebe – und er war höchstens fünf (laßt mich Euer Legasteniker sein).

Wie dem auch sei, lieber Michi, – habe heute zwei Streichholzschachteln für Dich (oder mich) in Sicherheit gebracht. Die Deckel sind mit Pfeifen bedruckt. Große Wucht – Du würdest sicherlich jetzt ½be Pralinen sagen. Es braucht seine Zeit, um zu begreifen, wann was ist, und wenn ich Dir jetzt sage, heute ist Weihnachten, glaubst Du mir das nicht. Stimmt auch nicht! Es ist erst am 6.1., aber die vollbehaarten Frolleins am Nachbartisch konnten ihrer Neugier nicht Ruhe geben und sind dabei, rosafarbene, alberne Dinge auszupacken. Plastik macht glücklich (was für uns zuweilen der Beton). Was würden die Giggelhühner wohl sagen, würde ich mich für eine Weihnacht als Geschenk zur Verfügung legen? Sie würden mein Hochdeutsch: »Was ist hier los mit Zugabe Sevesta Noce?« nicht verstehen. Entgehen tut meinen Augen hier eh nichts. Obwohl, wenn ich ehrlich bin = an so einem braunen Auge würd' ich zu gerne lutschen. Vorsichtig und naß, natürlich. Sie sitzt (wie sich das gehört, wenn man zu zweit ausgeht) ihrer nicht so attraktiven, großäugigen usw. Freundin neben mir (und geht jetzt leider (wer geht, der kommt auch wieder). Ansonsten war der Tag mit dem Motto: »Noch einmal schlafen, dann ist sie weg« gespickt. Da der Höhepunkt der Verarschung mir gegenüber ihrerseits schon war und ich das als solches schon erfaßt und anschließend mich dann wieder gefaßt habe, habe ich keine Lust mehr, Dir von dem Endpunkt zu erzählen, da da nichts mehr nachkommt. Erkenntnisse mit kompletter Aufschlüsselung sind zum Gähnen, und ich schreib' Dir ja keinen Gute-Nacht-Brief, sondern Hallöchen-Letters from the island with the sand. Sollte Dir jedoch noch was zum mit in die Puppenstube zum Nehmen fehlen – unter's Kopfkissen vielleicht?!

Des morgens trieben mich meine wichtigen Erledigungen ins Blockpapiergeschäft um die Ecke. Ich hatte noch nichts drin, und so wollte ich mich auch käuferisch nicht groß auslassen, nur kurz Briefumschläge kaufen. Und da stand sie hinterm Tresen, schwarz gelockt und nicht zu hübsch, dafür jugendlich strahlend. Ich suchte im Regal mit den Augen nach den Umschlägen, als sie nach meinem Wunsch fragte. Ich, der ortsüblichen Sprache noch nicht mächtig um die Zeit, stellte ihr die einfache Gegenfrage: can you speak English? Ihr Kopf machte eine leise Bewegung andeutungsweise nach unten, was soviel hieß wie nee. Um ins Geschäft zu kommen und die Sache mit der Fremdsprache beiderseits schnell zu vergessen, kaufte ich mit dem Finger zeigend Nützliches, auch die Umschläge waren schließlich gefunden und eingepackt. Plötzlich entdeckte ich in der Glasvitrine noch ein kleines, süßes, braunes Telefonbüchlein, und bat sie, es noch mit auf die Rechnung zu schreiben. Alles soweit harmlos – da kam sie unverhofft mit ihrer guten Tat: Sie drehte mir den Rücken zu – kramte in einer Schublade, die ich aus dem Winkel nicht unter Augenschein hatte, und nach kurzer Weil hielt sie mir ein selbiges Tel.-Büchlein entgegen – bloß in tiefem Blau – Sie hatte meinen Blazer und den grauen Pullover, vielleicht sogar noch das einfach gestreifte Hemd gesehen. Ich wollte zwar unbedingt das braune, aber ihre Sorgfalt in der Aufmerksamkeit hätte ich nicht abschlagen können. Wärst Du noch da, könntest Du morgen nochmal hingehen und das braune mir besorgen. Jetzt aber wirklich gute Nacht.

Martin

p. s.: Ruf × Heliod Spiekermann an und frag, mit welchem Silikon oder ähnlichem Abdruckmittel man einen präzisen Abdruck von einer Arschlochrosette machen kann – zwecks Brosche für Haumann Weltweit – Schmuckladen? Und wie das am besten gemacht wird? Danke.

7. 1. 1987

Lieber Michi, es ist Broadwayzeit um eine Stunde verschoben und ich habe meinen Stammplatz eingenommen. Udo Lafäng (ex Udo Karies – das lebende Beispiel, daß Karies nicht tödlich ist) hält mich nicht vom eifrigen Dahindenken durch Anwesenheit ab. Günstige Temperaturen lassen in meinen Bauchrillen den Schweiß sieden. Ein abscheulich weißes Euter hat sich in meinen Blickfang gelegt mit der selben Penetranz wie das Gesicht von der älteren Doppelgängerin meiner Schwester, die überall, wo ich meine Leere haben will, in öffentlichen Wohnzimmern demonstrativ beflissen liest und mir ihren Ekel geben will. Im Grunde genommen wartet sie nur seit Jahren darauf, daß ich anfange, sie zu grüßen. Bäh! Da entzückt mich eher das durch und durch weiße englische Fleisch unter der Palme rechts. Die leuchten von innen dermaßen blutlos, als wollten sie die Sonne bräunen. Nicht alles ist so, es gibt auch das Knackarsch-Programm im engen Bikini – aber wer kennt nicht die allgemeine Geschichte von dem Pfirsich, aus dem 'ne Apfelsine wurde, und von der man zu guter letzt sagte: ja und, dann hat sie ja die zwei Kinder bekommen. Ich kenne wahrhaftig genug Bikini-, Tanga- und Badeanzugträgerinnen, um beim Hingucken zurückhaltender zu reagieren. Es war wahrhaftig nicht das schlechteste Material drunter, wie der Chauvi sagt: Bevor ich's vergesse, eine Säule muß auch mit Gumminoppenauslegeware beklebt werden. Ocker, würde ich sagen.

p. s. an Michi.
Da war zum Beispiel eine – (nennen wir sie einfach Brigitte), die vormals mit einem Inhaber für Surfbedarf und Sportswear zusammen. Die durfte ich auf ein Wochenende nach Berlin ausfliegen ins Steigenberger (Kempinski ist immer ausgebucht, wenn man es braucht). Die Suite war so üblich wie der Sex oder Erotik ihrerseits. Nur beim Badeanzug war die volle Wucht drin, und den konnt' ich dann am Nikolaussee, wo die nackten Männer heftig Federball spielen/sich meist aber verspielen, um den Ball dann aus unserer Ecke wieder zu holen, zugrinsen und mir den Schwanz übers Gesicht ziehen (tschuldigung). Auf jeden Fall kamen dann ihre Zukunftsvisionen an mich ran gefederballt: an der Atlantikküste in Frankreich, ein kleines Haus – vielleicht Kinder, ein weißes Pferd und sonst nichts tun. (Den Hippi mit abgeschnittenen Ohren gibt's auch nicht mehr, der sich mit 32 zur Ruhe setzt und seiner blonden, dahergalloppierenden Frau nachkiekert). Da Frauen und Männer meist nur andeuten, was sie wirklich meinen, vermute ich, daß sie mehr Pferde meint und größeres weißes Haus und doofe Freunde einladen. Dann kann man ja gleich einen Landstrich in der Camargue kaufen (da gibt's nämlich reich-

lich Pferde), eine kleine Felsenbucht mit Wasser und bescheidenem Steinstrand nebenbei bauen, Sportswear einfliegen lassen und sich einen abgeschiedenen, natürlichen Lenz machen. Nicht zu fassen. Und das mit dem Sex und der Erotik ist ja auch nicht alles. Wissen Sie, wie lange und wieviel Waldbeeren man suchen muß, geplagt von surrenden und stechenden Biestern in Niederösterreich nahe der Burg von M. Prinzhorn, um ein Glas Marmelade draus zu machen, um es genau an diese Brigitte zu schicken? Ich sage es besser nicht! Eine unabsichtlich interessante Seite hatte sie aber. Das war ihr Bruder. Ich hab' sie immer, wenn ich sie später sah, nach ihm und seinen Aktiönchen befragt. Letztere war die Nachricht, daß er sich vom Fährschiff nach Helgoland vom Schiff genommen hat. Baden unter Beruhigungszeugs. Und da hat Sacharow was gegen Alkohol! Ich hab' meinem Vater morgens mal gesagt, als meine Hände am flattern waren, er möge sich keine Sorgen um mich Alki machen: Vater Alkohol gibt's in allen Ländern an jeder Ecke! Was gibt's sonst noch:

Ich hab' dem Strand den Rücken gekehrt und mich umgezogen. Dabei festgestellt, daß der Gaspeter Apparat volle Pulle leuchtet, obwohl nirgends warmes Wasser läuft. Ganz im Gegenteil: Da kommt gar nichts raus! Dafür scheint Katrin das Appartement verlassen zu haben.
Bis bald –

N. K.

p. s. an Michi
Auch vorhandene Hemden zum Teil sollten auf der Rückseite mit bedruckt werden. Ist zwar nicht sonderlich

originell, aber wie Zeit sagte: findet bestimmt irgendwann × seine Bestimmung.

Schon wieder ein Sonntag, obwohl erst Mittwoch ist, der 6. vormittags. »Leck mich am Arsch« hätte der Tag heißen können.

Hallo Michi,

War am Sch...t das Wasser abgestellt, dafür die Türklingel nicht. Heftig war's am Klopferln und Klingerln. War froh, daß Katrin endlich weg war, und nun das eben erwähnte Geräusch. Ich ging zur Tür. Rate, wer da stand! Jemand, der sich als meinen neuen Assistenten vorstellte, Schei... Es war Katrin, die auf dem Flughafen angekommen nicht mehr fliegen wollte, weil es so viel besser wäre – sie hielt ein mit Tränen verwischtes Empfehlungsschreiben von eigener Hand geschrieben mir entgegen, gezeichnet: Deine verrückte Katrin (ich hab' auch noch Geld). Ich hab' kurz und richtig gehandelt: Sie angeschrien, daß dieses mein Leben, mein Leben ist und daß ich in meinem diesen Leben keine Assistentin brauche, nahm den Lift nach unten und runter die Straße ins Cafe am Plaza Espagna und machte beim Cafe Leche Entspagna. Bei der Gelegenheit den Spiegel von hinten gelesen und ab zum Busbahnhof. Stadtverlassen spielen, Richtung Laguna. Ein paar Shoots gemacht und mir die Discos tagsüber zur Abwechslung reingetan. Kaum erledigt, rein in einen langen, kargen Raum mit Tischen und Stühlen und das angepriesene Festtagsmenue bestellt. Mensch, tat das gut und war das lecker! Vorspeise: heiße Erbsensuppe mit großen Stücken von gesunden Festlandkartoffeln. Dann zum kühlen Rossado (wie sollte es anders sein) Espagetti, verkocht, aber mit Pep und Paprika – und dann der güldene Abschluß – ein weißer Teller, eine Papierserviette, ein scharfes Obstmesser, ein liebenswürdiges Bedienerlächeln und eine runde, saftige Apfelsine (wann habe ich mir zum letzten mal im Leben 'ne Apfelsine so zurechtgemacht?) Oh Gott, war das schön! Noch paar Straßen genommen, den Ringo Star Pub fotografiert, die Universität und Richtung runter den Berg mit der Straße. Irgendwann ein Taxi angehalten und mich in eine Normalpeterstraße zum Schlafen absetzen lassen. Da lief dann auch gleich gebückt die Katrin vorbei ohne Ton. (Wie Michi an seinem freien Tag) Mittagsschläfchen, auf und umgeräumt die Betten an die alte Stelle – bißchen gelesen und wenig gedacht. Fischli und Cola und mit Taxe Pesa 10 an den Plaza de Torres auf Cubachen und Schreibepeter. Abschließend der Drink, bis Katrin mit ihren Dusch- und Schleichaktionen fertig sein dürfte, ins New Wave – Lori Anderson Schrecken BAP.

Gute Nacht

Martin

12. 1. 1987

Lieber Michi,

Kind hat neuen, kleineren, aber dafür durchsichtigen und noch aus Gummi zur Handhabung von Spieli-Spieli-Wegwerfen, wiederholen, wegwerfen, wiederholen und verschlampen verpaßt bekommen. Der Morgen erinnert mich an einen allereinfachsten Tag im Oktober, als ich erst vor dem Spiegel im Central aufwachte und ich mich schon am Rasieren war. Der heutige Tag – durch Regen leicht angefeuchtet – ließ mich erst vorm Lift wachwerden. In der Bahia Bar wurde zu zweit in abwechselnder Folge und 1/2be bis 1/2be Gewinn gespielt. Die Maschine wurde gestreichelt, geklopft, und so taten sie es auch mit sich selbst, die zwei Hafenarbeiter, wobei der eine von den beiden von Zeit zu Zeit auf die Uhr schaute, während der andere (mit Zähnen nicht übermäßig ausgestattet) das frische Wechselgeld besorgte. Es war aufregend und kameradschaftlich zugleich. Der zeitige Mittag trieb mich nicht wie sonst unter der vorangekommenen Sonnenstellung zum Strand, sondern zum Schlabbermäulchen, wo wie immer der Kiosk mit der Heimpostille daneben und der Nachricht von Hänschen Dalli – daß er schwer abnimmt, zwei Kilo die Woche – absolutes Meier Abnahme Gardemaß abnimmt. Dazu ein Foto, das dieses allzu gut bestätigte. Unter uns gesagt, kann es mir wurscht und käseegal sein, wie es diesem tapferen Non-Denken = Viel Freude-Aufm-Kissen-Showmaster geht. Da die Spionin entweder keine Lust hat, manuell zu waschen oder nicht die Knete hat, sich 'ne Bauknecht-Imitationswaschmaschine aus der DDR zu besorgen – oder doch die Knete hat, aber die Kartoffelmaschine zuerst angekommen ist und nicht unnütz bleiben soll – ohne daß sie meine Strümpfe ganz vergessen hat in der Maschine – oder die Kartoffel oder die nicht zu stark ausgebildete Erinnerungskraft oder der komplizierte Schalter – von Intelligenz will ich nicht reden – weil das hat sich in vielen an uns herangetragenen Fällen nicht bewährt. Was sage ich – oder wie Herr Heiselmeier (Köckel) zu meiner Mutter zu sagen pflegte:

»Frau Kip'nberga wattich sag'n wollte erst ma kuckn. Ne.« Die Strümpfe haben jetzt alle gut plazierte, für alle (sichtbare) Löcher. Bevor ich mich zu Fräulein Fischer in die Rund Bar begeben konnte ohne wenn ich danach mich weiter auf den Weg machen sollte zum Psychohaus 1 und 2, war es, da ich ja nun zu diesem Zeitpunkt kein Träger von schützenden Fußleibchen ohne schmerzende Blasen mir einzuheimsen, bog ich zu Kollmanns ein und ließ mir Strümpfe anbieten. Konnt's mir nicht verkneifen, Krokostrümpfe mit 25 % Polyogen und ein zweites Paar Vollbaumwolle, aber dafür billiger, zu zahlen. So ist es, wenn man sich was vorstellt und dann braucht und es dann gern hätt' und die 25 % mit 15 % Aufschlag – es wird schon seine Richtigkeit haben. Es kühlt – Lele, bei dem ich im Vorbeigehen die Post an Dich abgegeben habe und mir dabei die Dinger überstülpen konnte, trug einen Schal, und Fräulein Fischer, die nicht da zu sein schien, trug dasselbe Gebinde. Es muß ein Umschwung im Gefilde sein. Man kränkelt. Mir war auch nicht nach Fräulein Fischer sondern meiner Arbeitspflicht – die Decke der Rund Bar schwarz/weiß unter Beschuß zu bringen – zu notizeln. Ein Zuckerrohrschnäpschen mit Fola zu tilgen, und nicht das ewig um mich zirkulierende – liebevoll betreuende Fräulein Fischer. Wie ihre leicht glubschigen Augen mir bekunden: Komm' in meine Arme, ich tröste dich – du machst immer Fehler, und da darfst du dich nicht wundern, wenn die Strafe auf sich warten läßt. Ich werde dir aber Schutz bieten, gerecht und streng zu dir sein. Und dann diese Kleidung, die nicht gerade den dicksten Kontoauszug ahnen läßt. Fräulein Fischer ist überall, wenn der Mensch mit sich in einem Stadium der schlecht vorankommenden Entwicklung steht oder es einem so scheint.

Nur gut, daß ich schon × weiß, daß es Fräulein Fischer ist und nicht irgendeine Bedienstete, der die Stirnader zu platzen droht. Das erzeugt gleich eine unangenehme Mischung aus Angst, daß es gleich spritzt und Angst davor, daß mein Mitleid überläuft – sie das dann merkt und einen wieder anfassen (schützen) will. Mittlerweile stand F. F. wieder in der uns gewohnten Position mit Säuberung und aufmerksamem vollkonzentriertem Hin-und-Herrücken der Dosenformation beschäftigt, die Schürze vorgebunden und das lauernde, zurückhaltende – fühlen sie sich wohl hier, ich werd' sie bedienen, wenn und wann sie wollen, und wenn sie was auf dem Herzen haben, kommen sie einfach nach der Mittagspause, wenn nicht so viel laute Herren herumstehen. Schauderlich, dieser konstante Fleiß um schmierige Bemühungen! Gewillt, ihren gewollten Schwingungen eine Grundlage zur Abwehr meinerseits zu bilden – stellte ich mir Gemüseschaschlik auf Zahnstocher. Kleine Zwiebel – Gurke – Paprika – Pepperoni und exakt in der Mitte eine Olive. Die Olive kriegt sie wieder zum Wegwerfen in den dunklen Eimer, wären's Kapern oder Sardellen oder Senfsoße, könnte sie den gleichen Umgang in Form von Verschwendung durchführen. Das wird ihr nicht schmecken. Der leicht beißende Geschmack läßt die Vermutung zu, daß sie es mit den Spießen (nebst den Trockenfischen aller diversester Art) nicht minder gut meint. Ich will nichts sagen, aber es würde mich nicht wundern, wenn die kleinen Spießchen in ihrem Sud (ich will nicht deutlicher werden, untergebracht hat und abends spät, wenn die Rundgitter durch ihr Einschnappen den Weg nach Hause freigeben – daß sie dann Glasgefäß in ihren Armen heimnimmt und in den Kühlschrank zum Frisch- und Kühlhalten verstaut.

Fräulein Fischer ist mir so eine (warum ich da Skulpturen oder daran Angelehntes sehe, weil ich von der Wand weg will) (es heißt ja auch nicht zu sagen: »Hätt' ich 'ne Frau, wär' alles anders.« Sondern: »Hätt' ich mich selber im Griff.«)

Der Vorstellung unbekannter bekannter Freunde, Frauen oder Frauen, die man mal gerne hätte – oder die Frau überhaupt. Das Ganze sieht dann so aus, wie es Fräulein Fischer macht (sie räusperte, als ich mit Signora der Bestellung verbal Lauf ließ), wenn sie dünne, kleine, tote Fische mit Gewürzblättern oben drauf aus dem Milchporzellanteller holt. Sie lüftet an einer Seite die Plastikfolie zur Seite. Ab ins schön gemachte Bettchen und dann Heiachen. Und gabelt die Dinger raus, als hieße es – »Vorsichtig muß man das Leben nehmen – alles richtig machen muß man – nichts entgleiten lassen darf man – nichts auf ein vergelt's Gott ankommen lassen – nichts Heftiges, Ungeschultes fassen oder sich im müden Zustand noch mit ihr schon bekanntem Gerede kommen – nur so ein bißchen ist doch alles Klasse.« Ein Zwischendurchtip: Machen sie es wie ich es mit mir mache (dieser Ratschlag gilt dem männlichen Geschlecht), lasse: nicht zum Herrenfriseur, sondern in den Damensalon, wo ausschließlich Frauen bedient werden. Die sind so auf Frauenkörperlichkeit – Köpfe – eingestellt, die waschen einem ganz anders den Kopf, weil sie glauben, sie waschen ihren eigenen und nicht die Vorstellung von einem Stecher (was für Genee das Vaselinetübchen, ist für mich die Neubeschaffung einer Fingernagelreinigungszwicke). Im Vorbeiwandern gegen Geld getauscht.

Warum schraub' ich bloß die Decke niedriger, als sie drücken muß? Am Himmel war das los, was in Einkaufspassagen gang und gäbe ist – und keiner sieht hin – in der Ehrenstraße, was einem entgegenkommt. Würde ich hinsehen, käme mir schon auf dem Weg ins Broadway die Wahrheit daher. Und was fange ich mit ihr an? Es gibt nur drei Möglichkeiten: 1. Nicht anpacken, 2. Nicht weggucken, sondern durchgucken, 3. Einfach sich vorstellen, man wäre am Abfertigungsschalter von LTU, und die Meute kann nicht ausgeflogen werden, da die Maschine Verspätung hat. Und da wiederum fast alles mit Verspätung passiert, nehmen wir es wahr, und es macht uns nicht müde. Spaß macht's, solange man nicht dahinter kommt, um was es sich grade handelt. Im Tagessog und der Nacht und selbst daß sie so riesenkrustige, braune Neppel hatten, die zur Antenne ausgefahren wurden, war, obwohl meine Sinne nicht danach rufen, alles prima – freundschaftlich und nicht zu billig. Bis dieser Schwan im Traum in der Suite von Copa Cabana Palace was zuraunte. Ich dachte, den Schwan kennste doch, mit dem biste doch × auf LSD nachts die Alster durchschwommen und kamst und kamst nicht am Atlantik vorbei (das sich dem Coppa P. äußerst ähnelt, nicht nur weil ihm Wasser zu Füßen lungert). Das war ein Zeichen, und mir schwante. Was ist hier nicht ganz koscher? Wer oder was will mir was? Ist da jemand, der an meinem Zeitrad spielt oder allzu arg wühlt? Wir gingen an die Coppa und haben das getan und jenes, um uns die Zweifel am Mißbrauch des Tages zu verdecken – noch waren wir eins – die Mädels und wir. In mir wollte der Bohrer nach dem verdunkelten Etwas keine Ruhe lassen. Der Beischlaf wurde bis auf Speichelaustausch und Petting verschoben, und Martin wälzte sich von Seite zu

Seite in seinem tollen, vollgeschwitzten Bett. Ihm war arg – er hatte genug Geld für die Reise – keine Zahnschmerzen (diese zwei berühmten Gute-Reise-Bremsen) und ihm war völlig anders. Er machte das Licht im Zimmer an, und da wurde es Licht bei ihm, als er das Pfund Wahrheit neben sich liegen sah: es war Fräulein Fischer. Das war in den Weihnachtstagen, und das war die Bescherung: Ich hatte mit meiner Ziehmutter aus dem evangelischen Internat gepennt (geschlafen mit allem drum und drunter und dran inklusive das dort erfundene Aqua-Aqua-Spielchen. Um die Geschichte noch ein bißchen zu schmirgeln – Hans, Albert und ich, wir zogen um in ein Appartement, und Fräulein Fischer, Theresa hieß sie in Wirklichkeit – (die andere Wirklichkeit. Mit Sack und Pack (Badeschnürriemen vorwiegend).) Ich bekam's mit der Wanne und fragte Hans, das Schwein aus Frankfurt (ex Essen), was ich nur tun könnte, ohne beleidigend zu werden – er empfahl mir, ihr zu sagen, sie möchte die Hälfte wieder mit nach Hause nehmen. Sie murrte nicht – nur dieses Fischer-Lächeln – verschwand ins Schlafzimmer, kramte, kam wieder raus aus dem Schlafzimmer mit ihrer Tasche und verabschiedete sich für vorerst. Ich sogleich war erstaunt und neugierig zugleich und sah im Schlafzimmer im Schlafzimmerschrank nach: Na – du liebe Güte – was hatte sie gemacht? Haargenau die Hälfte eingepackt! Andere Temperaturen, andere Sitten. Von da an kam sie immer des morgens um zehn Uhr, um nach uns und der Haushälterin und nach mir zu sehen, ob's uns gut geht, es uns an irgendetwas fehlte oder ob die Fischer-Technik vonnöten ist. Seit dem Tage heißt sie verschlüsselt: Mutter Theresa.

Ja Michi, so ist das, und wäre nicht immer alles am falschen Platz oder man selber – man könnte Dinge tätigen und zum Staunen bringen – Kinnings – man könnte in sich vereinigten Konstallationen Größe beweisen (zeigen). Vielleicht morgen.

Dein Martin.

8. 1. 1987

Lieber Michi,

früh aufgestanden, und das Gas war aus. So mußte ich mich auch nicht rasieren und konnte mir gleich den Achterlift schnappen in Chapparal-C-Letsche Donuts und den Vitaminautomat bedient. Anschließend zwei bis drei Shoots gemacht und am Tal in die Bar zum heiligen Berg auf ein CL. Obstmaschine bedient und ins Tal der toten Autos. Maßnehmen (Du weißt schon), paar Detailtakes gemacht und das runter und zu Hubert auf Lauwarmes mit Kuba. Den Bus dann genommen nach zwei weiteren Schüssen ins Industrieviertel am Hafen. Postmodernes mit rostiger Skulptur festgelinst und um die Ecke den Rückriem mit dem schlaffen Blumenriemen davor abgelichtet. Durch San Andres marschiert und zwei Zufallstreffer mit der Kamera gelandet – dann wie gehabt zum Strand an die dritte Kioskbox mit Sitzen – Paul Simon mit Kuba gelauscht und getrunken. Bezahlt und auf – auf'm Weg zu – das Jahr hat gewechselt, aber sein T-Shirt nicht – zwei weitere Aufnahmen vorgenommen. Nach dem Pickelkopf Libre zurück mit Bus ins Bettchen. Anzeige für den kleinen Mann für die Arco gemacht und am Plaza Espagnol Kuba und Bild mir zu Sinnen geführt. Dann ab zur Galerie – und neben die Galerie Rose eins, zwei und drei mit Unterbrechungen (da Anche Luis immer am Telefonieren war). Zwischendurch erfuhr ich, daß zwischendurch Katrin bei ihm war und nach ihrem Ausstellungstermin fragte und daß sie jetzt bei einer Familie günstig unterbracht sei). Nach einem weiteren Rossado erfuhr ich von Klarissa, daß ich von ihr immer Sex haben wolle, sie mir das aber nicht geben könne. Hauptsache, die Sekretärin weiß so viel wie ich: gegen 21 Uhr mit dem Leyendeckertrio in einen neuen Imbiß – feiner Laden, zwei weitere Rossados und Tortillas de la Casa. Mit dem Auto an die Rambla, im open air Cafe wieder auf Kuba und Charlie Beaudelaire. Konnte es mir nicht verkneifen, in der Rhein Bar dergleichen Bestellung im Angesicht der anderen Inländer zu mir zu nehmen. Notizen zu p.s.ps gemacht und in der Bar vorbeigeschaut, in der das Bild hängt, in dessen Hintergrund Albert Oehlens Bild untergebracht ist (wir treffen uns an dem Berg, wo die Motorradfahrer üben). Whiskey und Wola und Bowie Video.

Und ab in die Falle um ein Uhr fünfundvierzig.

Die Pumpe läßt den Spiegel unsereins am wenigstens verzerren. L. m.

10. 1. 1987

Der Tag verschlingt sich. Habe mich an vereinzelten Straßenzügen, die mir noch nicht geläufig waren, erfreuen können. Ich werde sie auf meine Art plündern, ohne jemandem dabei wehzutun. Oder wehtun durch abnehmen. Eher andere ärgern, daß ich's so gut gemacht habe.

Mittagsschlaf – quagger Eintopf. Gut, daß ich die Büchse heute aufgekocht habe. Bei schlechten Zeiten, die ich da auf mich zukommen sehe, brauch' ich nicht auch noch schlechte Dosen im Kühlschrank. So wie der Eintopf war mein Wohlbefinden und die ehrliche Schreiberei (Schreiben will nicht gelernt sein sondern gemacht). Der Begriff undankbar fällt in der letzten Zeit des öfteren. Was sollte dann erst meine Mutter sagen?! Oder Dankbarkeit, was sollte ich da erst sagen?! (Was gehen mich die anderen an, wenn ich mich um mich selber wenig kümmere?) Grade bei den sympathischsten Menschen bekommt man nicht raus, ob sie einen mögen. Heute auf dem Bettrand nach dem Aufwachen ca. 17 Uhr ist mir ganz ängstlich geworden, wie ich zusehen mußte, wie mein Pimmel in sich selbst versank. Keine Haltung, kein Blut drin, rein verstümmelt (schrecklicher Anblick). Der Film »Quarterman« heute Abend hatte was davon.

Tschüüs, Martin

Heute morgen brauchte ich keinen Kaffee (brauch' ich zwar sonst auch nicht, weil ich solange liegenbleibe, bis der Magnet vor der Tür ruft), denn – ich riß mir einen Fußnagel auf. Geschwind war ich auf der Straße, wo mir ständig Schürr-Männer begegneten, die Zigaretten haben wollten. Schnell war die Packung, wo noch drei drin waren, leer. Hatte vor, drei, vier Straßenzüge genau unter Betracht zu ziehen, als es hinten unten drückte. Es war die Scheiße. Wo wir schon × beim Entledigen sind, so muß da der bittere Beigeschmack mal rausgeplästert werden, was meine Heimat Essen angeht oder was da × vonstatten gegangen ist. In Essen gab's den längsten Bahnsteig der Welt. Vorher gab's den Hersteller von Eiern aus Stahl, und danach oder dazwischen wurde die Arie geboren »Essen, die Einkaufsstadt« (reichlich und schon ganz früh Einkaufspassagen). Das Gruga-Bad besungen von Miriam Maceba: Oppa die Gruga-Bad oppa di szena, das schwarze Gold, das durch die Öfen das Weite durch den Schornstein sucht, die Gruga-Halle »von ZyA (Zappa bis ABBA)«. Das Kaufhaus Boecker, wo man mich als Decomouse aufnahm. Das Pop-In und das Podium und die Synagoge, wo Wassermaschinen ausgestellt werden. Die Volksschule in Essen-Frillendorf, wo meine ersten guten Aufsätze und Zeichnungen die Noten »inhaltlich 1-2«, der Rest als legathenisch empfunden wurde und ich in der dritten Klasse hängen blieb. Bei späteren Witzeleien meiner Schwestern am Küchentisch sollte sich rausstellen, daß es nicht krankheitsbedingt war, sondern wie meine Schwester Bettina ehrlich von sich gab: »Du warst zu doof«. Schwamm und Jahre drüber. Und, und da kommen wir langsam zur Sache, es gab das Folkwangmuseum. (Folkwang, besuche Felix hinten, oder Namen nicht nennen). Was hab' ich auch in Essen-Werden zu tun?

Plötzlich überhand von Schwulen, das heißt: die vereinzelten Frauen, die hier sind, wollen nur das eine: einen Bruder, einen, mit dem man alles machen kann (nicht so wie die anderen). Das besonders offene Verhältnis. Ich hab' nichts gegen Schwule, ich hab' auch Frauen in meiner näheren Bekanntschaft. Deshalb werd' ich noch lange nicht arm (und krank). Sympathiekundgebungen schwimmen in Penetranz. Manche Jungs sehen wirklich hübsch aus – als Frauen wären sie mir lieber (wenn das Wörtchen wenn nicht wär, hätt' ich noch meine 600 000 cash).

11. 1. 1987

Lieber Michi,
auf ein neues ging alles ganz flink: Runtergeliftet und mit dem Bus ins Standbüro gedriftet. Meinen Tittenwamp freigelegt, das Zeugs bestellt, das andere im Film basteln-derweise mit guten Freunden auf einsamen, leeren, blöden Inseln (wo nichts los ist außer Palmengewedel und ständigem, kristallklarem Salzwässerchen o mass) nach getaner Kreativität in Maßen zu sich nehmen (daß ich indirekt durch meine Trinkerei diese nicht aufhörende Reklame in den Kinos unterstütze, wird mir jetzt erst klar. Wenn's nach der besseren Reklame ginge, müßte ich Nikon trinken). Da kam von hinten über die Berge über's Sonnendach des Kiosks ein weiß-grauer Zellulitispeterteppich ins Panorama geschoben. Was sollte ich machen? Harren und zittern oder gehen und fahren? Ich entschloß mich zur zweiten Variation. Die angewärmten Fleisch beutel taten mir vor, und während ich nichts stehen lassen wollte, zeigte mir der bewegliche Himmel das, was ich eigentlich wissen sollte. Ein Teppich hat zwei Enden. Das Runde oben rechts gab wieder seine Umsonst-Heizung Modell Dezember runter. Hab' mich dann an die Schallplattenkritik – Paul Simon – Graceland gesetzt, und die Kruzianer haben sich wieder in den Sand gesäht (das Pflücken der Vermehrung wird am Wochenende stattfin-

den). Die Einleitung ward gut geschrieben – so daß ich mir anstatt Vorschuß (Geld gibt's eh nicht bei der Musigazette) prima Essen bestellte. Kartoffelweltmeister im Dauerfett-Tauchen, Frikadellen in den zähen Urzustand zurückversetzt, Avocados vom Matschfeld, geschnittene Tomaten, grün wie unreife Bananen, reife Zwiebelscheiben und im Showprogramm Pickelberger zieht Mutter beim Brutzeln die Strümpfe aus und übergangsloses Salatmischen. Hier gibt's schon Lob für Einleitungen. Die Zeit war nach Ruhe im Schlafzimmer, doch da war die Spionin grade dabei. Schwenkte mich und die Kamera am Amigo da Lara vorbei, passierte die Disco-Wolke, nahm drei Löcher, zwei weg, eins kann bleiben unter die Linse, ferner das Wort Liebe in englisch mit fünf Pappbechern und im Schatten befindliche Schönheiten am Mauerwerk auf. Strich die Straße runter ins: verfrüht nach Jugendstil-Schreiber-Cafe ohne Schreiber und brachte unter Qualen den Spex-Artikel zu Ringbuch – übrigens immer mehr versuchen sich in der Nachahmung Deiner am-Disco-Rand-stehen-Haltung – und finden das lustig. Beim Fotoladen kurz reingesehen, ob neue Ware angekommen ist. Und es war, bloß was es war, war nicht ganz klar. Ich drehte den Kontaktbogen mehrmals, doch es gab nichts, an das mich die dort abgebildeten Dinge (vorwiegend ans Licht fotografierte Irgendwasausschnitte) erinnerten, vorerst dachte ich daran, es könnte sich um einen Vertausch gehandelt haben. Oder geht der Alkohol mit mir eigene Wege, und ich drücke in umseelten Augenblicken drauf oder ich bin plem – bis mir auffiel, daß die Fotos alle aus der Gegend ums Appartementhaus gemacht worden waren. Da kam es mir: Katrin läßt grüßen. Man sollte nicht die Kamera so ins Regal stellen, daß Damen meinen, das stünde da zum Ausleihen, wie mit meinen Jacken – nach neuneinhalb Wochen abgedreht ist, brauchen die Frauen auch nicht mehr in Übergrößen längszuzeigen. (Hut übermütig in die Luft schmeißen und bunte Luftballons steigen lassen.) Können wir noch nachholen. Das Lokal, wo die Mafiosis echt gute Spagetti essen, da waren wir schon drin und auf Abendessen mit der Pseudo-Wissenschaftler...(klique?) aus alten Zeiten bei Al Dente zu Hause mit original Beckmann über der Anrichte und Tischthemen wie »Demo, seinerzeit, ja München – da hab' ich mit den Bullen gesprochen, die waren gar nicht so verkehrt«. Ick hör' Dir falsche Sachen fahren! Die da Einladende hat auch Haus in der Toscana und ist mit den Bauern nicht auf Dente aber auf Du, und die dürfen auch die Olivenbäume pflücken und ihr dafür Olivenöl geben und aufs Haus aufpassen und hier und da mit dem Besen nachsehen und das bißchen Wäsche – »Was soll ich denn mit so viel Oliven«. Originale Glückwunschgestalten, die da auffallend oft aus München kommen. Die laufenden Premierenkalender ohne Dackel aber mit 41 das erste Kind. Da schätz' ich mir den Schumann, der kennt die Sitten und Seiten und Gebräuche, hält die Hand vor der weißen Schürze beim König Pilsener auf.

Schwanzlutschen im Internat mit 'nem Arschloch, das einen bei der Klassenarbeit nicht abschreiben läßt und auch sonst ein Fießling ist. War klasse! Einmal fühlt sich das im Mund nicht schlecht an, und zweitens muß er dann auch meinen lutschen, und grade erlaubt war's auch nicht. Und für Wichsen, daß das Bett rappelt und die oder der eine Meldung macht: verdreht superehrlich gab's mehr unterschwellige Verhaltensformen um einen herum. Der Internatsleiter, Herr Hoffmann, kam mal drauf zu sprechen: Als ich Student war, spürte ich nachts plötzlich was, und da wurd' ich naß, und ich wußte nicht, was es war und ging auf die Toilette und hab' mich gesäubert und, das alles war gar nicht so dramatisch... bla bla bla...

Dabei fällt mir ein, daß die dreckigen Kellner am Strand, die in der Satellitenbar ständig nach Dir fragen und ich als Antwort mit meiner Hand Flugzeug spielen muß – fuerra – a alemana – und dann kommt erst die Frage nach der chica – das kann ich noch schneller mit der Hand erklären.

Der Taxifahrer wollte mich schon automatisch ins Bahia fahren, und da fiel mir die richtige Ausrede – trotz Laschheit – ein – rechts – weiter gradeaus – absetzen) ein = mit dem Messerchen stöbern und schnipseln, auf daß wir eine anständige Papp-Patsch-Work Intarsienarbeit hinkriegen. Die gefundenen Pappen von heute – des nachts am Hafen waren: happy day – finanziera, sin gas, und alt. So landet man in Discogewölben – begrüßt per Handschlag heißt nichts anderes als – hier ist es schön leer (viel Platz, Mister, würde der China-Mann sagen). Brief ist gekommen:

Es war nicht Liebe wie in einem Lied,
und was sie fühlten, war zu selten Glück.
Du kehrst, nur wenn die Tür verschlossen ist,
zurück zu jenen kurzen, flüchtig hingelegten Stunden,

in denen wir sagen wollen: ich liebe Dich, und es verschweigen, aus Angst vor den Wunden.

Du willst verschenken, was Du nie besessen
hast, Träume für Worte von anderem Wert,

und kannst doch eines nie vergessen, wie man im Haß einander am meisten begehrt, im tiefen Blick, bis in die Nervenenden
Kalt, und dann ein Lächeln, fast befangen. Er hielt die noch mit seinen Händen fest, da war sie längst gegangen.

Ich denke an Dich und küsse Dich und bleibe

Deine Solo

26. 11. 1986

Peter schwitzt und kriecht aus dem Knoten von Bettlaken, Überlaken und grünem Cord-Überbezug in Richtung Spiegel. Nicht, daß ich mir davor zum Beten begeben hätte mit dem Anspruch »Lieber Gott gib', daß es ein Teebeutel ist!« Pickel sähten mein Gesicht, und da, wo kein Pickel durch den andern sich entfalten konnte, machte er sich ein. Ich wollt' mir auch nicht die Zähne putzen, warum sollte ich auch, wo ich nur noch einen echten (und den mit Loch) habe, und mir fast nie die Zähne putze, aber jetzt, wo ich so aussah und über keinen Rasierschaum verfügte, hab' ich gedacht: »Tu' Dir was Gutes – die andern werden's schon seh'n.« Außerdem war die Gasfrage noch nicht geklärt. Wie an und nicht wie falsch was machen und dann nicht an. Zur Technik hab' ich kein Verhältnis. Danach aus der Tür. Zu Besorgen gibt's bestimmt was. Hab' denselben Fleck auf dem Fußboden ignoriert und raus auf die Straße und rechts rein die

Straße, denn da war ich noch nie, und die Öffnungszeiten waren noch voll im Gange. »It's a new kid in town« gesungen in der Mercado Super rein. Unauffällige Inspektion durch Einkauf. Die Preise konnte ich in der Hektik nicht verfolgen. So kam es zu keiner Fortsetzung des Gedichtes: Gestern war ich im Supermarkt. Mich haben die Preise verwundert. Zwei Flaschen Bier, einmal Zigaretten – 68,50. Krankenschwester ist nicht gekommen. Drogen? Umgehangener Pullover I grüßt umgehangenen Pullover II. Wer kein Geld für Lackschuhe hat, poliert die alten schwarzen um so mehr. Auf der Straße viele Lügen unterwegs. Radio etc. Grüne Bällchen und ein Finger zuweilen im rechten Schmalspot.

27. 11. 1986

Glauben, meine Gewohnheiten zu kennen. Spagetti Bolognaise schmeckt nach nichts. Cuba Libre macht nicht abhängig. Boris Becker, Mussolini, Ivan Lendl.

Das Visieren – tu mir nicht weh dabei, bin ja allein, ganz allein natürlich. Fremdkörper sind mir die liebsten Bekannten. Sony Diktiergerät läuft mit mir umher und taugt nichts. Cassetten-Recorder Marke »roter Punkt in weißer Fläche« (Herstellung) tut's nicht mehr, da im zwölften Stock in meiner Abwesenheit mehr los ist, als man so ahnt. Kaum nicht zu Hause, löst sich das Bast-Bücherregal mit den zwanzig Buchempfehlungen von Diederich. Was ist kaputt, wenn es runterfällt? Richtig geraten! Klar! Natürlich der unter dem Regal befindliche Stromschalter vom Cassetten-Recorder! Zum Entfernen an die Playa –

Cassetten-Recorder mit Kopfhörer mit The Otis Show Musik aus der Kinderfest-Kneipe. Gute Laune, wo auch Keniakarpfen und Tigerkralle arbeiten. Der Hit...

28. 11. 1986

Die Fingernägel wachsen enorm schnell, sowie die Ränder setzen.

30. 11. 1986

Auf der Rambla. Schon die dritte Mechthild von Dannenberg geht an mir von dannen. Die Sonne hat sich ihren Weg erkämpft. Gott sei Dank ist sie nicht gelb, sondern erwärmt meine Cola. Die Cola richtet dasselbe an wie bei Helmut Schmidt, wenn er sich auf offiziellen Abendessen befindet. Aus der Rotweinflasche kommt Cola, und die Cola rinnt hinunter in die Colarampe (Bäuchlein, wie Loki das nennt). Früher am Strand von Zandvoort in meiner frühen Kindheit ward ich mit meinem Körper stärkstens unzufrieden, da er im Liegen nicht mehr als ein mit Dünnweichhaut überzogenes Skelett aussah. Jetzt sieht so aus, daß ich nicht mehr Angst um den Rettungsring haben brauch', da das Ganze ein fettes Volumen ergeben hat, ähnlich einer aufgeblasenen Pampelmuse, keine Ringe also ... bestens nach vorne abgerundet. Nach gewissen Gedankenüberschreitungen und Probedenken, Analysen der letzten 80 bis 100 Skizzen, die vom Allerschlechtesten waren, sehe ich unter dem Strich eine Präsentation Marke Rote Soße oder Roter Hang oder Rotes Mißverständnis oder Menschen fotografieren rotes Loch oder Rote Suppe oder Rotes Stelldichein, Rote Desertation? Rosetta Rossa lieb' Kind (rot) Rote Mauer oder gar – viel Moos für rot – nö, lieber paß auf, wenn gelb zu rot wird, besser noch – Rote Schlafmütze kennt die Verkehrsregeln nicht, kann aber auch sein, daß: Roter Teufel macht sich Gelbes in die Hose, weil Braunes an die Hintertür klopft im Schlaf – besser kommt. Entscheidungen sind nicht vorübergehend, sondern rot selbst, wenn es Sonntag klingelt, oder Dada war rot, und heute können wir es besser. Oder Willi Brandt ist rot und blau. Oder Cola ist innen braun und außen rot. Oder wenn die Bildzeitung und andere Zeitungen lügen, wer verrät die Wahrheit? Oder wo Rußland ist, da ist auch Platz. Warum haben die Drucker Angst, Geldscheine in rot zu drucken? Das Abendrot der totale Beschiß, auf den kein Verlaß ist. Rote dünne Oberlippen, welch ein Graus. Rote Schuhe, welch ein fortwährendes Motiv für Schaufenstergestalter oder Malerinnen, die braun lieben und Schuhe rot malen. Versetzte Balken. Eine Frau sieht rot und fragt sich, wessen Erfindung das wohl gewesen sein mag. Oder ich bin zwar nicht der Intelligenteste, aber ich geb' am meisten rotes Trinkgeld. Oder der Schüler macht alles richtig in Fehlschreibung, und die Lehrerin muß alles schwarz anstreichen als Belohnung. Oder der Mist, auf dem gewachsen wurde, ist ein dunkelrotes Egal, weil weinrot scheißegal. Rote Backenäderchen gratulieren einem zum gesunden Leben. Oder nur rote Wiederholungen machen berühmt wie: Erstens holen Sie mir jetzt den roten Kellner, hier oben gehe ich kaputt. Zweitens, Herr Ober, zwei rothaarige Frauen, die alles können. Drittens drei rote Kirschen in der Anzeigentafel von der Vitaminkiste, nur damit man weiter einischmeißt.

31. 11. 1976

Viertens rote Peinlichkeit kennt keine Grenzen. Fünftens durch die Pubertät zum Roten Erfolg. Sechstens roter Abschied vom Jugendbonus, beim roten Friseur Haare abschneiden, einen in die Fresse, damit er (sie, es) rot anläuft. Fahrgeld für die rote Heimfahrt abnehmen, rote Haare wieder ankleben und nach Hause schicken. Red boy, red boy, red boy. Siebtens rote Ölfarbe nimmt sich am meisten Zeit beim Trocknen. Man sagt, Träume sind ein Teil der Wirklichkeit, nur seitenverkehrt dargestellt. Wäre dem so, sähe meine Wirklichkeit folgendermaßen aus, Bruchstücke: Nackte Negerbrust, sich von mir abwendende Blicke, kahle Weiten, kleine Streifenmatratzen, Holzgabeln, die um die Ecke schauen, Stühle, die unter mir wackeln, Kordeln, die wie Schlangen lautlos um mich pirschen, der heilige Sankt Martin, der Schweine in denen Arsch piekst, überall Hilfsvorsprünge am Körper, auf den Teacher Whisky Flaschen stehen. Ich rauchte nur Keramikzigaretten, und meine Haare schienen aus Bast zu sein. Mein Popel war aus Draht. Knochen kamen aus meinem Hintern. Feuerzeuge vermehrten sich, Räder waren Lampen, Lampen waren Geißböcke, in den Schlitzen war Papier, Ventilatoren sangen Salsa, Fische hauten mir auf meinen Bastkopf, Fische, die aussahen wie Penisse von Naschberger und seinem Freund Adamski. Die Krawatte war aus Schaumgummi geflochten. Ich war im Bergwerk. Eine junge Frau mit dichtem rotem Haar nahm mich in den Arm und wiegte mich kräftig und sang das Lied vom kaputten Fischernetz. Eine gläserne Birne versuchte, mir sowas wie Kunst auszureden, worauf die Frau immer für mich antwortete, wie z. B.: »Gib' acht, Du gläserne Birnenflasche, wir werden Dich zerbrechen, und die Scherben werden dann Martin Glück bringen!« Ich war ganz ruhig, Fremde, ausgetrocknete Turnschuhe tanzten den Hopplahopp für mich. Die schöne Frau sah nicht aus wie Max Hetzler. Erdnußflocken bildeten Wörter auf dem rosafarbenen Preßspantisch. Soweit ich mich erinnern kann, waren Sätze dabei wie: »Heute brauchst Du Dir nicht mehr die Fingernägel zu reinigen! Ab morgen geht nie wieder das Toilettenpapier aus. Ab übermorgen ist Karies kein Gesprächsthema mehr. Ab überübermorgen wird man alles gut finden, was Du machst. Ab überüberübermorgen wird man auch das gut finden, was Du nicht machst.« Da wachte ich auf, nahm mir eine Zigarette, zündete sie an und ich fing an zu rauchen, wie der Tag, der angebrochen war. Schräg in der Birne, bekloppt am Schädel, gepflückt im Kopp, dumm dreist im Spagettigewirr der Hirnschlingungen, am Arsch im fast runden Kasten Scheiße im Gesicht, in der linken Geisterbahn nicht ganz echt, dünn und versetzt im Kürbis, Lust kaputt, Riß in der Schüssel, Ballaballa im Zentrum, Schmutz und dergleichen im Kopf, fortwährende Pisse und Langeweiler Oberpisse im Gedächtniszentrum, Moralpeter mitten im Kästchen, Selbstbeschiß und Selbstanschiß unter der Decke, unnötiger Quatsch im hohlen Knochen, Selbstmitleid im Hinterstübchen, dusselig und unüberlegt im Mund, hinten oben.

Am Montag, als ich aufwachte und noch nicht ganz bei Sinnen war, auf dem Weg zum Bad, rutsche ich auf meinen nächtlichen Manuskripten aus. Also dann hob ich sie auf, dabei fielen mir beim Lesen diverse, legastenische Beweismaterialien auf. Sofort fühlte ich mich an alte Zeiten erinnert. 67 in Köln wollte ich auf eine Demonstration für den Frieden in Nahost gehen. Ich bastelte mir ein Transparent, und hatte dafür nur eine Bambusstange zum Blumen anbinden und eine DIN A 4 Pappe zur Verfügung. Darauf schrieb ich: Wir fordern endgültigen Frieden in Vietnam! Zuerst war in der Mensa eine Vortragsreihe. Lateinlehrer kam auf mich zu, klopfte mir auf die Schulter und sagte schmunzelnd: »Das finde ich ja toll, daß Du Dich so für Nahost einsetzt.« Es ging nun auf den Neumarkt zu einer Kundgebung. Ministerpräsident Kühn sollte eine Rede halten, und das Fernsehn war da. Einer der Fernsehleute kam vom Podium zu mir herunter, gab mir einen Kuli und meinte, ich solle im Wort »endgültig« aus dem t ein d machen. Dies war nicht möglich, denn ich hatte mein Transparent mit breitem, schwarzem Filzstift geschrieben. Ich zog meine Jacke aus, wickelte sie um das Schild und fuhr wütend und beschämt nach Hause. Mein erster Fernsehauftritt war geplatzt. Diese Geschichte ist zwar nicht wahr, und ich war nie auf einer Demonstration, aber ich finde es eine schöne Geschichte. Würde der Sonntag bloß immer mit so schönen Geschichten anfangen!

Es ist Dienstag, und der erste Schrecken der Woche ist überstanden. Trotzdem scheint alles wieder anders zu sein. Meine Gesichtshaut macht immer noch den Eindruck eines schlecht besetzten Streuselkuchens. Ich versuche, das In-mich-gehen zu vermeiden und trotzdem diese Blicke, auf der Callier sounso und auf der Callier sowieso. Bin ich denn so anders, oder liegt es daran, daß die andern anders sind? Gut, die Frauen hier haben einen besseren Haarwuchs, aber dafür weniger Taschengeld, was man durch ihr auffälliges Vor-der-Kneipe-stehen schließen kann, und außerdem, liebe Freunde, scheint mir, daß die Damenwelt in dem vorafrikanischen Gefilde weniger mit Wissen begütert ist (dieses habe ich mehrmals beobachtet, kontrolliert, bevor ich es niederschrieb). Aber was aus Menschen wird, die zuviel Taschengeld bekommen, sieht man am Beispiel Willi Dickhoff. Dickhoff galt schon bei seinen Lehrern als mahnendes Beispiel in Sachen »was ist hier Aufsatz?« Aus reinster Quelle bekam ich den Wortlaut eines Aufsatzes zum Thema Rodelfahrt. Der Schlitten raste an mir vorbei. Krach, bumm, peng, quietsch. Ich rannte zu dem Baum, an dem der Schlitten zerschellt war. Über nicht weniger große schreiberische Fähigkeiten verfügt heute noch ein Professor (unter Witzbolden auch Professor Tinnef genannt), der sich in der Bewunderung für eine Sigmar-Polke-Epigone, die er als Leiter des Rheinischen Landesmuseums Bonn ausstellen durfte schrieb: Notitzen. Im Vorwort des Kataloges Fotografien Walter Dahn letzter Abschnitt. Max Faust.

Oder (sich in selbstaufhebende Doppelfehler von Bazon Brock in jeglichen seiner Artikel, und das darf man ihm nicht übel nehmen, dem armen Kerl, da er nun jeden Tag zu einem anderen Thema einen Vortrag halten muß, inclusive An- und Abreise, Schlafen, Essen, Trinken, Zwischenvorträge. Wer gibt ihm da die Zeit, sich vorzubereiten? Die Welt ist ein Vergleich, und das macht sie so erschreckend lustig. Warum ist Federle Kacke und Hubert Kiecol nicht Kacke (netter, aber ernst gemeinter Vergleich)).

Mittwoch, die Schiffe wechseln im Hafen. Früh aufgestanden, runter ins Cafe, Nachwuchs belegte den Flipper.

Mit Taxi zum Strand Sören Kierkegaard, Tagebuch des Entführers lesen. Zwei Unterbrechungen: Erstens die Nummer 14 am Strandkiosk, die anders abgebildet war, als was letztendlich zu mir auf den Teller kam. Es fehlte an einigen Blutwurstscheiben zwischen den weißen Bohnen in roter Brühe. Zweitens Mittagsschläfchen. Des abends Bolognaise, zuvor Minestrone, ein bisserl Sangria. Buch zu Ende. Danach ein Fififola in der...-Bar und ab ins Heimkino el Padrino II und el Padrino I. Hab' mir bei II dann den Robert Peter reingezogen, Gesichtsgymnastik, Hintergrund und Deko studiert.

Donnerstag. Frische Wäsche vor der Tür, doch ich bin schon angezogen. Stell die Wäsche ins Wohnzimmer, gleich neben der Eingangstür, und nehme den Lift nach unten. Cafe con Lait chez Frio und nur so nebenbei der Obstkiste paar fünfundzwanziger gegeben. Sie meint es heute gut mit mir, und ich kann mich nicht bremsen. Bis 7000 ist sie mit mir gegangen und dann abwärts. Großzügigkeit war von beiden Seiten Gebot. So sah es dann um fünf vor dreizehn Uhr so aus, als hätte die ganze Arbeit ganze fünfundsiebzig Pfennig Trinkgeld für den Kellner ergeben. Ja, mit Geld müßte man umgehen können! Doch wäre es so, wäre Martin auch nicht glücklich, da es ihm desweilen an Motivation zum Angriff fehlt, und da kommt zuweilen so 'ne kleine Ausrede wie Geld machen ganz gelegen – oder?!, wie der Schweizer sagt.

Montag. Das Frühstück war eine günstige Kombination. Es bestand aus einer halben Dose Corned Beef für jeden, James Bond, Thunderball, Stromausfall und Tischtüchern, die überall rumflogen, bloß nicht auf dem Tisch.

Man versuchte, den Tag anzufangen. Michael brachte den Schwarzweißfilm ins Farblabor, worauf Martin dann kurze Zeit schwarz sah für den Film. Es regnete. Gott sei Dank rief Neger Rainer an und holte uns ab zum Strand. So mußten wir die Entscheidung, bei Regen an den Strand zu gehen, nicht allein auf unseren Schultern tragen. Nach Strandinspektion wiederholtes Essen. Die Tischtücher im Restaurant erweiterten Inspirationen, was das Karoproblem anlangt (was keins ist). Farbenkombinationen haben lediglich die Aufgabe, uns das Leben bunter zu gestalten. All diese Gedanken über Farben und Essen beschwerten Geist und Magen, so daß das Haupt nach Kopfkissen schrie (zweieinhalb Stunden). Der Schwarzweißfilm wurde wieder abgeholt unter Flehen des Abholers. Neue Munition (Geld) bei der Gelegenheit mitgenommen. Dann hieß es im zwölften Stockwerk ran an die Gestaltung von Kästen und Karos (die Erfindung der technischen Zeichnung, die Erfindung von Karobildern). Stetige Voranarbeit wurde sichtbar. Wieder rief Rainer Peter an, um uns um neun Uhr einen neuen weißen Pullover zu zeigen, wobei er behauptete, er wäre Pink. Der Alkohol nahm seinen Einlauf.

Sonntag davor. Nach vierzehn Stunden Schlaf ein frühzeitiges Auf-den-Beinen-Sein. Geschäftigkeiten nahmen folgenden Verlauf: Rein zu el Kilo und raus mit pastellfarbenen Frotteehandtüchern im angeblichen Wert von sechstausend. Ein Zombie-Film, ein Werwolf-Film, einmal James und sonstiges. Michael erfreute die Innenstadt. Alle glaubten, er hätte keine Hose an zum Jacket. Seit wann ist eine Unterhose keine Hose? So waren alle vergnügt. Was soll's? Die Geschäftigkeiten gingen bestens voran in der guten, normalen, deutschen Art, was nicht heißt, daß es dreimal so schnell war wie jemals ein Spanier in seinem Leben. Da war es kein Wunder, daß wir selbst nach einem Umweg in einem Lokal Platz nahmen, das wir umgehend wieder zu verlassen hatten, da wir anderhalb Stunden zu früh zum Mittagessen erschienen waren. Beim zweiten Anlauf kamen dann die weißen Bohnen mit Fleisch versetzt in Form von Radieschen. Unser Spanisch kitzelte die Höhepunkte an Mißverständnissen nur so raus, denn als wir wieder weiße Bohnen mit Fleisch bestellten, kamen zwei durchgebratene Steaks und noch ein Salat gemischt mit Radieschen. Kämpfernaturen am Holztisch geben nicht auf. Was dann kam, waren aufgeweichte Weißbrote, genüßlich zubereitet mit Knoblauch, Tomate und selbst hergestelltem westfälisch-kanearischen Schinken. Nicht das Geld ging aus – es war der Hunger. Wieder auf der Straße, wurden Gewohnheiten zur Pflicht. Martin auf die Matratze und Michael zu den Russen im Hafen. Danach wurde wieder schwer gearbeitet. Fotos mußten gemacht werden, der Arbeit willen. Folgendes wurde fotografiert: Beschreibungen nach Ablauf des Festhaltens. Noch kurz Luft und Alkohol geschnappt und ab nach Hause (raus aus der Stuttgarter English Pup Kneipe) (was nicht heißt, daß uns das Luftschnappen und Alkoholtrinken wichtiger gewesen wäre, als die In-Betrieb-Nahme unserer Vorstellung von Notwendigkeit und Ausführung von Säulen, Kästen und gehabten Regalen). Es stand auch die Frage an, ob dabei geschmäht werden darf, wobei man sich die endgültige Frage für spätere Anlässe in Anwesenheit von A. Oehlen, Diedrich (der für andere Mißverständnisse dann haften kann) aufheben konnte. Kinnings, Ihr könnt Euch nicht vorstellen, wie verantwortungsvoll unser Mut zum Gespräch war (denn der Führer haftet mit dem Tod). In unserem Fall war es nicht der Tod, sondern Ermüdungserscheinungen. Der gerechte Preis für halbe Freude an Wahrheit und Zustand und ähnlichem Gedöns (Eitelkeit) (der Gesprächspartner sucht sich selbst). Unterhaltung sucht nicht nach Feinden. O.k. heia, heia. Sich ergeben ist vorgespielte Religion. Sich auf die Nuß hauen ist Show. Nicht mal Frauen hatten wir im Kopf, geschweige im Bett. Der Könner ist einsam. Denkt immer daran (an uns), wenn Ihr Euch eine warmes Ei gelegt habt. Kopfkissen = der bessere Lakai.

Samstag davor. Der Sonntag ist die Verkörperung des Spiegelbildes von Martin Kippenberger, egal ob Ehrenstraße oder Rambla. Zu diesem Zeitpunkt hatten wir in der Welt der Tatsachen oder Einbildungen schon eine Nacht durchbraust, eine Nacht auf vier Rädern, vier Füßen und Panzerketten (Männer wollten uns haben, Kellner wollten uns geben = über Intimitäten spricht man nicht). Insofern ist Streß keine Einbildung, sondern ein Teil von uns. Die Herausforderung ist das Wappen unseres verschenkten Siegelrings (in Lila gehalten). Wir wollten auf den Gemüsemarkt, dessen Name Amiga de Afrika trägt. Aber wie Gemüse so am Sonntag ist – es schläft aus. Nicht so wir. Die zweischwänzige Kolumbus Spätlese, die Abenteuerarbeiter von Santa Cruz de Tenneriffe, waren nicht so geeicht. Ihr Auge war gerichtet auf Löcher in der Stadt, nicht auf das Loch in der Schallplatte, von dem Musikkritiker behaupten, alles dreht sich nur ums Loch. Unsere Sicht war zu dem Zeitpunkt perspektivisch frei. So konnten wir die geballte Schönheit der sequenzhaften

Ironie einer Darstellungsstadt vor Afrika gelegen erleben und uns zuführen. Dazu zählte: Hinterbleibsel zweier Assistenten von Ralf Winkler, Palmen ohne Birnen, korrigierte Schlipse, unverputzte Häuserwände, die uns solidarisch auf die Schulter klopften, Säulen wie Frauen, die uns unter die Achseln griffen, anrasierte Schinken, die »tor« schreien, Tore, die unsere Augen beschossen haben. Gleich wurden wir uns darüber bewußt, daß erhobene Gefühle zum Einbruch geboren sind. So schrien unsere Herzen nach einfachen, unbestechlichen Erlebnissen. Der gefährdete Mensch und Denker am Sonntag braucht das Shopping. Michael wußte sofort wo, weil wir waren schon mitten drin, im Flohmarkt am Hafen, wo die Schiffe liegen: (Einkäufe): Notiz abweichende Erkenntnisse anhand der Einkäufe. Notiz Strandbeschreibung, die Feinheit des Klimas, Laufen am Wasser, Cafe in Satellitenstadt, Supermarkt (Suche nach der Stecknadel), Versuche, das Einfachste auf die Reihe zu kriegen. Inwiefern darf man sich beobachtet fühlen in der Tango-Bar oder in der Bar neben dem Supermarkt. Wo Satelliten Typen und Frauen ihre Törtchen (...Cartier) kaufen. Für den Schlenderer nach dem Stecknadelsuchen in dem Supermarkt gilt es, warmes, weißes Brot mit weißem Ocker, weißem Rot, warmem Braun in drumherumklebendem weißen Papier möglichst auf ex zu nehmen. Sonst, und so will es das Lokal, ißt man etappenweise das Papier mit Inhalt oder tropft an sich herab wie der Hot Dog an der Wand von einem Maler dargestellt, visualisiert. Alles Essen und Trinken und Reinkommen in die Bar dient einem Zweck: dem wachen Fröhnen einer Erlebnisstufe, die nur in der Gemeinschaft unter Satelliten-Peter möglich ist. Schreiende Kinder gehören dazu und bekommen zur Belohnung

Spielzeug, das sie nicht haben wollen. Wie sieht eine Frau aus, nachdem sie Mutter geworden ist? Oder, kann Geld meine Mitmenschen ersetzen? Kann der Nachmittag den Vormittag ersetzen? Können einem im Leben verschlampte Stunden je wieder gut gemacht werden? Sind Sprachmißverständnisse nicht die erlaubtesten Mißverständnisse zur Kommunikation? Ist der blumige Wechsel vor unserem Sperrsitz aus Plastik nicht die günstigste Darstellung von: Wir sind alle da und gleich, oder die Vergrößerung meiner Wohnung: vierzig Quadratmeter hin zur Bar, Törtchen kaufen Strecke fünftausend Quadratmeter, in die Bar dreißig Quadratmeter, große Wohnung, macht zusammen fünftausendsiebzig Quadratmeter. So gewinnt das Große immer, in uns, um uns und meinetwegen auch im solidarischen Sinne. Killer der Fremde. Ausland muß nicht immer Rausland sein. Inkognito. Oskar ruft, und der Film ist noch nicht fertig. Humor gehört aufs Patentamt, Abteilung ungebräuchliche Dinge, es sei denn, der Humorerfinder wird gefunden. Wer hat schon so viel Zeit, sich mit Verfolgung zu beschäftigen, wo keine ist. Schmetterlinge der Dummheit werden genagelt und gesammelt. Das abgerundete Kreuz war niemals eine Erfindung, es war ein prima Einfall. Da Handwerker blöd sind, konnte das abgerundete Kreuz nicht realisiert werden. Realisierung ist die Krone in dem ungeahnten Quarkpudding, der sich unter unserer Schädeldecke versteckt hält (wohlweislich), denn er weiß, dieser Hirni, daß wir im Umgang damit ungeschickt wären. Die Pizza war auch keine Erfindung der Italiener, sondern der Studenten aller Leut's Länder, die nur das Gemisch essen, das sie kennen. Mißverstandene Ordnung in der Unordnung. Die Kunst sagt immer, mich versteht keiner, und dabei sind wir es doch, die die Anerkennung leichtfertig würdigen und der Kunst nichts abgeben. Wir machen nichts besser dadurch, daß wir fliegen wollen, anstatt den Vögeln unser Singen beizubringen. Der Redner sagt auch nicht: heute bitte in einer anderen Sprache. Rock'n'Roll ist nicht professionell. Rock'n'Roll ist eine dumme Nuß. Die sensibelsten Stränge des Menschen enden in den Zähnen. Daher kann nur der Glaube an den Manierismus des Stils ein klein wenig Inhalt bilden. Köln ist klasse (Tanzen). Sich Loben Lassen ist zwar auch Tanzen, aber unprofessionell. Zum wiederholten Mal: Geld war niemals ein Argument (schön). The last laughter kingdom, am Rand können die Herbergen für Pißköpfe bleiben. Auch ich bin ein Pißkopf gewesen, aber ich weiß von meinen Rückfällen. Die Erkenntnis dessen gibt mir Mut zur Annahme, daß alles besser wird, wenn ich Reden und Füße schwinge. Der große Preis dafür wird in schwarz gedruckt (Buchstaben). Abklatsch verhilft einem zu Größe, wenn man die Regeln des Vergessens kennt. Die Rose ward immer nur ein Zeichen der Einführungsliebe. Der Mittelstand der Liebe wird verblümt durch das schlechte, abwesende, aber immer sich darstellende Ruinchen.

Donnerstag, der 19.

Das Wecken war schnell vollzogen, da ein Massaker in der Nebenwohnung stattfand. So waren wir schnell auf dem Flur, um uns zu überzeugen, daß es nur ein Hund ist, der geschlachtet wird. Und wo wir schon mal auf dem Flur waren, haben wir den Lift nach unten genommen. Unsere innere Stimmung glich einem Feature über Kölner Künstler am Beispiel Peter Bömmels. Künstler wollen ihrem Beruf gerecht werden, sei es, daß sie in der Berufssympathieskala der Deutschen an Stelle 48 stehen, gleich hinter der Taxifahrergattung. Kommt nicht genügend Knete rein, will ich wenigstens was Besonderes sein. Peter fiel das gar nicht schwer. Er ließ seine Mutter für sich reden. Soziales Elend wurde gefilmt, nachdem die Klappe gefallen war (unsere Klappe auch). Die Mutter äußerte ihr Unverständnis, ihr Sohn wäre doch immer »normal« gewesen, wäre nie aufgefallen (außer, daß er geizig ist, fällt er auch heute noch nicht auf). Er soll früher auch Freundinnen gehabt haben, sagte die Mutter (Freundinnen kosten Geld, aber wem sage ich das?!) Bei dem pausenlosen Filmen mischte sich eine Sequenz ein, die einen neuen kineastischen Durchbruch bedeuten sollte. Herr Bömmels ließ sich steif mit einer Palette in der Hand unbeweglich und starr daherfilmen, während der Ton seiner Asi-Mutter weiterlief. Du sollst Deine Eltern lieben. Du kannst nichts für Deine Eltern. Man kann auch vom selben Apfelbaum gefallen sein und aus dem selben Holz geschnitzt, aber verdammt nochmal – man zerrt nicht seine dumm daherredende Mutter vor die Kamera, wenn man weiß ... Woher plötzlich diese Großzügigkeit, diese unermeßliche Freiheit? Lieber Peter, früher hast Du den Kindern im Kindergarten das Malen beigebracht. Ich schlage Dir hiermit vor, den mutigen Schritt zu wagen; zurück in die Vergangenheit, weiter Malen beibringen, aber nicht uns die Kunst. Da wird nun niemand auf die geschwätzige Idee kommen, uns für überhebliche Proli-Verarscher zu halten. In jedem von uns steckt ein kleiner Proli. Beweise dazu aufzuführen würde im Fall Kippenberger zu weit führen. Und schon waren wir auf der Straße. Wie gesagt, wir waren in diesem kunstkinetischen Zustand. Die Taxis zischten nur so an uns vorbei in ihren spanischen Bällen. Es können auch Köpfe gewesen sein – auf jeden Fall rundliche Angelegenheiten. Kennen Sie das? Wenn man vor dem Club Nautico steht, das Wetter es gut mit einem meint, und die Taschen fast gestrichen voll mit Geld und Zigaretten hat, und kein Taxi nimmt einen mit? Man denkt, man wäre am Ziel und braucht so ein verdammtes Taxi. Jetzt sitzen wir in einem Eckchen und haben 15 Uhr 8. Der Anschein trügt, ausnahmsweise mal nicht der Schein, und da wir 42 Kilometer plus 42 Kilometer zurück zum zweiten Mal in dieser Woche erweiterte Disco-Forschung betrieben haben. Erinnern Sie sich nicht an das Buch, das 1984 bei Peter Pakesch in Wien von mir erschien unter dem Titel »Sind die Discos so doof, wie ich glaube, oder bin ich der Doofe«? Dann werden Sie wissen (der Kenner), daß dort zwischen den Buchdeckeln nichts geschrieben stand. Dieses möchte ich im Laufe der Zeit nachholen. Die Vorstellung vom 19. Dezember '86 ist keine andere als, daß ich glaube, daß es scheißegal ist, ob in einer Diskothek, die 250 Personen faßt, drei Menschen unterwegs sind oder 250, soweit die drei Personen genauso aussehen wie die 250. Man hat so seine Vorbehalte gegen Truppentherapie. Vermutet man etwas Bildhübsches oder etwas Absonderliches, ist dies nur ein Beweis dafür, daß man es nicht wahrhaben will. Selbstverständlich gilt auch hier die Ausnahme. Eine davon bin ich natürlich, da ich nicht nur glaube, daß ich besser aussehe (besser bin), sondern derjenige, der den ganzen Stall durch wissenschaftliche Arbeit zusammenhält, bis diese die abschließende Erkenntnis gebracht hat. Kindliche, jugendliche und nun mittlerweile mittelalterliche Gezeiten meiner Forschung waren geprägt durch den Blick zur Tür. Erstens: wer kommt da rein? Zweitens: Da könnte ja jemand reinkommen (jemand Besonderes)! Und drittens: Wenn ich jetzt gehe, bevor der Laden dicht macht, könnte ich denjenigen oder diejenige Person, die den Beweis der Ausnahme liefern könnte, verpassen. Zweitens – und das sei ehrlicherweise dazu gesagt – mußte ich als Kind immer pünktlich ins Bett. Dagegen wehre ich mich noch heute. Doch zurück zum heutigen Tag zwischen drei Uhr fünfzehn und fünf Uhr. Auf die nächtliche Frage, die ich an Michael Krebber, der als ein in sich gekehrter beobachtender steifer amRandederDiscoTanzflächestehenderTyp, stellte »Was sagst Du dazu?« Er darauf: »Wozu?« MaKi: »Ja, zur Disco hier und so!« Er darauf: »Ich könnte viel dazu sagen, aber ich bin alleine hier.« Sehen Sie, der Mann hat's schon beinah. Ich fügte hinzu: »Unter humanen Bedingungen.« Denn solange man nicht auf's Ganze geht, heißt das Motto »Nie wieder allein oder jetzt noch nicht.« Soweit, so gut, es sei noch kurz gesagt, daß Schnee in der Disco lag, was nicht ungewöhnlich für die Zeit ist, aber wie kommt Schnee in eine überdachte Disco? Ganz einfach! Es war visualisierter Schnee in Form von kleinstzerriebenem Styropor. Der Schnee war schmutzig, die Leute sauber. Beinahe hätte ich's vergessen: Auf dem Rückweg meinte eine dumme Nuß auf dem schon zu engen Rücksitz, Krebber für seine sich entziehende Darstellung loben zu müssen. Die Frau hat eben nichts kapiert (nicht typisch Frau – allgemeintypisch). Zuletzt zu diesem Tage lassen Sie mich noch einige Worte sagen: Auf Enttankung wartende Tanker bilden eine wunderbare klare Silouette am Horizont. Fischerbötchen wippen (ihr gutes Recht), und irgendjemand wird auch Sand zwischen den Zähnen haben, aber nicht in der Vaseline. Man braucht sich nicht unter diesem Azur ausgeglichen zu geben, man ist es.

18. 12. 1986

Tagtäglicher Kurzabriß: Für beide Teile der WG begann der Tag bestens. Jeder dachte, er könnte seiner Wege gehen. Der Lift funktionierte. Martin verließ als Letzter die WG mit dem guten Buch in der Tasche: Huysmans gegen den Strich. Martin hatte es mit dem Strand und Michael mit dem Schreiner. Der Strand war kein Problem, die Bratze von Sonne war kein Problem, nicht vorhandene Gefühle waren kein Problem, superdoofe Einsichten waren kein Problem, das Essen war sogar warm (kein Problem), daß Michael nicht den Schlüssel zur Tür benutzte, war kein Problem, weil der Schlüssel war ja eh' in der Wohnung und nicht in seinen Händen (kein Problem), mit dem Arschloch von Pförtner reden, der so tat, als wüßte er von nichts in Sachen »wie komme ich in die Wohnung rein« (kein Problem). Dann war es auch kein Problem mehr, die Küchenfenster aufzuschrauben, sich mit den Füßen zuerst, den Oberkörper nachziehend, mit einer leichten Drehung die Wohnung zu betreten. Früher wäre man stolz gewesen, keine Probleme zu haben. Aber dieser Tag wollte nichts hergeben. Jeder getrennt voneinander beschloß, sich vorerst zu betten. Auf dem Terminkalender stand: 17 Uhr, Dämmerungsfotografie. Fotos schießen unter Einfluß von halb natürlicher und halb künstlicher Lichteinwirkung. Das Motiv war auf ein weiteres: Skulpturen, die wir eigentlich gebaut haben. Aufgewacht sind wir um sechs, als wir die Motive erreicht hatten, war die Dämmerung verdammt. Mürrisch haben wir über den selbstverschuldeten Tatbestand hinweggesehen. Passanten gaben uns Tips und Ratschläge, wie wir das Eine oder Andere mal wahrnahmen. Da der Tag nicht so besonders flutschen wollte, werden wir dieses auch unserer Feder versagen.

Ein Highlight verfolgte uns. Nicht Mann, nicht Dior, halb Peitsche, halb Rucksack, halb Napalmgesicht, halb Salzlettengestänge, halb Dich-möchte-ich-haben-aber-tu-mir-das-nicht-an man möge Abstand halten und ... und ... und. Das glaubt uns doch zu Hause keiner! Wir könnten an dieser Stelle eine zuckerklasse Beschreibung verfeinert zum Besten geben, da aber der Tag es, wie schon erwähnt, nicht besonderlich besonders mit uns meinte, reißen wir uns jetzt am Riemen und vertuschen.

Stunden später fanden wir uns wieder an einem runden Tisch bestückt mit dem kleinen Mann und der kleinen Frau, Okudoku und seiner Frau Grete, dem belgischen Sammler aus Indien, der eine kanadische Staatsangehörigkeit haben soll und dessen Spanisch nur deshalb so ausgeprägt klingt, da er für Samsonite und ähnliche Ware die Vertretung in Spanien hat. Weiterhin saß in der Runde Klarissa, die ihren aufdringlichen Charme durch Augenaufreißen (Sue Ellen) und überglätteter Oberhaupt (mit Englischkenntnissen) es bei Okudoku schon versucht hatte zu später Stunde, bei Martin es versucht hatte zu später Stunde, es bei Michael versucht hatte zu später Stunde und nun dabei war, es bei dem aus Belgien kommenden Inder mit kanadischer Staatsangehörigkeit zu versuchen. Ferner fanden wir uns selber vor. Das Zauberwort der Ankündigung oder vielmehr der Anlaß hieß »Espanol nuovo cousina«. Lassen Sie mich irgendwo anfangen, so wie die Kellner anfingen, Kleinstmuscheln ans Ausland zu verkaufen auf Eis, wie sich das gehört. Der Nachtportier von nebenan verdiente sich ein Zuvorbrot als Kellner getarnt. Der andere hatte die vortrefflichste Beschreibung eines Standardkellners in der kurzen Stirn geschrieben. Muß bloß eine Stunde der Ausbildung unter dem Motto »Aschenbecher auswechseln« verpennt haben. Die Dekoration gab dem Essen die Hände. Ich kann mich nicht mehr richtig erinnern, ob die Gabel zum Mund ging oder die Architektur auf die Gabel und dann ins Auge, oder ob Marcel Broodthaers vor uns am Tisch saß und vorsichtshalber zur Erinnerung eine Installation im Flur nach draußen hinterlassen hat (original Seemannskordel durch Messingringe in Schleifen an der Wand verbreitet und davor in einer Reihe acht Tonetstühle). Ich weiß nicht, vielleicht war es auch kein Restaurant oder sowas. Das Surrounding hatte was von einer Boxveranstaltung Madison Square Garden mit abgehangenen Decken und zu vielen leeren Boxringen. Letztlich ist diese Detailbeschreibung unzutreffend, da ein geräuschiger Springbrunnen in all dem untergebracht war. Also am Rand dieses Mischmasches aus Burgenbauten und Madison Square Garden eine Lache des sich da bahnbrechenden Pipiwässerchens aus dem Springbrunnen. Wo in anderen gastronomischen Betrieben, die auf Meeresfrüchte spezialisiert sind, sich in Vitrinen Auslagen finden, die darauf schließen lassen, war hier das Auge im Übermaß mit Flaschen konfrontiert. Nicht genug des Guten, ich sage nur, dazwischen lagen Briketts. Das Essen nahm seinen Lauf. Man lobte das Mahl und fand auch gleich Verbindung zur Nouvelle Cuisine von Franz Keller (der gibt auch nicht sein Letztes). Selbst wäret Ihr meine Freunde – ich könnte es nicht besser beschreiben! Sagen wir mal so: Das Essen war so unvergeßlich wie das, was geredet wurde. Es folgten diverse Stunden geistigen Stillstands. Der neue Tag wurde in der Koks-Stube im ersten Stock eingeläutet. Was da ist, ist da; es muß nur rauskommen.

22. 12. 1986

Isch bin de Anjestellte von de Kippenberjer und isch bin hier auf Montage in Tenneriffa. De Chef sacht, isch darf he uf de Arbeit trinken, aber isch muß he drinken, bis de letzte Disco zumacht. Dann morjens ganz früh aufsteh'n und in de Jeschäfte jehn, weil die vun eins bis fünf Mittagspause machen. Nach eins muß isch mit de Chef an de Strand trinken. Danach macht de Mittagsschlaf, und isch wieder in de Jeschäfte, un danach hätt de immer de dollsten Ideen. Die Kanarier arbeiten langsam, und Verabredungen gelten nicht immer. Nicht so der Schreiner. Er ist Mitglied einer frommen Gemeinschaft, und das gab mir sofort Vertrauen. Ich war heute morgen mit drei Aufträgen bei ihm: Zeichnungen von komplizierten Kisten, Papiermodell dazu, und Wörterbuch. Der Schreiner versteht alles falsch. Ich zeig' ihm meine Zeichnung: Parallelperspektive und Modell. Er versteht es nicht. Ich gehe jeden Winkel mit Zeichensprache mit ihm durch. Irgendwann zeigt er auf ein Detail, und ich verstehe, daß er die ganze Zeit alles falsch verstanden hat. An einer Kiste gibt es einen Vorsprung wie etwa ein Bücherbord oder Sprungbrett. Ich habe ihm dies zehnmal gezeigt am Modell: weil Zeichnung nicht verstanden wurde. Dabei habe ich diese Stelle am Papiermodell vielleicht ein wenig bewegt. Als ich später auf Stützen zu erklären komme, indem ich Brettchen an die Werkbank halte, ist er verwirrt, bewegt immer diesen Vorsprung. Er wollte ihn mit einem Scharnier zum Runterklappen bauen. Nach einer guten halben Stunde ist alles erklärt. Er verspricht, morgen abend fertig zu sein und wird es wohl auch, da ein erster Auftrag pünktlich abgeliefert wurde. Während der Besprechung hat er phantastische Zeichnungen gemacht. Ich bitte ihn, diese aufzuheben und mir morgen zu schenken. Ich suche die nötigen Wörter, Zeichnung und Skizze etc. aus dem Langenscheidt, aber dieser Mann versteht mich nicht und antwortet jedesmal mit einem mir unverständlichen Satz. Immer wenn ich die Blätter in die Hand nehme und benenne, meint er die Kiste selber und daß mir der Abgabetermin zu spät sei. Nach zehn Minuten gebe ich auf. Wir verabschieden uns höflich mit der Geste »da ist nichts zu machen – was soll's«, und ich werde morgen sehen, ob die Kästen so aussehen, wie ich mir das gedacht habe. So entsteht Kunst. Alles scheint so einfach und ist genau gezeichnet. Man kann doch annehmen, daß da alles gesehen wird. Ich zeige am Schluß auf ein Detail und großes Erstaunen. Neue Zeichnungen werden gemacht, aber die Leute meinen es gut mit mir. Die Reinigung hat die Jacken noch nicht gebügelt, als ich zum Abholen komme, und zwar zum zweiten Mal. Ich muß mich etwas gedulden. Werde freundlichst verabschiedet. Man wünscht mir frohe Weihnachten. Die zu bauende Kiste sieht folgendermaßen aus: Man stelle sie sich länglich vor mit Boden, oben auf, und an einer länglichen Seite fehlt das Brett. Also oben auf und seitlich ebenso. Die gegenüberliegende seitliche Seite besteht aber nicht nur aus einem Brett, was diese schließt, sondern dieses geht über den Boden hinaus etwa 25 Zentimeter. An einer der Schmalseiten ist an der Oberkante bündig ein elf Zentimeter tiefes Brettchen mittels zweier Stützen befestigt. Dieses geht aber nicht über die ganze Länge der Vorderseite, sondern bündig mit der linken offenen Seite. Nach rechts aber, wo sich das nach unten verlängerte Brett befindet, spart es die Tiefe desselben, nämlich 16 Millimeter, aus. Der Effekt des Ganzen ist folgender: Die Kiste ist konzipiert für einen Sessel ohne Armlehnen in der Galerie Leyendecker und füllt die Sitzfläche aus, so daß das Ganze wieder einen Block ergibt. Das Brett, was nach unten verlängert ist, sitzt jetzt aber notgedrungen außerhalb dieses Blockes, und wir wollen, daß das Bücherbord-Sprungbrett-Brettchen vorne nur die Breite des Sessels hat. Verstanden? Jede Stadt ist so gut, wie die Beziehung, die Du zu ihr hast. Wie und wo besteht die Möglichkeit, daß das Leben oder der Tag wie und wo einem entgegenkommt? Wie fröhnt man den Stunden, die einem zur Verfügung stehen? Man nehme etwas Wasser, den gegebenen Willen und eine volle Breitseite Strand, sowie einen Kiosk mit Hockern und Ausschank und einen Pickel, der der Ober ist und in Wirklichkeit Künstler. Aber nicht einen Künstler von der dümmlichen, intelligenten Sorte, sondern einen, dem das Studienfach »Komik« in der Kunst geläufig ist. Treffen Sie eines Tages Kippenberger in der Öffentlichkeit, der dabei ist, den Tisch zu verdrecken, Salz und Pfeffer und Soßen auf dem Tisch zu verteilen, so wundern Sie sich nicht! Er bereitet gerade die Grundlage zu einer Nummer vor, die er von dem Artisten hinterm Tresen lernen durfte: Motto: Spaßig wird's erst, wenn's danebengeht. Der Darsteller ist nicht den Kriterien eines Publikums unterworfen. Jede Vorstellung ist eine Zugabe. Also warten Sie ab, bis Sie Kippenberger in der Öffentlichkeit treffen und er dabei ist, den Tisch und sein Umfeld zu verdrecken. Dann werden Sie Zeuge einer lustigen Vorstellung. Manchmal jedoch, wie heute zum Beispiel, kommt es dazu, daß sich das Publikum versucht fühlt, sich ins Theaterstück einzubauen (früher war es genau umgekehrt und auch nicht so doll). Ein In- und Auslandfachmann aus dem innersten Herzen Deutschlands sprach zum Thema Frauen. Zehn Frauen mußt Du anmachen, um an zwei ranzukommen, und mit einer kannst Du dann FF machen. Nachdem der Herr sich den Refrain zu eigen machte und das Echo unsere gespitzten Ohren waren, fragte er uns nach Örtlichkeiten zum Fisch Essen, womit er wieder beim alten Thema war: Man kann nur eins von beiden machen – entweder Frauen knallen oder Fisch essen. Worauf Kippenberger sich eine Korrektur erlaubte: Ich kann auch nach Fisch riechen und Frauen Liebe geben. Da sprach der Neger in Kippenberger.

Der Vorhang ging auf, und der Vorhang ging zu, ganz wie Wolken es von der Sonne wollten. Das drastische Theater wurde mit einer Fischsuppe Caliento runtergespült. Es waren keine Damen am Strand, die uns hätten mit proletarischen Badeanzügen ablenken können (halb Arschbacke raus) (eine Erfindung für den laufenden südländischen Meter, die Beine länger darzustellen als sie sind) (genauso penetrant wie Schlauchparade oder ältere Jogger-Peter um die vierzig/fünfzig, die Streckübungen am

Geländer machen, nur so zwischendurch zur Auflockerung der Muskulatur und um uns ihre rausschlüpfenden, raushängenden, behaarten Eier zu zeigen oder wie ältere, männliche Touristen in modernen Badeshorts, die sich beim Umziehen absichtlich ungeschickt benehmen und den angewellten Weißarsch zum Hingucken freigeben). Oder Strand ist auch wie zwei Deutsche (Sie entschuldigen jetzt, wenn ich »Fotzen« sage) in hautengen Plastikbadeanzügen (widerlich schön von Natur aus) (denen nun nichts Besseres einfällt, als sich zwei widerlich schöne Bengels aus der Braunkiste zur Seite zu stellen). Dabei passen widerlich schöne Frauen besser zu häßlich aussehenden Männern wie mir. Beispiel: Mal ganz ehrlich in aller Öffentlichkeit. Was zeichnet denn einen Burschi wie mich aus, oder den Burschi, der in mir lebt? Der gute unmanifestierte Burschi-Peter, ist es nicht der verkniffene Schlächter, ist es nicht der angeblich aggressive, liebe Jung mit der Pfirsichhaut (die sonst keiner hat), ist es nicht die Großzügigkeit, die ein Mann seiner Einsamkeit schenkt, ist es nicht der Mut des Mannes, auf Miete, Strom, Gas zu scheißen und trotzdem zu überweisen, die Furchtlosigkeit vor den entstehenden Erinnerungen der darauf folgenden letzten Nacht, die Unerschütterlichkeit, Fehler sein zu lassen und neue Räumlichkeit für neue alte Fehler zu schaffen, die Unbezwingbarkeit des Glaubens, das gute Essen ist schlecht, schlechtes Essen ist gut, was interessiert mich der Geschmack, ich bin der Gorumosoph, was ich zuweilen beweise dadurch, daß ich bei Franz Keller essen gehe. Die Tüchtigkeit, eben gerade diese Beweise wie: Restaurant ist Brasserie, und Brasserie ist Kneipe herbeizuschaffen, die Untadeligkeit, Freiheiten nicht zu unterdrücken = Pfurzen/Rülpsen, die Laienhaftigkeit, zu glauben, wenn eine Frau mit den Blicken die Vitrine eines Süßwarengeschäftes durchleuchtet: Willst Du Torte, ich geb' Dir auch noch die Sahne dazu aus. Wo doch die Frau, als sie Torte sah, rote Schuhe meinte und ich dann sage: »Dann aber bitte die vom Feinsten!« Die Unerschöpflichkeit der Ausreden: Hab' Verständnis, ich muß mich jetzt entspannen, ist zu viel schief gelaufen auf der Arbeit. Oder: Mann, bin ich heute besoffen! Oder schweigen und dann sagen, es ist nichts. Meine Fröhlichkeit, auch zuweilen Persona non grata (Kacke zwischen den Ohren) belustigen zu müssen um jeden Preis. Der Preis heißt übrigens: Wenn ich mich stürze, seid ihr die Kameramänner, die kein Gehalt bezahlt bekommen. Meine Unverschämtheit, es soweit kommen zu lassen, daß Du, große Liebe, weinend im Nebenzimmer (Küche) auf dem Eisschrank sitzt, ich es bemerke und mich fernsehsehend und schlechter und beschissener fühle als Du, aber es mir kaum anmerken lasse. Meine Heiligkeit, die nur mit meiner Ehrlichkeit gleichzusetzen ist, was jetzt anderes heißt als: Hab' ich kein Geld, fühl' ich mich anfangs schlecht, geh' sofort in ein Geschäft, kauf' mir teure Klamotten, fühl' mich ausgezeichnet und tue so, als wäre nichts gewesen. Meine Unverfrorenheit, an die Deutsche Bank zu glauben, obwohl sie mir in meinem ganzen Leben erst sechs Zeichnungen abgekauft hat. Meine Tapferkeit, die ich unter Beweis stelle, indem ich's hinnehme, daß meine Frau oder die da kommen mag zu der Zeit meiner Kur im Haus am See sich in einen Schmutztyp von Türsteher verliebt und ihn heiratet, auf dem darauffolgenden Tag meiner Rückkehr heiratet, und ich nichts Wesentliches unternehme.

Anmache = Abmache = Aufmache. Das Visionstheater kennt nicht den Sonnenbrand. Der ehrliche Höhepunkt eines jeden Tages kann Kombinade Nr. 10 sein. Ein Dreitellergericht mit Bohnen, Ensalada, Omelette Tortilla und dünne weiche Würstchen und eine hineinverschnipselte Blutwurst. Man kann den Vergleich gelten lassen, daß der Geschmack der Blutwurst in der Schrittabfolge beim Marschieren einer Söldnertruppe zur Erkennungsmelodie wiederspiegelt und wiedererstehen läßt. Zum Thema Inländer im Ausland möchte ich noch gerne einige Stimmen der Öffentlichkeit zugänglich machen. Das war meine Occasion. Das war so: Es war ein sternenklarer Abend, wie heute, sehen Sie? Gucken Sie mal da hoch! Soviel Sterne und soviel finstere Nacht! Da muß doch jemand zu den Sternen wandern! Schon mal was gehört vom Sternenwanderer? Das sind die Leute, die in der Nacht suchen! Hallo! Bin ich ein Held? He! Hallo! Die Helden machen sich rar! Die Helden, die werden schon langsam, die werden überflüssig in ganz Europa! Die werden nicht mehr gebraucht, die Helden! Die kann man nur noch hier und da finden, so unter korsischen Bäumen vergraben, wissen Sie!

Scharniere und Schubladenöffner und -schließer wurden gekauft. Action-, Porno-, Love- und Politthriller wurden für die festlichen Tage videomäßig gerentet. Danach noch einige Entschuldigungen für Verspätungen, Verschiebungen entgegengenommen. Fleischspeisen entgegengenommen und einverleibt bei einem guten Glas Rosé. Vor dem Schlafengehen kurzer, hellblauer Neonbestrahlung unterzogen.

Dienstag. Montag stand ich unter dem Zeichen des Wartens genau dieser Frau, die da mit dem Türsteher wiederkommen sollte. Somit war der Tag ausgefüllt. Die, die da warten lassen, mögen nicht Umweltkatastrophen als Ausrede mitbringen. Fängt man einmal mit Ausreden an, erklärt man deren Gültigkeit. Diese Gültigkeit darf es niemals geben, sondern harte Strafen, zum Beispiel paar in die Fresse und vor die Tür stellen. Oder sagen: »Hallo, was machst Du denn hier? Komm doch rein, und pack' schon mal aus!« Kurzerhand Geld ausleihen, um Zigaretten zu kaufen. Oder der da hat warten Lassende soll tun und lassen und machen, was er will, und ich nehme mir die Freiheit, dieses nicht zu bemerken und meiner eigenen Wege zu gehen. Oder, das scheint mir die beste Möglichkeit, einmal kurz zu fragen: »Was willst Du denn hier?« Dann kommt wahrscheinlich wieder eine Ausrede als Antwort, und ich mach' das einzig Richtige und schließe die Tür, nachdem ich ein gutes Hotel empfohlen habe.

Mittwoch. Weihnachten ist wie Karneval – ein religiöser Feiertag. Man kann dagegen eingestellt sein, auch wenn's dazu keinen Grund gibt. Gehe ich auf die Theorie zurück, die nicht nur meine ist, daß jeder Mensch ein freier ist, solange er allein ist, solange kann er tun und lassen, was er will. Der Weihnachtstag kann nichts dafür, daß wir ihn kennen. Weihnachten ist kein Knoten. Neujahr ist meistens die Schlinge, vornehmlich in Wien und an Orten, wo eins der sieben Tore zur Hölle untergebracht ist. Zurück zu Weihnachten. Weihnachten heißt schenken. Man kann sich von Geschenken lösen, speziell von den familiären, also auch von den Menschen, die einem nahestehen wollen oder meinen, sie könnten es. Diese Geschenke sind meistens lustige Geschenke. Sie sollen etwas aussagen über die Intimität der Verbindung. Insofern kann man glücklich sein, daß es nur einmal im Jahr Entschlüsselungen gibt von der Darstellung einer solchen intimen Beziehung durch Geschenke. Schon vor Jahren habe ich meine Schwestern angebettelt, mir zu Weihnachten nur graue Baumwollstrümpfe zu schenken. Man kann die Arie – und es muß nicht unbedingt eine schlecht gesungene Arie sein – auf ein Weniges reduzieren, indem man sich zum 24. bitteschön woanders aufhält als im erreichbaren Zirkel. Tenneriffa liegt auf halbem Wege dahin. Weihnachten kommt mir insofern entgegen, daß ich mittelmäßigen Grund habe, schon des morgens überflüssiges Zeugs zu kaufen. Ich dachte mir lustige Sachen aus zum Schenken. Für Anche Louis einen besonders schönen Noks-Spiegel, für Rainer Okudoku einen noch schöneren Noks-Spiegel, allerdings als Kunstwerk getarnt, für Brigitte, die Mutter meines Patenkindes Helena, ein T-Shirt, das bedruckt ist mit einem Motiv, das Rio von der Schokoladenseite zeigt. Für Helena, den süßen, zuckenden Fleischklumpen, der mit aller Unauffälligkeit und um jeden Preis nicht braun werden will, eine Farbenveränderungspuppe, also eine Puppe namens…, die unter Einfluß von warmem Wasser sofortigst die Farbe verändert. Für Katrin hatte ich ein Vergleichsgeschenk vorgesehen. Nach diversen Beschreibungen meiner Forderungen an das Personal von Spielzeug- und Porzellangeschäften wurden mir immer wieder löffelartige Gegenstände angeboten. Doch die Löffel gibt's an anderen Tagen, und heute war Weihnachten. Hätte ich die löffelartigen Gegenstände gekauft aus Plastik, Gummi, Porzellan oder noch besser Holz, ich hätte sie am ersten Weihnachtstag gut anwenden können.

Gut, daß ich sie nicht gekauft habe, weil, wie jedermann weiß, versiegt die langwierige Strafe durch den Schmerz. Man machte noch schnell eine Order für Hasch. Wenn mein Eisschrank voll ist mit Alkohol, dürfen auch ihre Taschen voll sein mit Haschisch. Auf dem Rückweg aus der Stadt heraus zum Appartement besorgte ich noch einige Papers. Man begab sich an den Strand und lauschte spanischen Weisen. Anschließend gab man dem Kellner im Fischrestaurant Anweisungen (in dem Fischrestaurant, in dem das Klo sauber ist, in dem man nur achten muß, daß Klopapier da ist). Nachdem wir das Essen gegessen hatten, das wir nicht bestellt hatten, verließen wir das Restaurant mit dem Taxi in Richtung Appartement. Michael ging in die 1204, unter Freunden auch das Zimmer des Privatsekretärs Napoleons genannt, Katrin und Martin gingen in die 1206. Um der Übermacht des Heiligen Abends gewachsen zu sein wie sonst dem übermächtigen Alltags-Peter-Abend, legte sich Martin zu Bette. Wer einmal im Bett liegt, soll sich nicht wundern, wenn er geweckt wird. Das Wecken fiel ziemlich normal aus, so wie Weihnachten normal ist. Nach 32 Mal Weihnachten feiern ist man beim 33. Mal nicht mehr so aufgekratzt. Weihnachten trägt auch den Untertitel: Freude schenken. Im Volksmund wird es auch ein Tag der Freude genannt. Warum sollte ich also gegen einen Tag der Freude sein? Feiertägliche Vorkehrungen wurden getroffen (Martin ganz kurz unter die Dusche und rasieren, frischer grauer Anzug). Die 1204 kam rein und bekam noch einen schwarzweiß-karierten Schlips zum gelbgrün-karierten Hemd zum Ausgehen verpaßt. Die Bierkerze wurde angezündet und der Champagner entkorkt. 1206 überreichte Michael im Schein des mit Wachs gefüllten, zur

Kerze entfunktionierten Bierglases ein Präsent. Michael darauf überreichte Martin sein Geschenk und bedankten sich und waren von der Ware entzückt. Die Ware glich sich ein wenig. Das Präsent für dreimonatige Treue hatte Michael schon zwei Tage vorher in Empfang genommen. Es war ein Vierfarben-Kugelschreiber, ein Bic, der uns beiden jetzt zum Schreiben der Aufzeichnungen dient. Sie sagen jetzt bestimmt: Das fängt ja gut an! Und ich sage Ihnen: Damit haben Sie recht! Nachdem Katrin an sich und für sich und vielleicht auch für uns sich in Kamelhaarfarben und Lamafarben und Stoffe geworfen hatte, konnten wir endlich mit einer Flasche Henkel Trocken für den Pförtner den Lift nach unten nehmen. Der Nachtwächter hatte Pech. Gerade als wir Henkel Trocken dem Pförtner überreicht hatten, öffnete sich das Portal, und der Nachtwächter trat herein, und die Flasche war schon weg, und der Pförtner hatte Pech. Wäre er nicht Spanier gewesen sondern Deutscher, wäre er schneller gewesen, hätte er nun die Flasche Henkel Trocken (nicht Flasche Art Champagneuse). Nun gingen wir auf das Portal zu, um rauszugehen, und im Innersten von uns wogten die Fragen: sind wir pünktlich, kommen wir zu spät oder sind wir gemeint? Zur Disposition stand eine Einladung mit zwei Möglichkeiten: toll Weihnachten feiern auf dem Land bei dem kleinen Mann und der kleinen Frau in dem kleinen Haus oder in der Stadt bei Rainer und Brigitte. Auf dem Land hätte es den Nachteil gehabt mit dem Abtransport in die Stadt hinein in der Stadt den Nachteil mit dem Abwasch, weil Rainer und Brigittes und Kinds Abreise am 25. fest gebucht waren und die Abwaschfrage eine heikle Frage war. Die dritte Möglichkeit schien dann die beste. Man wird ausgeladen, ohne es richtig zu merken und hat somit mit diesen Allerweltsproblemen nichts mehr zu tun. Michael hatte die Freude, Paul Maenz in der Bar zur »Zeit der vermunkelten Absage« von hinten zu begegnen und einen Guten-Tag-Gruß auszusprechen. Michael erfuhr durch das Gerede, das zwischen Pauls Lippen herausschwärmte, von Leyendeckers Sorgen betreffs Martin Kippenberger (Kippenberger macht ihn fertig mit Forderungen). Paul Maenz erfuhr durch das Gerede, das aus Michaels Lippen herauskam, daß dieser sich als Kippenbergers Faktotum auf Tenneriffa aufhält, was mit Paul Maenz Worten »Oh Gott!« honoriert wurde. Dabei war er es doch, der Michael seine ägyptische Weste vererbte, seine schützenden Hände während dessen Arbeitszeit als Aufpasser der Galerie Maenz 1970/71 um ihn herumlegte. Er war es, der ihm alles erklärte und zuweilen auch noch einen Kuchen zukommen ließ, Hans Hacke en Detail veranschaulichen konnte, hielo Wasser macht Zeit, der den Nikotin-Brandfleck, den Michael ihm auf seinem Schreibtisch hinterließ, mit Schmirgelpapier entfernte. Salvo Paulini Frühwerk, auch sein Du war nicht ohne. Art Deco Fortbildungskurse, und Paul Maenz entdeckte Andy Warhol als gar nicht Pop Maler, sondern einen konzeptuell Arbeitenden. Ein Mensch, der so viel für mich, meine Augen und meine Frisur getan hat, wie kann der erschrecken bei einem so gut gemeinten Begriff wie Kippenberger? Ich wünschte ihm ein fröhliches Weihnachten, falls wir uns nicht mehr sehen sollten, wobei er hart im Worte dagegenhielt: »Wir werden uns wohl heute noch wiedersehen.« Werden wir uns heute auf der Rambla treffen (der Mann, der sich den Jugendtraum Warhol einmal persönlich auszustellen schon erfüllt hat, trifft den Mann, der sich den Jugendtraum Jo Dallessandro bei

Warhol nicht mehr erfüllen will, da Michael Krebber bei Kippenberger) (was Warhol in England, ist Kippenberger in Deutschland). Das war das eine, was wir in Betracht ziehen konnten. Die zweite Erwägung, daß Santa Cruz am 24. die Hölle sei, aus vielversprechenden Beschreibungen von Neger-Rainer: Hier wird Weihnachten wie Neujahr gefeiert oder wie Weihnachten und Neujahr zusammen, daß es nur so kracht, ausgeflippte Mädels in pausenloser Begeisterung zu einem hingewandt und urtümlicher Sinnesrausch, wie es auf primitiven afrikanischen Inseln so der Fall ist. Mensch, wir hatten zwar keine Sause vor dem, was kommen mag, vor dieser neuen langen Nacht, aber Erwartungen hatten sich durch die Beschreibungen von R. O. in uns verdickt. Sechs Beine in Richtung Rambla, Freund Kippenberger, der immer wieder nur einen Fehler macht, eben allen Menschen alles recht zu machen, hatte vorher seine Kamelhaarmanteldame gefragt, was ihr das Liebste sei: ein architektonisch aufgedonnertes Lokal, ein Schicki-Micki-Treff mit Essen oder ein Vornehm-Peter-Restaurant oder ein gemütliches oder ein Bolognaise-Laden zur Einnahme des Mahles. Ihre Antwort lautete: »Mir egal, aber schon was Schönes«. Verläßt man das Appartementhaus Bahia und schwenkt zur Rechten ein, hat man schnell den Club Nautatico erreicht, der zu Füßen der Rambla liegt. Da wir keine Seemänner sind und nicht Mitglieder dieses Clubs, sondern einfache Menschen mit selbstdefinierten Berufskenntnissen, schritten wir die sich leicht anhebende Rambla nach oben ab. Der Appetit schien uns in die Pupillen gemeißelt. Was meißelte, war jedoch der Eindruck, daß die Lichter einer Großstadt sich verpißt hatten. Nach vierzehn Geheimtips, die man so als Einheimischer von

Zeit zu Zeit in den wöchentlichen Abendablauf einmischt, war nichts geblieben außer verschlossenen Toren (Licht aus, Tür aus). Nicht mal ein hupendes oder nicht hupendes Auto (Coche) wollte uns vertreiben in den breiten Straßen, die in den großen Straßenschluchten mündeten. Der Glaube war noch nicht ganz uns eigen, da kam noch mehr Leere und Finsternis. Hier und da ein Knaller vom harmlosen Geschlecht der Billigknaller, aber sonst?? Wir schritten weiter, jeder seinen schweigenden Entdekkerblick gerichtet auf das, was da kommen könnte. Martin versuchte, die Horizont Bar ausfindig zu machen, Michael Gretels Großmutterbude und Katrin das Licht hinterm raschelnden Strand (für Anfänger: Cocteau). Noch fühlten wir uns nicht beobachtet. Dazu hätte es Augen von der anderen Seite benötigt, die unsere nicht ausfindig machen konnten. Vorbei an den Skulpturen, die wir des Nachts fotografiert hatten, deren Negative dementsprechend aussahen wie Schwarzweiß-Negative nun mal aussehen, wenn sie ins Farblabor gebracht werden, in Richtung Haupttreffpunkt: Rambla Plaza, wo die Pubertät Ur- und Endstand feiert um das Picklige dazwischen. Beim Anblick wurde uns klar: Auch hier ist tote Hose, auch hier haben wir nur uns und unser Weihnachten. Zu diesem Zeitpunkt behaupteten wir noch, nicht wir sind die Abartigen, sondern ihr, von denen wir nicht wissen, wo ihr steckt. Waren es polnische Flugenten oder Gänse, atlantische Fische, vom Leben abgezweigte Hühner, Butter-Sahnetörtchen mit Weihnachtsdekor aus Zucker, der die Stimmen in uns verstummen ließen? Wo waren die Angeber? Die Heuchler? Die Taugenichtse? (für Anfänger: Eichendorff), die uns sonst allzugern auf der Rambla rempeln? Wo waren die Chicas, die ihre billige Mode da tragend einem auf Teuer verkaufen wollten? Wo sind die jungen Macho-Fiesköpfe, die uns mit ihrem braunen Teint und leeren Taschen der Großzügigkeit an Gedankengut mit ihren Visagen behelligen (ohne Anfrage)? Der bemannte Kiosk, der auch Zigaretten einzeln verkauft, welch ein Fest! Ersehnte Abwesenheit von Personen wurde zur Tragik. Der Zuschauer wurde zum Hauptdarsteller ohne Publikum.

10 Uhr 30: Keiner wollte uns verfolgen. Nur unsere inneren Gefühle taten so als ob. Wir hätten natürlich jetzt die Möglichkeit gehabt, Konfrontation untereinander zu versuchen. Was dem einen seine Turnschuhe, sind uns die Weihnachtstage (heilig). Versehen sind möglich, und so bogen wir nach links ab. Plötzlich stolz darauf, die Konsequenz gefunden zu haben. Bloß, wer hätte das gedacht, daß die anderen für uns konsequent sein werden und wir nichts anderes zu tun haben dabei, als gut gekleidet zu streunen. Wir gelangten an den Platz Oggi Nocosta Cerrado. Dort standen einige schweigende halb inkonsequente Espagnolos rum. Wir ließen sie schweigen und schwelgten weiter geradeaus und nach links. Ermüdeten Schrittes – oder vielleicht waren es auch nur die Wahrnehmungen – forderte uns Romantissimo Heavy Mädel zum Sitzen auf. Eine kalte Bank war schnell gefunden. Sie hieß Beton. Da wir auf der Bank saßen, konnte uns die Bank nicht die Sicht für weitere optische Wahrnehmungen verdecken. Vor uns eine Bar mit Blechjalousie. In der nächsten halben Stunde sollte die Blechjalousie vor unseren Augen des öfteren gelüftet und Licht und Füße sichtbar werden. Da war eine Einsamkeitsfeier voll im Gange, die unter der Schirmherrschaft einer Gruppe von Menschen

stand, die da meinte: nicht Nena, nicht Nada und Ihr auch nicht hier rein! Martin fühlte sich wie Robert de Niro, den man in Rio nicht in einen Club hineinläßt (weil unerkannt) (was bei dem einen das Aussehen, ist bei uns die Stärke). Das Spielchen: Was macht Weihnachten mit uns, da wir ja keine Weihnachtsmänner sind? Blieb uns nur noch der Stern am Himmel über der Krippe. Wo schon mal nichts anderes zu tun war auf dem Stern über den Hütten von Scheiß-Weihnachts-Tenneriffa-Hütten, galten unsere Bemühungen wieder der Forschung. Wenn Weihnachten, dann auch Engel und nicht Windmühlen: Engel, Kinderengel, die auf einem Stück Gras aus Silber eine Schubkarre schieben, die Schüssel derselben aus einer Venusmuschel bestehend, in der eine Sichel und einige geerntete Kornähren liegen. Die Bank drückte von unten. Sie drückte so stark, daß Martin die Befürchtung bekam, die Bank – und schließlich war sie aus Beton – könnte in uns eindringen. Wir nahmen unsere Weihnachtspakete, dieses leichte Material, und unsere Füße unter die Arme und bogen rechts ab. Und jetzt der schlechte Teil. Das Risiko, das jeder eingeht, das, was man haben wollte, ist plötzlich da. Eine längliche, schmutzige Bar, weit geöffnet, bestens dekoriert im weihnachtlichen Sinne, unrasierte spanische Sabbelfritzen winken uns ein. Wie oft haben wir danach geschrien! Wie oft haben wir geperlt: Das ist Kultur! Doch plötzlich wurde der große Wunsch zur blassen Einheit. Es gab kein Zurück. Wir stellten uns hinten an, was wir sonst nicht tun, aber der Moment verlangte nach Mitte. Nach einiger Zeit und dreckigen, christlichen Seelen um uns herum wurden von Katrin feinste Kartoffeln bestellt. Schinken kam und wurde gegessen. Michi erzählte am nächsten Tag, er wäre kurz vorm Schielen gewesen. Nie soll man eine Situation beschreiben nach einem vorhergesehenen Atomkrieg, wo alles nur Schutt und Asche ist, so wie Ost- und West-Berlin, und das Türchen im Kalender öffnet sich am 24. von selbst, und es heißt: ein Platz an der Sonne. Wünsche dürfen nur zwischendurch wahr werden, nur zur Kontrolle, daß Wünsche auch ihre billige Erfüllung kennen. Aber eine Bar, so selbstgerecht sich vor einem öffnend, mit Alkoholikern und Alkohol und allem drum und dran, das war zu viel des Guten! Nach diversen Mahnungen ohne Rute schwenkend ward die Rechnung und so weiter und wir wieder auf der Straße. Das dumpfe Surrounding hatte etwas Elektrizierendes bekommen. Das Gemäuer der Häuser hatte den Ton des Vergeltungsschlages längst überwunden. Schmutzfarben waren neu geboren und suchten nach Unterschlupf. Sozusagen Waffenstillstand. Taube scheißt nicht, Krieg scheißt nicht. Vorbei an den verreiften Häusern mußten wir augenblicklich an unseren Wohltäter denken, an unseren Mann aus Asche im ehemals vergifteten Rhein: Josef Beuys, der da sang, als alles zu viel war, im Choral der senilen aber liebenswürdigen Fischmenschen: Sonne statt Reagan. Womit wieder die These bestätigt ist: Jeder darf machen, was er will. Aber große Menschen dürfen nur so für uns singen, wenn sie vorher eine LP rausgebracht haben, auf der gute 22 Minuten zu hören war »Ja, ja, ja. Ne, ne, ne«, dieses im akzentuierten Rheinländisch. Nicht im Nachleben, so schön es auch sein mag, nur im einfachen Leben hat man ein Recht auf Präzision. Einfluß kann demzufolge nur durch einen selber stattfinden. Wer solches als Belehrung wahrnimmt, ist falsch beraten. Lieb' Auslese, magst ruhig sein! Alles kommt raus, wenn man das Andere auch reinläßt (Bolognaise). Da kann mir keiner daherkommen und behaupten, für mich ist jeder Tag Karneval oder Weihnachten und Neujahr zusammen, mit Output-Gefühlen von Karneval zusammen. Sollte Josef Beuys als Vorbild für MaK und MiK vorbildlich gewesen sein, dann nur dadurch, daß uns die Bild-Zeitung ein kleines Stückchen Land gerettet hat: Diese Zeitung mit der schönen redaktionellen Bezeichnung war die einzige Zeitschrift, die den Tod von Josef Beuys in Ton und Bild brachte. Ansonsten kamen uns schmähliche Worte zu Augen im Tenor: Josef Beuys, ein unentdeckter Zeichner. Wir auf der Straße waren zu dem jetzigen Zeitpunkt 33, 32 und 28 und wußten schon dieses, was einem da widerfahren kann: (die Medien suchen ihre Klasse) und wir suchten nur weiter. Vorbei an den letzten Hoffnungen der noch möglichen Öffentlichkeitsreibung. Die nicht da, sagten wir uns, o. k., ein bißchen Champagner für die Männer und Hasch für den femininen Zweifüßler, ein bißchen Appartement, ein bißchen Weihnachten, denn zu diesem Zeitpunkt hatten wir erst 20 vor 12, und in Spanien, wo einem alles Spanisch vorkommt, wird erst um 12 gefeiert (wie uns ein nicht vorhandener Taxifahrer erzählte), und schmissen eine dufte Vietnam-Kassette Marke Krieg und engstehenden Augen (die Anti Lara) namens: Lieber Jäger (Deer Hunter) eini. An dieser Stelle darf der Leser nur schreien, wenn er in der Weihnachtszeit schon sieben mal Doktor Schiwago gesehen hat (mit Klaus Kinski an der Kettenrassel und Omar Sharif, der runtergekommene Sympatiko-Araber, der heute wie schon in durch die Pubertät zum Erfolg erwähnt als Vorzeigechef im Kasino von Deauville und Trouville seine Schuldigkeit abarbeitet). Von unseren Müttern lernten wir schon, daß Dosen-Bunkern, egal zu welcher Jahreszeit, rechtens ist. Martins nicht Mutter sondern Katrin hatte ihre weiblichen Augen aufs Richtige gerichtet (noch nicht zugepumpt mit Hasch oder Appetit angeregt durch gute Dosis Hasch), nämlich zwei Dosen Linsensuppe im Kühlschrank (ehrlicher gesagt: Der Kaufentschluß war auch von Martin, die Beschaffungskünste von Michael). Im richtigen Augenblick schöne Augen auf richtige Sachen. Katrin machte warm, ohne die Herren warten zu lassen. Es gab trocken Graubrot mit Leberwurst und Tomatenschnitzeln. Kaum vernascht und Robbi in der 74. Einstellung kam das Lob für uns in Form von Linsensuppe, das Lob für Robert (Robbi) war überflüssig, da schon bei Vertragsabschluß die Anzahl der Takes abgemacht worden ist. Nach der Linsensuppe und dem 93. Take stand die Frage »Meeting Paul or not meeting or again after twelve o'clock with Paul and Christmas on the Ramblas« nicht mehr zur Disposition. Michi verabschiedet sich hier von der sechs in die vier, und damit endet der Bericht des heutigen Tages.

Da Katrin keine Lust auf einen Weihnachtsfick verspürte, mich es drängelte danach, fing ich an zu philosophieren: Verleitung ist Entgleisung, ist die Barbies unter den Puppies, die ins Geschäft gehören und nicht nach Hause. Ein Kopfschuß gratis für Käthe Kruse. Herzlichen Glückwunsch Frau Doktor Kruse. Ich will doch keinen Menschen zum Anfassen haben, aber keine Kruses sondern Puppies, die mich anfassen (wenn Puppies nicht brav sind, kommen sie zu den Barbies: Wolfgang Bauer). Und die ganz Ehrlichen, die mich anfassen, die auch durften können ohne Aufpreis an den Haaren oben oder unten. Wie sagte der alte Kippenberger immer: dufte zwischen den

Ohren und stinke zwischen den Beinen (Duft)! Frau Doktor: Der Herrgott gab mir einen Fleischberg, da sind viele Löcher drin zum Forschen, also stehlen Sie mir nicht meine Zeit, sonst komm' ich wie früher daher und behaupte, daß ich bei der AOK bin und drei Eier habe und das in aller Öffentlichkeit und nicht in Ihrem desinfizierten Stüblein. Also stehlen Sie mir nicht meine Zeit, Frau Doktor! Nennen Sie mich lieber Knut Hamsun Kippenberger in Zukunft in der Imbißstube der verfetteten Forscher, oder lassen Sie es ganz sein, und solidarisieren Sie sich mit Ihresgleichen, das nimmt auch viel Zeit in Anspruch. Von mir aus können Sie auch hetzen gegen meinesgleichen, und Sie werden sehen, auch dieses nimmt viel Zeit in Anspruch und ist abhängig von Patienten, die da zuhören, hoffentlich auf Krankenschein mit Gütebonus. Aber noch besser, liebe Frau Doktor, wäre, Sie würden erstens Scheiße reden, zweitens über alle Scheiße reden, und alle Scheißer würden das bemerken. Sie verlieren Ihren Scheiß Job und werden heroinabhängig ohne Drogenzufuhr. Das hieße, Sie wären den ganzen Tag mit Ihren Kack-Problemen nicht allein aber beschäftigt (bislang gibt es nur ein lebendiges Beispiel, daß Heroin nicht tödlich ist: Keith Richards). Aber woher nehmen, die guten, alten Blutdosen? Frisches Blut gibt's nicht an jeder Ecke. Die Pastorin stand auf der Kanzel und hatte sich im Klo vergangen (was die GRÜNEN gerne im Bundestag machen = der Feind gehört ins Bett und nicht ins Parlament. Wie will ich eine Bouillon unterwandern, wenn ich das fette Eigelb bin?) (Norwegerpullover gegen Cerruti = muß hier ein toller Kampf sein, Berufung auf Dummheit ist keine Entschuldigung für eine Ausrede). Das nur auf Papier aufgeschriebene Manifest zerglüht unter der Sonnenpetra, aber das

Pipi-Urinwässerchen unter der Sonne nicht. Da bin ich doch lieber Pipi! Was sind das für Heldinnen, die das Abonnement haben für in andererleuts Löchern rumpulen? Die Aufmerksamkeit gilt dem schwachen Geschlecht, das auch einen Ofen zu Hause hat (windstille Ecke ist auch o. k.). Nicht die Frau ist es, die wir lieben, die Patronin, die in unserem eigengemachten Nudelauflauf nicht rumpfuscht und verblödete Ratschläge gibt wie Salz und Pfeffer, sondern das ganze Heer ihr lieb gewordener Pink- und Bastelfreundinnen als Sturmwall aufbietet, bis der Nudelauflauf am zweiten Tag aufgebraten wird und somit als echtes Kampfobjekt zur Verfügung steht (wir schlabbern nicht in der ersten Runde). Eins voraus: Der Mann wird der Sieger sein, aber was für ein trauriger Sieger! Er wird die Mehlspeise mit bitteren Tränen überhäufen, denn so heißt es in der Bibel: Der Nudelauflauf sei nur von der Mutter gemacht und am zweiten Tage von ihr aufgebraten.

Liebe Frauen, liebe Männer, ein Tritt in den Hintern der Kinder und den der Hunde (wenn Ihnen gerade danach ist). Die Grenzgebiete sind uns zu eigen, als daß wir sie verschmähen könnten. Harte Strafen beim Überschreiten der Grenzen ließen die alten Griechen schon als gute Laune durchgehen. (Tipp-Ex für Abstraktion – für Korrekturen nicht zu gebrauchen). Wir wollen doch keinen Industriezweig lahmlegen; wir sind für das Arbeitsbeschaffungsprogramm. Wir machen die Einen tot, und Ihr habt die Möglichkeit, andere lebendig zu machen. Kriegt Ihr das dann nicht in die Reihe, die Leutchen lebendig zu machen, machen wir das auch noch. Dafür erheben wir dann eine Sondermärchensteuer, deren Preis menschlich sehr hoch angesiedelt ist.

Meine Mutter war ein Mörder, hat den Vater nicht gekannt, und das Messer stak im Rücken, hat der Vater nicht erkannt.

In der Kneipe, in der Hubert bedient, dessen Chef Scarface heißt, Peitsche am Wursthaken, Fußbälle als Discokugeln, Katrin in Kamelhaar, Santiago Hernandez SHG Obstmaschine spielt den Ententanz für Martin Kippenberger, musikalische Gewinnstaffelung, wie man Kisten abzustellen hat, Freunde des Sports, Pokal mit Astloch, fünf Stiele in einem Dekor, die Bullarenen draußen sind hoch umzäunt mit Stacheldraht, Flutlicht, zweimal Fleisch mit Kartoffeln, einmal Huhn, Osborne, Cuba Libre und Heineken Bier und einmal Alice im Wunderland, einmal Gauloise-Werbung, Michaels große Zirpen zirpen von außen rein, wie die Freundinnen von dem Mädchen aus Altenkirchen, die eine Freundin hatte zu glauben. Diese Freundin hatte merkwürdige Angewohnheit: einen Mann, der zuständig ist für Computertechnik aus Amerika, und den diese Freundin, weil der Amerikaner beschäftigt ist, nur zwischendurch am Bahnhof trifft, wenn überhaupt, denn die Freundin ist nicht immer abkömmlich, weil manchmal eine Stunde Fernsehen mehr ist als eine Viertelstunde Computerfachmann auf dem Bahnhof. Doch die größte Fähigkeit der Freundin von dem Mädchen aus Altenkirchen: Sie konnte einem in die Augen gucken und wieder rausgucken. Solche Geschichten erfährt man im Tal der Apachen. Ein staubiger Weg schlängelt sich ständig an Zirpen und Bunkerhöhlen empor. Die Landschaft war vollgestopft mit guten Eindrücken. Selbst in der Elendssiedlung war ein Trakt von Häusern sichtbar, die Kippenberger gern sein Eigen nennen würde. Für den Vati die göttliche Aussicht (Planungsraum), für die Kinder der Keller und für Mutti oder Ex-Mutti (Freundin): der Balkon gegenüber auf dem Dach. Wer weit genug läuft, wird an die Horizont Bar kommen. Wer an einem Tennisclub vorbeikommt, der mit Sicherheit eine Bar hat, geht dort niemals rein, wenn er kein Mitglied ist. Man kann ja auch nicht nach der Aussicht von oben fragen, wenn man an einer romantischen Mauer vorbeigeht, hinter der sich was verbirgt (außer Bananenbäumen). Als Strafe für meine Erkenntnis sollten auch die anderen zahlen, wie leiden. Anhäufung von Erinnerungen haben durch mein Nudelsieb zu fallen und in die neue Kunst zu wachsen. Ob die Kunst mehr leidet oder ich, ist scheißegal, weil die Kachel scheut nicht den Mist: sie klebt. Dem armen Pfurz gehört unsere Liebe. Er kennt die Entbehrung, weil er liebt die Vorstellung von Geld. Wenn ein Spaziergang Reise ist, kann man davon ausgehen, daß er laut in Zeilen zurückschlägt. Wäre unsere kluge Umwelt schon so schlau, wie ich es mir wünschen würde, könnten wir Container voll wichtiger Sachen nach Hause schaffen (Boxring auf dem Hinterrad) (schlichte Hong-Mauer vor Geheimnismauer) (Alexis Sorbas grüßt Übrigbleibsel) (der Sänger singt immer in Front des Orchesters, weil dahinter schafft er's noch nicht). Vergleiche hinken des öfteren, daher müssen sie krank sein, oder grade die hinkenden Menschen fühlen sich ständig diskrimiert, obwohl sie immer normal sein wollen (öffentlich diskriminiert, bla, bla). Vielmehr sollte die Frage lauten: Welche Strafe setzt es für Argumente, die nicht weiter reichen als »Aber er ist erfolgreich«. Da empfehle ich wärmstens und verbindlich, auf Vorschläge von Reinhard Götz einzugehen. Birne zerschlagen Zitate. Sätze und Seitenangaben selber suchen in Irre +

Krieg. Wo wir schon einmal dabei sind, seien noch einige peinliche oder nicht peinliche Namen zum Vergleich gestellt. Alphabetisch: Federle, Szecheny, Droese, J. P. Schmidt – Ex-Landesmuseum Darmstadt, Zdenik, Felix Dr. Honnef in schwarz unaufmerksamst (Paradebeispiel), Harun Farozki, der kleine Godard, das größte Schwein (Helmut Costard), Salvo (harmlos und bescheiden), Martin Lüttke (Gesichtsästhetik), Peter Stein, Hans Neuenfels, Motorradfahrer ohne Helm in weiblicher Begleitung, Botho Strauß, Scheiß FC Bayern, Walraff, Aichinger, bekanntes junges Sammlerehepaar aus Köln von Asgang Krone.

Strafe Götz: vier Zeilen Namen alphabetisch.
Strafe zwei: vier Zeilen Namen alphabetisch.
Strafe drei: vier Zeilen Namen alphabetisch.
Strafe Kippenberger: Rausschmiß, Arbeitslosigkeit und unter Alkohol gesetzt. Bezugsscheine für Alkohol.

Leute, die zur Beobachtung freigegeben sind (die auf der Kippe stehen).

1. 1. 1987
Tenneriffa

Martin Kippenberger
Avenida Anaga Bahia Club
Arpatado de Correos, 793
Santa Cruz de Tennerif

Lieber Dr. Michael Peters,

die Sonne scheint grell von da oben, und sie veranlaßte mich nicht, Dich Michael zu nennen. Es ist doch genauso scheißegal, ob Du Michael oder Dr. Peters heißt. Gut, Du bist kein Gastronom, aber das interessiert auch keinen außer vielleicht mich, da Du der Inhaber eines meiner zu groß gewordenen Wohnzimmer bist. Wie Du Dich sicherlich erinnern kannst, haben wir 82 bis 96 Vorbesprechungen (unkonzentriert von Deiner Seite aus) letzten Jahres geführt in Sachen Verfeinerung des Sich-Daheim-Fühlens in Deinem Scheiß-Lokal. Jetzt befinde ich mich auf einer Insel vor Afrika und lasse nicht nach in meinen Forderungen. Intensivste gastronomische Weiterforschungen habe ich (kostspielig, wie Du jetzt denken wirst) (Kosten sind ja aber nur für Dich ein Argument) nicht umsonst gemacht. Lieber Doktor, wir beide sind krank. Das wäre doch eigentlich die beste Möglichkeit, Äquivalente im Umfeld zu suchen. Und da sehe ich das Cafe Central. Meine wissenschaftlichen Arbeiten haben mich davon überzeugt, daß mein Zuhause weiter ein dämlicher Laden sein muß, um mich dorthin (eigen) angezogen zu fühlen. Aber wie jeder weiß, sucht der Fehler nach Schliffen. Die werden wir jetzt von hier und mir aus einläuten. Stichwort: (und diese werden Dir von meinem Mitarbeiter und Antiarbeiter vermittelt werden »un peu en detail«) (wie der Belgier sagt). Ein Filzvorhang vor die Tür, eine Mauer zwischen der linken und rechten Seite von oben nach unten gezogen und unverputzt im mittleren Fenster (wenn man reinkommt auf der rechten Seite) sehe ich da. Was ich da sehe, das gilt auch für den nächsten Punkt, das gilt auch für das Schaffungs-Erledigungsdatum bis 2. Februar in voller Güteklasse. Punkt zwei: Das Hirngespinst von Garderobe muß entfernt werden (zu Händen von Herrn Krebber). Das von mir vorgeschlagene Rot, das da falsch angeführt wurde (weil vorher schon genauso Beerdigungskabinettrot und anschließend von Deinen bezahlten Menschen genauso doof wieder überstrichen). Rot bleibt bis zu meiner Rückkehr zur Warnung vor Mißverständnissen erhalten. Zwei Fotos in Sachen Erober... werden auf billigste Art und Weise (und nicht wie abgesprochen auf teuerste Art und Weise) abgezogen in Spielgröße wie da ist. Dringlichst abgezogen (wer nicht brav ist, wird in dringlichen Fällen auch nicht brav behandelt).

Bis bald

Martin

7. 1. 1987

Lieber Doc,

was machst Du so (mit dem Central)? Wie geht es Dir (mit dem gastlichen Stelldichein)? Mir geht es so gut, wie die Umwelt es an mich heranträgt. Cafe Central darf niemals so sein, wie es mal war. Die Erhöhung durch unsere Anwesenheit heißt es, zunichte zu machen. Ein- und Ausgang der Normalitäten (Fehler) haben herzuhalten. Für die leitenden Gäste haben Stühle parat zu stehen, an denen man mit dem gewollten Bekleidungsmaterial nicht hängenbleibt. Ich sehe da eine Ecke mit gestapelten Kartons, im Zweifelsfall Getränke (cash). Nudelauflauf von mir gemacht muß nach meinem Gusto auf Vorrat zum Aufbraten bereitstehen (keine Faxen). Lasche Verhaltensformen vom Personal, egal ob gut oder schlecht, sind verpönt. Es finden sich immer genug Aschenbecher, die man

leeren möge. Pflanzen ab auf die Fensterbank, wo kein Vorhang weilt. Kettentreter anstatt Leiste am Tresen. Schmieder, ik hör' Dir trapsen! Mach' es mir nicht so oder so, sondern sowieso – a bisserl Maar und ein wenig Saar. Über die Form und Herkunft der Pflanzen wird noch kurz gesprochen – nix Diskussion und Trockeneimer. Betrunken gilt nur ein jener, der nicht das Recht hat, sich verblödet zu gestalten. Auch Dringlichkeiten sind nur von zwei Personen gewünscht, die der Geschäftsleitung hinreichend bekannt sind. Wenn der Gast mault, ist er König. Auf Verlangen wird alles besorgt oder auf jeden Fall mit geschulter (etwas anderer) Mine gebracht. Nicht der Gast ist vor Feierabend der Kritik auszusetzen, sondern der Ober/Oberinnen. Dienen ist der Sonnenstrahl, der das Neonprogramm ersetzen wird. Gesetzliche Ordnungsregeln haben sichtbar auszuhängen. Die Mode-Pipifax-Uhr wird ausgestellt und bekommt kreuzweise Isolierband (grün) übergezogen. Eine Fanta-Werbe-Plastikuhr muß her (kostet doch nichts!). Auf jeden Fall sollte man die Lokalität durch eifrige Handhabung von Gläserausschenken oder -polieren erkennen können. Wehe, die Toiletten sind nicht tiptop (dumme Schmierereien sind zum Schmirgeln des morgens freigegeben!) Rundgang ist alles, Authorität hilft nach. Wird alles nur das halb wahr, bist Du ein gemachter Doktor Mann! Offensichtliche Liebe mußt Du bei Deiner Familie abholen. Vorerst verbleibe ich hier
bis bald

Martin Kippenberger

Kurz vorm pflichtgemäßen N. H. g überleg ich mir, ob ich mir die Ponyreiterin mit den verqueren Zähnen zum Einschütteln mitnehmen sollte. Ich verzichte auf die Strenge tonight.

Lieber Micha,

schon seit einer Stunde und zum 1.× sitze ich auf dem Balkon, und meine Nase tropft in die Toilettenpapierrolle aus der Stirn und aus dem linken Flügel als doppelte Belohnung für Kack Mode Pipi Drogen. Neujahrsfest. Das hab' ich nicht verdient! Ich hab' doch schon Katrin ein Zimmer weiter hinter mir sitzen, die es genauso macht wie meine Großmutter väterlicherseits. Wenn Vati krank ist, noch kranker spielen der Aufmerksamkeit halber von außerhalb. In meinem Nasenkopfnußwahn nehm' ich sie gottseidank durch die Häufchen vollgerötzelter Taschentücher nur noch ein viertel wahr. Die Hysterikerin versucht's die letzten Tage mit Schleichen, um mich herum (bloß nicht zu nah an mich heran, und ich könnt' mich ja vergessen). Die Betten sind auch schon auseinandergerückt. Auf Nachfrage, ob ich auch noch die so schön von ihr gebastelten Kästchen (schließlich würden sie sich bestens dazu eignen) als Mauer dazwischen bauen sollte (ich bin ja gerne ab und zu behilflich), war sie mäkerig, einhalb eingeschnappt, und gab die blöde Antwort: »Wie soll ich denn sonst die Betten richtig machen?« Aber wenn ich, wie es jetzt der Fall ist, richtig krank bin, 3 × mich bis nachmittags ins Bett lege in der Hoffnung, ruhig zu schlafen und zu sterben, stört sie mindestens (Marke unauffällig) 5 × und macht nur 2 × das Bett.

Gestern den ganzen Tag – bis auf einen Cuba-Test im Glamour Satelliten Bar, der nicht gut rüber kam – da erstens die Nase mich nicht in Ruhe ließ, zweitens die Stirn vereitert und drittens es der falsche Laden zur falschen Zeit (weil Bar zum tropfenden Senf war geschlossen). Den Abend mit sinnlosem Kreiseschnipseln vertan – Katrin ging ins Ballett – Hoden Peter kiekern. Kam ganz begeistert zurück. Nicht 1 × geweint. Toll. Unruhiger Schlaf, eine halbe Stunde Strand. Maschine von Martin will nicht.

Dein Chefchen

p. s.: Berichte mir alles von Graz – auch Intimitäten und solchen. Schließlich hast Du das Recht zu spionieren, da Du ja für mich arbeitest und nur ausgeliehen warst.

Wenn das so weitergeht mit meiner Unpäßlichkeit, sehe ich morgen früh wie ein aufgeblasener Adenauer in besten Zeiten aus. Der Kopfschmerz sucht kein kleines Schwesterchen, da die Schmerzen links und rechts schon reichen. Ein Zustand, in dem man ohne Überlegen sein bestes Werk verdammen könnte. Sei es wie es sei, mein Kopf besteht aus Brei. Könnte ich bloß mit über Bein geschlagenem Bein das in grauen Baumwollsocken in lieblos geputzten teuren Algon oder Albon Schuhen Fuß wippen lassen, ausgelaugt und ausgeglichen. Ein warmes Tuch über dem Gartenstuhl, der Flachhintern drauf und der Blick auf die Kugellampen, die sich in den mir so lieb gewonnenen leeren Swimming der Kinderarmee vergucken. Die nutzlose futuristische Antenne zu meiner Linken, die nur eine Funktion hat – mich verschlüsselt in Kombination mit Geländer und verrostetem Trockenständer den vermiesten Tag zu bezuckern. Zweitens. Unbewußte

Fehler sind mir unterlaufen. Erstens war ich schon vor 22 Uhr zu Hause und das zum 2. × hintereinander.

11. 11. 1986

Wir hassen die Fotografen, weil sie von zu Hause aus noch schlechteres Deutsch sprechen als wir, wenn wir uns Mühe geben. Warum schlägt die Fotografie nicht mal mit der Faust auf den Tisch? Der Lärm in der Fotografie rührt noch aus der Zeit, wo das Ei noch was Gelbes hatte. Old camera rules okay. Many old cameras are looking into the future. Wir lieben Fotografie, weil die Kamera nicht ständig an derselben Stelle heult. Nicht die Kamera will Geld, sondern Fotohändler, insofern ist die Kamera okay. Wir lieben die Fotografie, weil sie hält Bilder fest und nicht uns. Wir hassen die Fotografie, weil sie nur mit Scheißhilfsmitteln die Nacht zum Tage machen kann. Wir hassen die Fotografie, weil sie macht den Tag... sie wissen schon. Wir hassen die Nacktfotografie, weil, wenn wir durch sie aufgewärmt wurden, blieb immer nur das Papier. Wir hassen die Nacktfotografie wie die Achtelsekunde (siehe unten). Wir hassen die Nacktfotografie, weil sie uns haßt (siehe oben). Wir hassen die Achtelsekunde, weil sie so einen Lärm macht und einem fast die Kamera aus der Hand schlägt. Wir hassen die Kamera, weil sie nicht selbständig zuschlagen kann. W. h. d. Fotoapparatinhaber, weil sie immer nie da sind, wenn man sie braucht. Wir hassen die Sequenzfotografie, weil sie glaubt, daß sie was besseres ist. Wir hassen die Schwarzweißfotografie, weil arme Leute sie nicht essen können, wenn sie Hunger haben. Wir hassen die afrikanischen Reporter des Nichts.

Wir lieben die ostfriesischen Fotografen, weil sie ihre Filme in die Entwicklungsländer schicken. Wir lieben die mittelteuren Kameras, weil sie selber entscheiden, wann sie können und wann nicht. Wir hassen die Fotografie, weil sie mit einem ausgeht, aber nicht mit einem ein gutes Glas Wein trinken will. Wir lieben teure Software, weil man dann weniger arbeiten muß, bis der Etat weg ist. Wir lieben die Bum Bum Fotografie, sie entspricht dem Puls der Zeit, aber man sieht sie leider viel zu oft an den Ecken der Öffentlichkeit auf dem Focus. Wir lieben wieder die Übermalung der Fotografie, weil alle Mittel rechtens sind, wenn sie nur verdeckend arbeiten. Fotografie darf nicht gummihaft wirken, sondern Träume offen lassen. Fotografie als Verhütungsmittel muß so stark sein, daß kein Durchkommen möglich ist. Fotografie ist wie ein Vierfarbenkugelschreiber, bloß viel zu schwer. Fotografie ist der Gott unter den Langweilern. Die Fotografie schreit nach Vernunft. Wir sind sauer auf die Fotografie, weil sie immer auf Hilfe von außen angewiesen ist. Wenn man Ruhe sucht, braucht man keine Fotografie mit einem Kirschbaum drauf. Drastische Rasterungen wie Krieg bringen einem den Frieden nicht näher. Fotografie darf nicht der Ersatz sein für Karikaturen. F. darf nicht Ersatz sein für Leben. Solarisation ja, aber ohne Ende. Laßt das nicht aus der Dunkelkammer raus und in die Fotografie rein. Mit Fotografie macht man keine Witze, man benutzt sie vielmehr aus Gleichgültigkeit. Fremde Länder kompensieren nicht fotografisches Zuhausebleiben. Weg mit der klassischen Fotografie und mit der modernen Fotografie ab in den Keller, wo die gedruckten Bücher sind! Die Fotografie soll ihrem unbedingten Willen nach Ausdruck nie spontanen Bremsungen anheimstellen. Hochglanz ist die Glatteis. Die Fotografie soll nicht ordnen, und Du nicht die Fotografie. Jede Vergrößerung findet im Passepartout ihren Meister. Das Gegenlicht kommt immer von der anderen Seite, aber dafür braucht man keine Kamera. Solange die Fotografie auf den Betrachter angewiesen ist, hat sie nichts mitzuteilen. Laßt nicht die Fotografie sprechen, sprecht selber! Es gibt keine Architekturfotografie, nur das Haus aus hartem Gestein kann brüllen. Fotografie hat noch nie selber was zustande gebracht. Daß Du die Linse putzen sollst, hat Dir der Fotoapparat nie gesagt. Pack nur soviel auf ein Foto, wie drauf paßt! Verwechsel nicht Präzision mit Angst! Gib der Motorkamera Gas! Versuch nicht, aus peinlichen Wahrheiten Kunstfotografie zu machen! Der Zoom vergöttert nur die Ferne. Schnappschüsse sind zum Kotzen. Verfielfältigung ist die Flucht ins Stereotyp. Auswechseln der Objektive hat noch nie zum Auswechseln der Situation geführt. Die Fotografie bleibt immer vordergründig. Die Fotografie verlangt nach Exzess und gibt nichts. Warum hat Gott die Blume geschaffen? Bestimmt nicht, damit sie fotografiert wird. Eine gut geknipste Fotografie braucht sieben Minuten. Polaroids kann man so schnell vergessen, wie sie gemacht worden sind. Männerakte lügen, nur die Obduktion bringt die Wahrheit an den Tag. Fotos entfernt man nicht, indem man sie verschenkt. Wenn Ihr sehr alte Leute seht mit einem Kinderwagen voll Scheiße und vielen Hunden (ohne jede Rasse) und Euch wünscht, eine Kamera dabei zu haben, dann seid froh und wünscht Euch lieber, daß Ihr selber sehr alte Leute wäret mit Kinderwagen voll Scheiße und vielen Hunden (ohne Rasse), anstatt eine Kamera dabei zu haben. Alles ist eine Art Lichtbrechung. In der Fotografie ist eigentlich alles erlaubt. Wenn es erst einmal geklickt hat, brauchen Sie auch nicht mehr zu fotografieren. Gerhard Merz sollte es halten wie Anselm Kiefer: keine Portraits an die Öffentlichkeit! Die teure F. sucht nach billigen Argumenten. Agfa macht, was sie will mit uns, aber was machen wir mit Agfa. Wenn der Schraubverschluß nicht funktioniert, versuchen Sie es mal mit der oralen Hetze. Experimente i. d. F. verleiten zum Rückfall. Das Abnorme braucht keinen Sucher. Fotografie ist doch nicht Rock 'n' Roll. Wer unseren Staat verletzt, sollte sich erstmal mit F. beschäftigen. Wenn jemand sagt, Mensch hast du ein schönes Licht, dann gib ihm doppelt zurück. Tretet die Technik ins Geistige zurück! Tretet zurück! Inszeniert niemals aus, von und für menschenproduzierte Dinge, modellhafte Entwürfe imaginärer Wirklichkeit und desgleichen! Es herrsche vornehme Dunkelheit! F. ist ein Sicherheitsrisiko, weil Jürgen aus der Südstadt niemals zum Tanzkursus war, sagt Jürgen aus der Südstadt. Polaroid ist Blasphemie. Fotografie läuft wie ein Wasserfall über Hanna Frenzel und sie brüllt wie am Spieß. Vorsicht – bei Barbara Hamann entstehen die Polaroids seit Jahren parallel zu den Videos. Achtung – Hanna Villinger fotografiert sich selbst. Das Format ist wichtig für die Bildaussage, je größer das Format ist, so weniger bleibt Platz für abweichende Ansichten. Die fotografischen Bildwerke überwältigen uns Betrachter. Licht wird zu Schatten und Schatten wird zu Licht, wenn Du Astrid Klein triffst. Die alten Griechen sind ganz gut ohne Fotografie ausgekommen. Versuch's mal ohne Film!

12. 11. 1985

Wer nach Brasilien reist, und nach Rio rein will, sollte, nein, muß beim Cup Sao Agostinho an Land gehen. Aber so einfach geht das nicht, denn dafür muß man erst mal nach Reciefe fliegen. Dort einige Stunden, einige Tage verbringen, zu einer kleinen Bucht schlendern, sich durch die erhitzten Hügel kämpfen, bis zum Kokosbaumwald, zu den Ruinen der kleinen Festung, den Blick über den langen, hinter Korallenriffen geborgenen Strand schweifen lassen, über das Fischerdorf mit den vollen Bäumen, bedeckten flachen Hütten: Hier wohnen keine Indianer mehr, sondern Mulatten, Afrikaner mit indianischem und portugiesischem Einschlag (die wir später die Braunen nennen werden). Wir glaubten lange, daß hier, in dieser wellenförmigen Landschaft mit den windzerzausten Kokosbäumen auf holprigen Heiden, in einer kleinen Bucht a la Bernardin de Saint-Pierre am 20. Januar des Jahres 1500 der spanische Seefahrer Vincente, einziger Kumpane von Kolumbus, nachdem er Richtung Südwest geschippert war, von den Passatwinden getragen, der Sturm der nördlichen Hemisphäre zum Trotz die südamerikanische Küste schicksalhaft angelaufen und so als erster European Boy den Boden betreten habe, der heute Brasilianischer Boden heißt. Es scheint jedoch, daß er die Stelle für die Mündung des Organon hielt und daß tatsächlich dem portugiesischen Supercapitain Pedro Alva Capra das glorreiche Verdienst zukommt, am 22.4. gleichen Jahres brasilianischen Boden mit den Füßen vernommen zu haben, als erster mindestens.

Diese Landschaft sieht so aus, wie jene, die der holländische Maler Franz Post vor uns zwischen 1637 und 1644 gemalt hatte: Ein großer grauer Himmel, wie wir ihn uns nicht vorstellen können, blaue Wälder, rote Plantagen, bereits das lange Zuckerrohr, Meeresarme, andere Länder, no end, eine Landschaft, deren grenzenloses Durcheinander den Betrachter mit Liebe erfüllt. Nach diesem gut ausgenutzten Tag am Cup Agostinho sind wir, weil wir unbedingt nach Rio wollten, wieder in die Luft gestochen. Von unserem Flugkapitän Morgan bekamen wir folgende Route beschrieben: Nachdem das Theater mit dem Fasten Seatbelt abgeschlossen ist und Sie stramm in Ihren Sesseln sitzen, um vom Meer in den Flughafen zu gelangen, müssen wir die Festung Picam und die Festung Brum auf der selben Linie im Auge behalten, bis wir (Albert Oehlen und Martin Kippenberger) in nördlicher Richtung die Spitze von Orlinda erblicken. Dann steuern wir volle Pulle auf Norden zu, bis wir das merkwürdige Kreuz von Patran sehen, um dann endlich anschließend auch noch den inneren Teil des Riffs über dem Wasser und die Festung Picam im Süden zu erblicken. Wir warfen jetzt am Anfang der Piste vom Flughafen Rio den Anker. Und gleich waren wir ganz fix im Geschehen: Nach einem Spaziergang durch die glühend heißen Straßen den Rua Bolivar zum Beispiel mit seinen imitierten maurischen Balkonen und seinem hübschen Gefängnis, nachdem wir die Kirchen besichtigt haben, die von den Holländern in Brand gesteckt worden waren, fahren wir weiter, um dieses dritte Mal an der allerheiligen Bucht von Rio de Janeiro mit den 52 78 53, ach nein, das ist ja die Telefonnummer der Galerie Hetzler, hübschen Kirchen auszusteigen. Bei der Nossa Senora da Conceicao da Praja bremsen wir ab und bestaunen die Vorderfront aus jenem Basaltstein, der als Ballast von Deutschland hergebracht und in dem untersten Laderaum gegen Zuckerrohrschnaps und Bademoden eingetauscht wurde. Vor der über und über mit Skulpturen geschmückten Fassade der Copa werden unsere Augen immer größer, gerne möchten wir schon jetzt die Frauen im Quartier des Pelhorinho, Hanno Huth des Prangers, an dem die Sklaven gepeitscht und gehängt wurden, näher kennenlernen. Aber darüber später.

Die Ankunft war easy, genau, wie wir es uns immer vorgestellt hatten – easy come, easy go – wie in unserer frühesten Kindheit, wo wir an verschiedenen Plätzen (Oehlen in Krefeld und Kippenberger in Dortmund) von der Garage heruntersprangen. Die Erdanziehungskraft auf uns wirken lassend und trotzdem war alles so anders und so oft warm und braun mit gelb. Im Taumel der Luftfeuchtigkeit ließen wir die Pferdestärken eines gelben Taxis in Richtung Copa weiter oben sprechen. Schwuppediwupp waren wir da, wo wir schon immer hin wollten und um 60 000 erleichtert. Mit der ersten Tür, die wir öffneten, gingen die Schleusen auf für Drogenmißbrauch, Wahnsinn, Prostitution, Schabba da Schabbadad unter der gewärmten Nikotinglocke.

Die Copacabana Hotelsuite sprang uns in die Augen, wie wir vor so vielen Jahren in Deutschland von der Garage. Der Startschuß zum in die Bude rein und aus der Bude raus war gegeben. Der Tag hatte sich zunehmend warmgelaufen und wir waren gespannt, wie es weiter vorwärts gehen sollte. Bewaffnet mit Hunderttausend Schuß Cruzeiro in allen nur erdenklichen Verstecken am Körper bis hoch oben betraten wir das hot-spot-of-the-world-Pflaster. Schlangenlinienmuster auf der Promenade (Copa) Avenua Atlantica ließ uns jede Fortbewegung gradlinig vorkommen. Welch ein Selbstbetrug, aber zur näheren strengen Wahrnehmung blieb nicht die Zeit, da die Sonne voll dabei war, uns mit ihren heißen Strahlen zu attackieren. Wir waren machtlos, denn selber würde sie uns küssen, anstatt fertig zu machen, wäre es umgekehrt von der Distanz her echt schwierig, mit gleicher Münze zurückzuzahlen. Schwer getroffen von den ersten lasermäßigen Strahlen blieb uns nichts anderes übrig, als im Schatten eines Waffengeschäftes (Drogeria) uns weiter mit Schutzmittel mit dem Schutzfaktor 42000 ah ne, das war der Preis, auszustatten. Dies würde uns so schützen wie die Garage, von der wir immer runtergesprungen sind. Kaum konnten wir dem Sonnenlicht trotzen, streckten magnetisch unsichtbare Hände an den Cafes der Rua Atlantica, wo Oehlen mit Kippenberger auf der Suche nach dem Wertvollen daherkam. Immer noch lagen uns die Worte von Flugkapitän Morgan in den Ohren, daß diese Welt eine Auster sei. Was er damit meinte, sollten wir deutlich erfahren. »Was soll sein, wird sein«, sagte Oeh. zu K. und schon waren zwei randvolle Gläser mit einem kühlen Saft aus schwulen Piranhas gepreßt vor unseren Mündern plaziert. »Was soll's, kommt rein – könnt auch rausgucken«!, sagt Oeh. zu den schwulen Piranhas. Und trank wie K. sein Glas auf ex und gab mit heftigem Armwursteln dem Wächter zu verstehen, daß es von Zeit zu Zeit so weitergehen kann. »Wart mal ein Minütchen«, sagt Ö zu K. K fragt: »Was meinst du damit?« Ö zu K: »Hast du nicht was gesagt?« K zu Ö: »Ja doch, wir wollten doch in Rio über die Weihnachtstage ein Buch mit Gesprächen über

Frauen schreiben.« Ö zu K: »Muß das jetzt sein?« K zu Ö: »Ne«.

25.11.1985

Donnerstag, 12 Uhr 30. Es klingelt an der Tür von der Suite. Ö fragt K: »Hasse nur einen blassen Morgenschimmer, wer das sein könnte?« K macht noch einen unkonzentrierten Eindruck und die Klingel keinen Eindruck auf ihn. Die Frage mit der Tür klärte sich irgendwie und der Etagenkellner (Wächter) begrüßte uns mit den Worten: »Entschuldigen sie, ich wollte ja nichts sagen, aber da ist noch Tau auf ihrer Pfeife.« »Was, Tau auf der Pfeife, bei dem Wetter um 12 Uhr?!« Wir stellten uns doof. »Stellen sie doch erst mal das Frühstück dahin, wo sie schon mal da sind.« »Ja, aber da ist wirklich noch Tau auf ihrer Pfeife.« »Ist ja gut«, sagt K zum Etagenkellner. »Und gleich ist Tau auf ihrem Pfeifenkopf und nicht vom leichtesten Tau, hier haben sie erst mal 12 000, aber nicht alles an einem Tag für Sonnenöl am Strand auf den Kopf hauen.« Beim Frühstück dann schallten Fragen und Antworten durch die fünf Zimmer Suite. Fragen wie solche nach der Besichtigung des Pao Zuchero und Antworten wie solche: »Kein Bock«. Und Gegenfragen wie solche, ob man ihn nicht von außen angucken könne, auf lau. Was die beiden zu diesem Zeitpunkt noch nicht wußten, daß es sich bei diesem Wahrzeichen für Diabetiker um einen der vielen Wachttürme handelt, die den Knast von Rio umstellen. Überall, wo Grün zu Erkennen ist in gehäufter Form, handelt es sich entweder um die Sieben Zwerge Sicherheitszone oder um Zuckerhüte. Wiederum klingelte es, doch diesmal nicht an der oben erwähnten Tür von der Mehrraum-Suite, sondern unter besagter Niko-Glocke. Wir ließen die Minibar links in der Ecke stehen und verzogen uns in den Lift, der uns nach unten brachte.

So war auch das hoch- und runterfahren eingeläutet. Denn kaum waren wir unten angekommen, klingelte es schon wieder, aber wir hörten es nicht. (Außerdem waren wir nicht gemeint.) Was wir vielmehr hörten, war ein gelber Kanonenschlag, der uns klimatischer Natur an die Ohren platzte. Das war ein klares Zeichen, das uns da unten im Süden im wiederholten Male erscheinen sollte. Wen es an den Ohren trifft, der kriegt es auch an den Ohren zu spüren.

Lieber Martin!

Come ste – bene? Meine Freundin Claudia hat mich auf dich aufmerksam gemacht. Du hast so toll getanzt, leider ohne Schuhe. Ich Stella Maria Arene, bin 21 Jahre allt und Italiänerin. Wenn ich Lust habe kann ich auch nach Köln fahren, weil meine Mutter dort als Köchin in einer Pizzaria arbeitet. Wenn ich in den nächsten Tagen wiederkomme werde ich hoffen, daß wir uns mal sehen können. Vielleicht im alten Wartesaal? Schade das wir uns noch nicht gesehen haben, ich würde so gerne mit dir schlafen. Du bist immer so erregt. Ich glaube du hast schon mit vielen Frauen geschlafen, und von dir kann man sicher was lernen. Ich muß leider zu meiner Mutter in den Laden, und hoffe du antwortest mir auch. Lach nicht über diesen

Brief, alles ist ernst gemeint, ich bin auch ein tolles Mädchen lach also nicht.

deine verliebte
Stella Maria Arena

13. 11. 1985

Immer wieder wird die Frage laut gemacht und an uns gerichtet: »Wie war's denn in Brasilien? Steht Rio noch?« Was uns die Möglichkeit gibt, in voller Blüte zu antworten. Die eigentliche Antwort jedoch heißt: Hab ich vergessen. (Obwohl wir morgens, mittags und abends uns zuschrien: »Albert – Martin – das glaubt uns doch zuhause keiner!«) Und so ist es dann gekommen. Erzählen wir, wir hätten was Verrücktes gemacht wie in der Avenua Nilo Pacanha Samba getanzt (auf dem linken Fahrstreifen), so glaubt man uns nicht. Erzählen wir, wir hätten in der rua 7 de Septembro Samba getanzt, so glaubt man uns nicht mal dieses. Man glaubt uns weder das eine noch das andere. Und daß wir Samba tanzend die Cosmevelho Straße zum Cocovado genommen haben, braucht man uns auch nicht zu glauben. (Haben wir auch nicht.) Aber daß uns keiner glaubt, daß Martin im Hintern von Cocovado, wo eine niedliche Kapelle untergebracht ist, sich sambamäßig mit eindeutig blödem Gesichtsausdruck mit seinen Händen in die Hoden gehauen hat, glaubt man uns trotz Foto nicht, weil fast alle glauben, das Foto könnte nicht nur gestellt sein, sondern woanders gestellt sein. Wir nehmen es keinem übel, wenn wir behaupten, der Coco hätte ständig »Heil Hitler, Ihr Arschlöcher! Habt Ihr 'ne

Tüte voll Geld dabei?« geschrien, daß man es bis zur rua Dom Manoel (nicht zu verwechseln mit Dr. Manuel, denn der eine hat's, der andere nicht (das Weiße)), hören konnte. Aber einen gestreckten Arm hatte er mindestens, diese Betontype. (Obwohl der Jesus, den sie Coco nennen, Gläubigkeit ausstrahlt.) Und wie das so immer ist mit dem Glauben, tölpert Ihr jetzt gewiß mit dem Argument: Jesus gibt es nicht. Dazu sagen wir folgendes: 1. Gibt es keine Nutten in Rio, und 2. in Anlehnung bzw. Umdeutung des Aphorismus von Johannes Gross (über die Größe soll die Nachwelt entscheiden, wie unser Onkel Hubert zu sagen pflegte (nicht zu verwechseln mit Hubert Kiecol)): Obwohl er Atheist war, mußte er dran glauben. Obwohl Ihr Atheisten seid, müßt Ihr dran glauben. (Andichtung trifft Ablehnung.) Heil Hitler, Ihr Arschlöcher h. i. n. t. v. g. d. richtig geraten. Wir stehen in der rua Dom Manuel, und siehe da, Ihr glaubt es kaum: weiße Nudeln, schwarzer Schaum. Die Sambaeinseife in der rua Dom Manuel gibt es nämlich wirklich nicht, was übrig bleibt, ist Euer Getrommel von unkonzentriertem Glauben, was niemals da unten als Batteria zu erkennen, geschweige denn zu enttarnen wäre. In Rio, weit weg, steckt der Hirsch (Glaube) im Dickicht des Sambablutes und nicht in dem Holz, auf dem Ihr wartend im Saarbrükkener Arbeitsamt sitzt. Nun waren wir also in Rio gelandet, am Ziel unserer Träume. Mit einigen Angaben über das, was wir hier vorfinden sollten, hatte man versucht, uns dieses Erlebnis noch einmaliger zu gestalten. Der Carioca z. B. sei nicht nur jemand, der in Rio geboren wurde, sondern jeder, der in dieser wundervollen sonnigen Stadt im ewigen Sommer lebt, also auch Hanno Huth z. B.. Aber Carioca zu sein, sei eigentlich eine geistige Einstellung (die wir denn allzu deutlich von H. H. zu spüren bekamen: Nicht zum essen läuten, treten (verrückte Angewohnheit)). Wie der Ausruf »Goal« aus Tausenden von Kehlen beim Ballspiel im Maracana-Stadion oder der Rhythmus des Sambas in rua Dom Miguel oder der sinnlich schwingende Gang der Männer im Einteilbikini am Strand von Ipanema... Das war das, was wir nicht glauben konnten. Wir und alle anderen aus Nah und Fern waren jetzt auch ein Carioca und nahmen am erregenden Leben der Stadt teil. Die herzliche Begrüßung war zu diesem Zeitsprung schon inklusive. »Die Schotten sind auf«, schrien die braunen Sambasänger, wir folgten dem Urruf und drängelten uns über die rua Bolive mitten hinein. Wer wie Oehlen weiß, wo die rua Boliva liegt, weiß, daß sie an der Copa gebettet ist (gebettelt wird). »Wer nicht bettelt, putzt Schuhe«, flüstert mir Oehlen zu. Worauf ich ihm zuflüsterte: »Oehlen, paß auf deine weißen Turnschuhe auf.« Kaum hatte Oehlen diesen Hinweis wahrgenommen, war ein kleiner brauner Wicht zu Oehlens Füßen mit schwarzer Farbe schwer zu Gange. Doch zunächst einmal kreisten unsere Gedanken um das Konzert an jenem Abend. Werden wir mit den neuen Stücken bestehen? Werden sie die brandneuen Kompositionen mit dem Refrain »Sprichst du die Frauen an, darfst du dich nicht wundern, wenn sie antworten« mögen? Die Fragen häuften sich in uns. Wird das Plakat auch gut ankommen, das wir drei Monate später drucken, und wird der Kassettenrekorder funktionieren oder wir? Brauchen wir noch mehr Gitarren, oder bricht der Glaube an uns mitten auf der Bühne zusammen? Meinen wir wirklich uns und nicht das Publikum? Wer meint das Publikum wirklich? Kommt die Melodie, die wir meinen, auch wirklich als

Samba rüber?«, fragt Martin den Oehlen. Oehlen ist nicht ansprechbar. Er schüttelt teilnahmslos die Birne. Martin sagt zu Oehlen: »Reiß dich jetzt am Riemen und heute abend an den Gitarren, schließlich geht's um Rio.« Oehlens Krawatte (die einzige in Rio außer K's) hängt deprimiert nach unten, wie so wenig in Rio, als ob sie das Desaster vorausahnen würde. K zu Oehlen: »Du weißt ganz genau, daß du jederzeit mit mir, ganz egal ob in Wien oder in Berlin, über Scheiß-Frauen oder Nicht-Scheiß-Frauen reden kannst, aber nicht hier. Wenn du von der Bühne runter bist«, sagte Martin zu Oehlen, »kannst du dir den Arsch aufblasen lassen und die Titten ranoperieren lassen. Aber solange die Zeit mit dir, Albert, mit mir, Albert, im Scheinwerferlicht vor all den Scheiß-Braunen oder Nicht-Scheiß-Braunen Rioanern ist, bist du das Feuer und ich der Tanz und keine andere Faxe. Hast du mich jetzt verstanden, Oehlchen?«, so K zu Oehlen in der rua Boliva. Der Auftritt war klasse, wir hatten es geschafft, und alle, die es miterleben und mithören durften, waren hin, und bald werden es alle in Rio bis hoch nach Salvador wissen, daß wir die einzige Superband sind, die mit Alma anfängt und zu der Melodie »It's my way – we are the champions« singen kann. Aber wie sollte das Oe zu diesem Zeitpunkt wissen, wo er verloren und verkauft im Raum trottelte, fern von allem anderen, an der rua Scheiße, weil so weit waren wir gegangen. Soweit sich Kippenberger erinnern kann, stammelt Oehlen im ausgesuchten Hundertfünzig-Dollar-Appartement-die-Nacht vor sich hin: »Life, live, life in Rio, das mach' ich nicht mit.« K darauf zu Oehlen: »Albert, das heißt doch nur ›live in Rio‹. Das kann doch nicht das Problem sein.« Ehrlich gesagt, hätten wir uns auf der Bühne nicht pünktlich vor lauter life und live singend in den Armen gelegen, würde Oe noch heute stottern (wie Naschberger, der auch in Rio war), »Rio, Rio, Rio« stotternd stolpernd an der Copa rumlungern oder in Saarbrücken. Wer weiß. Die Nacht kennt den Schatten, und nur wer in Rio war, in Rio vor der Bühne, wo Oehlen und Kippenberger machten, der kennt auch den wunderbaren Schatten, den diese beiden im Scheinwerferlicht live in Rio geschaffen haben. Ein Trost für die Daheimgebliebenen: Ihr dürft uns hassen, als Ausrede, weil Ihr nicht dabei wart, als der lustige Kippenberger tanzte, und der Oehlen auf der Bühne mitten in Rio sang und den Mund dabei nicht aufbekam. (D. M. w. z.) Meisterklasse, ein Begriff aus der tunlichen Welt der Nachschöpfer durfte an seiner ureigensten Bedeutung, Tun-Tuten-Machen = Wenn im Scheinwerferlicht und Soundgekrache sich das Siegel des Mutes in Gold verschmilzt und der Stempel des Erfolges sein heiteres »Wir haben es geschafft, Rio abends hat's gebracht« eindrückt, aufleuchten. »Man kann Stunden stehlen aber keine Nächte!«, schreit mir Oehlen ins Gehör, während die braune Brut noch klatscht, pfeift, begeistert ist und dem Refrain hinterherjohlt. So wurden wir Teil der Nacht, so wurden wir braun (Rio). Kippenberger zu Oehlen und Oehlen zu Kippenberger: »Bist du als Leistungssportler geboren, bist du Leistungssportler und wirst deine Grenzen als Leistungssportler kennen. Wir wollen aber nicht raus, wir gehen der Sache nach. Und auf dem Weg darf man uns auch zuweilen schlechte Ficker nennen. Denn wir sind keine Leistungssportler – wir sind Künstler und wollen strahlen. Wir stehen nicht auf Medaillen in weiß verbesserter Form. Wir sind doch nicht so bescheuert, daß wir Mauern niederreißen wollen für

Kleinkünstlerpreise, wo keine sind. Das Kapital des Mannes liegt nicht nur in Rio an der rua Boliva begraben, sondern in der Hand, denn der Kasper von der Copa wird von Dr. Manuel an den Ohren gezogen (oder von Frau Dr.). In der Hand liegt die Kürze, in der Copa liegt die Länge.«

13. 2. 1986

Vor 6 Wochen waren wir zur Ausstellungseröffnung in N. Y. Großstadt, da war es zu fad. So entschlossen wir uns, nach Wien zu ziehen, da wollten wir schon immer hin, auch wenn wir Hamburg und Köln sehr lieben, hat es uns hier hin getrieben. Morgen stehen wir zeitig auf und veranlassen den Kaffeelauf. Ein befreundeter Galerist vermittelte uns ein Atelier in der Weissgerberlende, der Name Patex (Ballgasse 6) spricht Bände. Das Gemälde verlangt weder Tag und Nacht, Salz und Pfeffer, sondern nach Intelligenz – je mehr desto besser. Je besser das Bild, desto höher ist der Preis – wie jeder weiß – aber sich nicht dran hält. Hinzuzufügen ist die Farbe. In Wien gibt es reichlich gute Gallerien, doch unsere Bilder gehören da nicht hin, nicht unbedingt an die Wand, sondern in einem schicken Lagerraum in Packesch Hand. Heftig und billig (wild) ist nicht so braviös wie besser alt aussehen als jung sein, denn der Gnadenstoß ist unser täglich Brot, das wir ihnen auf die Frühstücksbutter malen möchten, denn da ist was los. Loos war O. K. – nehmen sie unseren Wahrheitsdreck wahr und warten sie auf ihr Glück in der Loos Bar – und das kostet. Das Einfachste ein Kind der Geduld, erwartet nicht schweigen – sondern schwelgen bis ins Jahr

2001. Alle gutgedachten Vorhaben erlöschen zu kalter Asche, wenn man nicht essen geht. Unsere Masche heißt ein Knödel mit Ei und ¼ Sturm bei Faaste Grete (Kegelgasse, untere Weissbergerstr.). Da geht auch der Vidiowasser hin (Hundertwasser). Der baut da um die Ecke ein Haus, da schauen ein paar Arbeiter und ein Hippie raus. Zeigte uns Friedensreich den Hinterhof – da guckten wir immer noch doof und ganz am Ende bekam Albert eine Kachelecke zur Erinnerung geschenkt.

Er kennt die Lichter und die Tiefen, die uns beriefen auf höhere Pirsch: nicht belehren, nicht verneinen, wo immer der Gang am Thresen lang. Weine Biere Schnäpse Torten läßt nicht überall das Wahre orten. Am wahren Ort ist gut warten auf Torten, die ins Hochbett (verwässertes) starten. Denn das Hochbett ist der Platz auf Erden, wo physikalische Gesetze blamiert werden. Das Ufer (der Tresen) verschafft dem Lehner die Sicht ins Leere. Nur der Schlitzmatrose kennt das Meer, sie sieht den Strand (Tresen) zum Stranden. Die Sonnen und Monde im Cafe Alt Wien zeigen uns die Unterschiede des Lichtes und der Leere auf. Beide sind gleich und gehen erst unter, wenn wir noch munter, aber draußen sind. Das kann verhindert werden, wenn der Schwager (Kurti) und die Schwester (Evelyn) anheim anstatt der Vater und die Mutter. Wo der Nervöse den Zusammenbruch nicht kennt und der Harmlose nicht seine Grenzen. Gemütlich der Ort, wo man nicht mit dem Rücken zur Wand, sondern die Plakate im bunten Einvernehmen sich geklebt fühlen. Inhalten werden verdruckt durch Daten – an fast jeder Ecke ein Spaten, der sich nicht eingraben will.

Perspektiven – wie Licht seien wollen, mit oder ohne Glanz, eins verbindet Albert und Martin, sie wollen Wien ganz. Nicht alles, was wir vermissen in Wien, heißt Dr. Lepin. Nach schwerer Kost sind wir nicht angewiesen auf Trost. Sprecht nicht mehr vom unendlichen Leiden, das können wir nicht leiden, und das mit dem unendlichen Recht des Stärkeren und dergleichen könnt ihr euch in den Schlagoberst schmieren. Reite Dich nicht auf lau in Verderb, so lang Du nicht weißt, daß Oma Wien Dir was vererbt. Stimmt an zum Gesange!.

Ich will nie wieder Bange, ich möcht alle Ober zu mir mit Blaulicht und Schaum nach unten was man nennt den Bier hinter der Mauer (der Klagemauer). Schlag den Koch nicht zu Brei, er hat Euch Würstchen nicht gekocht. Er hat nur auf sein Recht gepocht. Wir retten die Malerei und Peter Weibel den Feierabend ab mittags um 12.00 mit 1 ½ Stunden verspäten incl. Mehrwertsteuer + 0/00. Ruft nicht so laut die Dichter, sie sind schon da, anstatt in exotischen Ländern, wo die Gedichte gegen den Frieden blühen. Was nicht heißt, daß hier nicht gewelkt wird, z. B. Dichter, die Komponisten sind und da klagen und dadurch wiederum in die Öffentlichkeit ragen. Lieber Lampi – trotz alles dessen, kann ich sagen – seit dem ist unser gemeinsames Buch nicht 1 mal mehr übern Laden (Tisch) gegangen. Der Neid soll anderen gehören, die nicht dabei waren, als Wolfi Bauer aus dem Buch »Ein fröhliches Frühstück beim Friseur« verlesen hat.

Lob – steckt in den Hymnen der langen weiblichen Hälse – sie schweigen und heißen Susi (die in der Sonnenfelsgassen Bar arbeitet) und ganz besonders bei Alice, die im Daniel Moser Cafe (Rothenturmgasse) serviert. Da das Lob durch die Dichte des Vergessens nur selten an das Tageslicht rückt – sei an dieser Stelle das geräderte Kellergewölbe des Taxifahrers genannt, der da sich nicht bedankt, wo es heißt unsere Schuld zu begleichen. Start und Ziel ist das höchste der Lobendswärte Gefühle auch wenn sie U 4 heißen (Möglichkeiten des sich selber zu scheißen oder scheißen gehen). Was übrig bleibt, spricht Bände, wir schleppen es in die Weissgerberlände (3. Bezirk 44/46 6. Stock).

Wir hab'n, wir ham den Kanal noch lang nicht voll. Die Liebe gilt unseren Frauen, deren wir nicht sicher sein können, aber dem Zungenlob von Bonzo und Burschi (Küssen lang und feucht wie W. Büttner) können wir gewiß sein. Liebe ist nicht käuflich, dafür teuer und reichlich schwer zu finden (siehe Alice). Liebe und Lob zusammen ist wie Prater im Stephansdom.

Vermischtes ist immer braun. Das Lob des Sonnenlichts macht braun, jedoch nur, wenn man gassiert anstatt in der Hochschule zu malen, im Versuch, anderleuts Ideen zu klauen (die keine Ideen sind, sondern das Frühstück des Morgens sind die Fäkalien des Abends). Die Wende des Lichts, des Lobes, der Einsamkeit ist nur zu ersetzen durch 3 Schienen und Mengen zu essen.
1) Nudelschiene
2) Kartoffelschiene
3) Reisschiene.
Anschließend zur Verdauung und zur Vernunft kommen dienen drei Gassen
Wollzeilengasse

Grabengasse
Kärntnergasse.
Härte ist Verleumdung und schiere Prallerei. Weiches Öl auf der Leinwand trocknend heißt Malerei.

Nicht das vertrocknete Kirchenwasser sondern der cafe und die Melange und deren älterer Bruder, ein großer Brauner leeren uns: Jawohl sie sind Deutsche, jedenfalls sind wir es nicht gewohnt, so viele cafe und Melange und deren älteren Bruder, den großen Braunen, zu trinken und zu vertragen. Wie machen die des bloos? Die Zeit ist kein Geschenk des Uhrmachers, wir haben sie von unseren Kindern geliehen. La Monte Young haben wir nicht verziehen. Und denen, die uns entgegengasseln und einen Gott nennen, verzeihen wir niemals. Die Kaffeebohne hat zu schwitzen, solange wir im Cafe sitzen und die anderen Sichtversperrergesichter drumherum. Wo sind die Mädels von Peter Altenberg geblieben, die gehen doch alle schon zur Schule und in diese Föten-Discos für Coole und versuchen, im Dunkeln ihre Mode Pippi Scheiße vorzuführen, wo sie keiner sehen kann. Anstatt alle das gleiche T-Shirt zu tragen, auf dem da steht geschrieben: My Mother was a friend of an enemy of the people. Und auf der Rückseite hat zu stehen: Wie komm ich in Kriegszeiten mit einem gebrochenen Arm und dem Futurismus klar. Und über der Disco steht in Neonschrift geschrieben: Wie kommt Ihr mit Euren Müttern klar. Und noch Tip für die unter uns heranwachsenden! Lernt spanisch, italienisch und französisch sprechen, damit ihr es den Typen in Landeswährung heimzahlen könnt. Den 20- bis 30jährigen sei empfohlen, mehr Obst zu essen, öfters Gymnastik zu treiben und zu besseren Friseuren zu gehen (ruhig mal 200 Schilling ausgeben, um das passive Fön- und Waschrecht wahrzunehmen) oder macht doch, was ihr wollt, ihr Gasmänner, Eiernocken und Revanchisten (Ihr kriegt die DDR nie zurück). Haut die Gabel tief in den Kuchen, sie hat doch nichts im Arsch zu suchen. Auch wenn das der Attersee ständig zeichnend propagiert. Blumentopf mit Augen drin, laßt Euch nicht verrückt machen. Verbindet Euren Kindern die Augen, damit die Hirnschale sauber bleibt. Erschwerend kommt hinzu, daß es hier überhaupt sehr dreckig ist, kann vielleicht jemand mal die Taubenscheiße aus der Bäckerstraße wegräumen und nicht gleich wieder am Lugeck abladen. Eigentlich wollten wir jetzt auf Walter Pichlers Skulpturen eingehen, aber da wir gerade so viel über Scheiße gesprochen haben, sparen wir uns das besser für später auf. Ende November an einem verregneten Tisch im Panickel setzte ein Reporter namens Geierhofer sein Sackgesicht an unseren Tisch und aus dessen Mund (unten Mitte) perlten intelligente Fragen wie: Herr Kippenberger, Herr Oehlen, was haben Sie vorher gemacht? Hier unsere freche Antwort: Bestimmt nicht dasselbe wie Sie. Ha, ha, ha. Können Sie das genauer beschreiben? Wir haben geheizt für Bilder, damit später Bilder für uns heizen.

Hier erhebt sich die Frage, wie gefällt es uns in Wien?

Wir lieben die unendlichen Straßenzüge, deren beider Enden in jeweils anderen Straßenzügen enden (Ausnahme Ring). Besonders schätzen wir die Fähigkeit bestimmter Wege, uns am Donaukanal längs zu führen, wo hinter jedem Baum sich der Falko ins Haar schmiert. Desweiteren achten wir die Leute, die unter uns leiden mögen. Als dann das gute Essen von Tante Maridi im Oswald&Kalb und den Stammtisch, den wir versuchen zu vermeiden.

24. 12. 1985

Es klingelte fortentwegt. Wen es an den Ohren trifft, der kriegt es auch an den Füßen zu spüren. Dagegen wurde eine Abwehrreaktion ins Leben gerufen, Reflexionen, die aus folgenden Punkten bestehen: 1. Von der Copa weg. 2. Nach C&A rein. 3. Mit Strandschuhen wieder raus. Und wenn Sie dann jemand am Strand albern hüpfen sehen und denken, der hat 'ne Meise und ist dabei, auf seine Art und Weise seinen Samba zu erfinden, seinen Flucht-Samba, dann sind Sie auf dem falschen Dampfer namens »MS« Meise aus der Flotte des Unwissens. Der ist nämlich gerade dabei, seine gestauten Quanten gründlich zu verheizen. Ist doch wahr. Sie können alltäglichen Gefahren, ob Sie wollen oder nicht, keinesfalls entgehen. Das will nach dem ersten Klingeln erkannt sein. Deshalb seien an dieser Stelle Ihnen die drei Hauptgefahren geschildert: Wie schütze ich mich gegen Rio und das Heimweh: Gefahr Nr. I. Die schlimmste Gefahr aus dem Dreierbunde ist der Glaube, alles wäre gleich wie zu Hause, bloß wärmer. Gefahr Nr. II ist der Glaube, jeder, egal welche Hautfarbe, Kleidung, Angewohnheiten und Attitüden wäre unterschiedlich Zuhause. Und drittens und letztendlich die größte Gefahr ist zu glauben, der Strand wäre überwindbar. Selbst wo eine lütte Insel der Copa nahegelegen ist, wird es einfacher sein, von Alkatraz nach Kizmiaz die Fliege zu machen (üben), als von der Insel ins heimische Elend, das das verpflichtete Elend ist. Nicht zu schaffen. Besser erstmal mit Schweiß zu kochen und dann zu denken auf einem C&A brandneuen Badelaken. Die unüberlegte Flucht in Richtung Robinson (im Elendssalzwasser) könnte abrupt durch das an die Wange klatschende Surfbrett beendet werden. Unser Tip: Bewegt Euch besser in Richtung Altstadtboutique und kauft erneut ein vernünftiges Badehandtuch, auf das Ihr Euch dann zum Nachdenken und Heizungsparen an den Strand hinlegen könnt.

25. 12. 1985

Donnerstag, 15.11 Uhr. Die Temperaturen sind auf 30 Grad gesunken. Eine bedrohliche Wolke treibt das Braune von der Copa zurück in die Blocks hinter der Avenua Atlantico oder in die Kantinen der Ipa. Die Menschenflut hat auch uns dahin gespült, und so spülen wir jetzt alles Bedrohliche, was uns auf einmal einfällt, auf einmal runter und haben somit unsere Glocke. Frei zum Sinnen wie folgt: Alles ist rund, doch die Drinks müssen runter; aber davon später. Die Leute in den Anstaltskantinen haben einige Verschönerungen vorgenommen: Poster von Jazzern, primitiv colorierte Fischernetze, geknotete Ornamente schmücken den Raum und sorgen ein wenig für Entnervung und Gemütlichkeit in der Hölle. Hier fehlt es uns an gar nichts. Wir gehen miteinander um wie Unschuldige mit Unschuldigen. Hier fragt keiner nach – hier will man keine Beweise. Das haben wir hinter uns. Toll ist es, hier zu sitzen am Nachmittag in der Ruhe vor der Hektik des Abends. Oehlen läßt die Blicke schweifen über die Straße rüber auf die Ipa und das dahinter gelegene völlige Blau des Meeres. Dabei entspannen bei Käse- und Milanese-Happen und Kippenberger ganz speziell beim Wachsenlassen seiner Haare. Die Fülle der Leere scheint auf den Flügeln der Vögel daherzuschweifen, keine teuren Argumente geben sich ein Stelldichein, überhaupt kein Streß wie die fröhliche Relaxtheit beim Friseur in Graz, wie das Hinflattern einer ausgelesenen Times in Manchesters Gassen, wie die zarte Flöte eines Hirtenjungen in Pest, wie das fröhlich zarte Pfeifen eines Arbeiters in Mailand auf dem Weg nach Hause von seiner Geliebten her, wie das behäbige Umkippen eines Sackes Reis in Goa, wie das gleichförmige Bruzzeln frischer Stinte in einer Pfanne aus Jeva, wie das Abkühlen eines Schalldämpfers in der zittrigen Hand eines Chicagoaners, wie das genüßliche Aufpumpen eines Fußballes durch einen Malediven vor einem wichtigen Benefizspiel, wie die letzte Schlüsselumdrehung Freitag nachmittags auf dem Arbeitsamt von Monte Carlo, wie Serge Gainsbourg bei Auswahl einer geschmackvollen Krawatte in Lyon, wie Johannes Rau nach der Einnahme von drei Schmerztabletten, oder wie das Dahingleiten der Kaulquappen im Tümpel bei Tempelhof von Berlin und wie der Nachspann eines spannenden Films, der ein gutes Ende gefunden hat, und wie das Supergefühl von Keith Richard, wenn er sich zur Blutreinigung in der Schweiz aufhält, und erst recht wie Beate Uhse und natürlich so ausgeglichen wie bei der Wahrnehmung, wenn Kippenberger in Köln am Hildeboldplatz seinen Nudelauflauf zum Aufbraten in die Pfanne gibt, und wie der feuchte Glanz in A. Oes Augen bei der Übergabe von drei selbstgemachten Schallplatten, die auf einmal fertig wurden, um es einfach zu sagen, wie das ausgefüllte Leben eines Gletschers. An dieser Stelle könnten wir noch zig andere Beschreibungen von unserem Absitzen folgen lassen, aber wir waren in einen Dokoupil-ähnlichen Zustand gerutscht, der sich meistens in leisen Wehen vor und nach dem Malprozeß zeigt. Bloß, daß Jiri mit seinem Leben dafür bezahlt. Wir dagegen befinden uns nur in diesem Zustand, wenn es die Zeit ansagt. (Zeitgleich = muß) Und woher die Zeit nehmen, sich immer schlecht zu fühlen. Davon ab ist Aggression ein alter Hut, der durch die Ruhe entsteht, den wir uns aber zur Berichtigung von Situationen von Zeit zu Zeit gerne aufsetzen. Der Hut ist der Kreis um den Kopf. Die zerzauste Linie, die den Kreis ergibt, wird sich immer wieder einfinden, wenn man lange genug wartet. Hat man keinen Hut nötig in Rio, läßt man den freien Platz auf der Schädelaußenfläche für Transporte der lebensnotwendigen Einkäufe. Siehe Epilog!

17.50 Uhr war gar nichts los. Wir waren just vorm Mittagsschlaf im mehr oder weniger vertrauten Cafe aufgewacht zum Hungern – nein, zum Essen. Weit weg von zu Hause, weit weg vom Hotel entfernten wir uns vom Cafe in Richtung gekochter Folklore. Was ist das, gekochte Folklore? Wir kannten nur Folkloremusik. Schon mal was von Essen gehört? Albert nimmt die 64 und ich die 52, jeder zur Hälfte. Wir bremsten vorzeitig auf dem Teller, Albert die Fleischbremse, Martin die Nudelbremse, weil wir meinten, die Typen im Hinterzimmer der folkloristischen Gardine sollten erstmal ein Weilchen an ihrer Technik üben, wie mach ich aus Billigbohnen Luxusbohnen, aus denen dann endlich lecker Nudeln werden. Wir schrieen laut: »Arriva, arriva! Rechnung arriva!« Aber bei keinem der umherstehenden Wächter fand unsere Aufforderung zum Kassieren Anklang. Davon ab störte sich nun keiner an unserem lauter werdenden Nachruf »Arriva, arriva, Rechnung!« – bis wir es endlich einsehen mußten, daß wir nicht in einem Restaurant waren, sondern bei Leuten im Hinterhof, deren Reste wir genossen haben. Aber das glaubt uns ja zu Hause keiner. Diese Problemchen überließen wir unserem Magen und ließen dafür unsere Kehlen deutlicher werden. Wo können wir dem Sonnenuntergang lauschen und dabei ein gutes Glas Wein trinken in Ruhe hier? Fragen wir doch einfach den Scheißtaxifahrer, sprach der Gaumen heiser. Wir stoppten also den Taxifahrer und fragten unmißverständlich, wo. Der antwortete auf höflich scheißerisch: »Hier, Senores, I drive you sometimes around the brown blocs and then we arive here again for money for me.« K zu Oe: »Scheißidee, aber ich bin dabei.« Oe zu K: »Okay«. Es dauerte nur einige Zeit, und wir hatten keinen Bock mehr auf Trinken und Autofahren, zumal es im Wagen fürchterlich nach Alkohol stank. Aber es war nicht die Schuld des Fahrers und auch nicht unsere Schuld. Es war einzig und allein die Schuld des scheiß alkoholbetriebenen Fortbewegungsmittels. Ein Mensch weiß, wann er genug getrunken hat, dann fällt er um – aber ein Auto in Brasilien... Durch die lebendigen Lichter der Großstadt trieb es uns durch dicke und dünne Straßen ins Bett, wo wir einschliefen und aufwachten.

26. 12. 1985

Freitag, 10 Uhr. Die Zeit von 10 Uhr bis 10.15 Uhr beschreiben wir anstandshalber nicht. Das soll Ihnen das

Schwein von Hanno Huth (auf), den wir nicht kennen, selber dementieren. Nur soviel sei gesagt: A und M standen im falschen Badezimmer entsetzt vor einem gebrochenen Spiegel und beteten gebrochen nach oben: Lieber Gott, gib es, daß es ein Teebeutel ist. Zurück ins eigene Hotel und durch den Lift, der uns nicht mehr so fremd vorkam, wurden wir nach oben katapultiert, um die Klingel im dritten Stock zu amputieren und uns zwecks Vergessen und Verleugnen hinzulegen, um dann auf ein Neues den angelaufenen Tag »Guten Tag« zu nennen. Wir wachten erneut auf und erfuhren voneinander, daß es ja nicht so übel wäre, den scharfen Hanno (in Frankfurt unter den Künstlernamen »das Schwein« bekannt) zu besuchen und nach ihm in der rua Boliva (8. Stock, dreimal klingeln, dann Türen eintreten und Putzfrau in Frieden lassen (wie es auf unserem Zettel stand)) zu schauen. Nach leichter Treterei an dem Holz der Porta fanden wir zwei Putzfrauen, ein Spiegelbild und ein goldenes Auge verkeilt im gebräunten Gestänge des Schweins, wie auch wir ihn nennen durften. Die zwei Putzfrauen waren sehr, sehr schön und hatten wenig getrunken. Wir waren nur kurz verwundert, denn unser Freund, den wir nicht kannten, erwähnte immer nur eine Putzfrau. Welche, so schoß es uns in den Kopf, ist die richtige? »Und was wird überhaupt geputzt?«, fragten wir laut. »Ich hier«, antwortete das Schwein. Er bat uns, unterbrochen von zimmerlautstarkem Liebesgewehe, doch Platz zu nehmen und fuhr fort mit Gesten der Umarmung, die Kinder kostet. Da sah alles sehr gut und nicht zu schnell aus. Das eine Mädel sagte ständig ah und oh, und das andere H und no. Sie erweckten den Eindruck, als ob sie sich sehr, sehr lange kennen würden. Der Zauber der Intimität, umflutet mit einer flüchtigen Brise frischer Luft aus dem einen Fenster zum anderen Fenster, verwandelte die Leiber in einen heiligen Gral. Die Körpersprache gebar neue Dialekte. Wir schlossen die Fenster. Der Zeugungswille nahm, bei näherem Hinsehen, napoleonisch kreative Züge an. Es schien nicht die Rakete beim Start oder die Lok in den Tunnel S8-mäßig einfahrend darzustellen – es hatte mehr was Musikalisches: A warm gun is happiness. Die Zeit verstrich im Zuge für die drei Nackten. Wir putzten solange die Wohnung. Oe zu K: »Ganz ordinär. Die Wohnung ist jetzt so sauber wie das Rohr von Hans.« K zu Oe: »Ja, red keinen Scheiß. Laß uns jetzt den Flur kratzen, aber vergiß nicht, den Hanno mitzunehmen!« Oe zu K: »Red du besser keinen Scheiß! Gib lieber dem Pförtner ne Million!« K zu Oe: »Die müßte ich den Putzfrauen aber erst abnehmen.« Oe zu K: »Du Schwein!« K zu Oe in überhöhtem Ton, so daß es auch jeder in der Rua Boliva hören konnte: »Laß den Scheiß, du Schwein! Muß das denn sein?« Sie schlichen sich leise von dannen. Paar Blocks weiter gelangten sie in eine riesige Eisbude, um Eiseier zum Abkühlen zu essen.

14 Uhr. Copa Cabana. Es war an der Zeit, den Strand zu patrouillieren und patrouilliert zu werden. A ganz angezogen und M mehr angepaßt. Vier Kilometer hin und zwei zurück. Zeit genug, Dickes mit dünnen Gedanken zu würzen. Wir hatten bei dem mühevollen Gang durch den kalorienreichen Sand das Gefühl, eine Freundschaftspflicht erfüllen zu müssen, auch wenn sie mit Opfern verbunden ist. Sonst würden wir mit uns unzufrieden sein. Eine Leidenschaft klang an. Wir mußten einfach einen Weg finden, um aus dem Ghetto der Copa herauszukom-

men. Nach einem bißchen Mühe müßte es zu schaffen sein. Man erwartete schließlich eine Erwartung von uns. Unsichere Pläne haben geringe Aussicht, das wußten wir. Wichtiger ist, das Erreichte zu sichern. Eine Zufallsbekanntschaft hält nicht, was man sich erhofft. Dann kann eine Gewohnheit infektiös hinderlich sein, dachten wir. Wir müssen uns trotz alledem von Vorurteilen frei machen, denn wenn wir ein so freies Gewissen wie schlechtes Gedächtnis haben, brauchen wir den Klatsch nicht zu fürchten. Zu diesem Zeitpunkt wanken unsere Haltungen noch wie Palmengebäum im schrillen Tageslicht. Der Fehler eines Kollegen, der sich zu unseren Gunsten auswirken könnte, wenn wir taktvoll Nutzen ziehen und anderen nicht ins Wort (Wort = Ablenkung) fallen. Aber es drängt halt sehr, wie es uns unter der Sonne scheint. Gegen fremde Ratschläge ist gesundes Mißtrauen besser am Strand.

Nach dem Copa-Strandlauf-Programm wurde Dollarknete zu Denieropulver verarbeitet. Wir zogen uns frische Wäsche an, und nachdem wir unseren Visagen eine one-man-Rasur haben zukommen lassen, kreisten kurzweilig die geeigneten Schlingen für das abendliche Abenteuer um unseren Hals. Wir starteten den Probelauf unter den sich zunehmend verdunkelnden Himmel der Vorhölle. Um uns geschmeidig zu trainieren, liefen wir unseren abendlichen Zick-Zack-Kreislinienlauf wieder auf der Copa. A auf den schwarzen Feldern, M auf den weißen. Nachdem unsere Körper die Form eines gummiartigen Laternenmastes angenommen hatten, schauten wir in der Studentenmensa vorbei, um Hanno abzuholen. Um so schneller wir schritten, um so schneller kam das gefürchtete Ziel auf uns zu. Noch stellte das Ziel eine fleischartige, undurchsichtige Form dar – geprägt von Befürchtungen aus schlechten Kinsley-Beschreibungen, Groschenromanen mit zu geringen Forderungen, Scheiß-Bukowski und Miller-Schund, Piß-Autobiographien hochsensibler anderer Rasseköpfe, der längst praktizierte Schmutz in den unordentlichsten Betten Europas, Realität gewordene Schulhofwitze, Filmwerke düsterer Natur in Einzelkabinen, Lügen oder Nichtlügen über Körperbauten hier und gleich, glaubwürdige und unglaubwürdige Tarifvorstellungen, Hygienefuturismen.

Blumige Abgesänge von Rainer Okudoku, der das schon alles hinter sich hat, das allsagende kindische Gegrinse von Jiri Georg Dokoupil. Umsonst der Gang zur Mensa, wir treffen Hanno das Schwein im Barbarella-Liebes-Club: beim Essen einer Auster bei Franz Keller in der Aachener Straße, prahlerische Ängste, Drohungen von Michel aus der Paris Bar: Du bist kein Freund mehr von mir, wenn du es dir zu leicht machst. Wird die richtige Haarfarbe den richtigen Kopf preisgeben nach nicht allzulangem Mühen? Wie hoch muß der Spiegel hängen, damit wir einen Bruchteil verstehen? Wie inhaltlich darf unsere Überzeugung von der Tat sein? Ist heute auch der richtige Tag? Das Ende des Tages im Barbarella-Club angebrochen?

26. 12. 1985

Wer die Welt kennt, weiß um die Unterschiede der Hautfarben. Die Puppen der exclusiven Modeläden sind braun angemalt. Die Dekorateure haben sich nicht getraut, ihren Negerpuppen auch Negerperücken aufzusetzen. Statt dessen tragen sie Käppis, und diese sind mit gelber Wolle umwickelt. Die Sachen sind dezent und teuer, wobei bei dezent dünn und unauffällig gemeint ist. Aber vielleicht haben die Brasilenen (Cariocas) einen geübteren Zoomblick. Wenig Mühe haben sich die Juweliere gegeben, ihre Schaufenster sind scheiße gestaltet, und sie haben nicht mal die Gitter hochgezogen. Ein Teil liegt neben dem anderen, dazwischen, wo Platz ist, Holz, Muscheln, Dreckpostkarten, echter Dreck, kleine Waagen, Postkarten von Waagen, und die Scheinwerfer scheinen einem direkt ins Gesicht, um einen zu blenden anstatt falsche Schatten auf echte Edelsteine zu werfen. Wir biegen in die Rua Barata Ribeiro. Der Platz, in den sie mündet, heißt Plaza General Osorio. Dies ist ein Platz mit kurz geschorenem Rasen, der auf Sand gebaut ist, 4 Fahnenmasten und 4 Parkplätze. Zwei unwahrscheinlich schmale Gehwege kreuzen sich links und rechts, was dem Hang der Brasilenen zum Ornament entgegenkommend wirkt. An einer Ecke, eine Seite zum Meer, eine zum Platz, steht der Barbarela-Gebäudekomplex mit der Residenz der Pauschaltouristenärsche und dem Hotel von nebenan. Aus Rücksicht auf die Grundstückspreise dürfen hier die Häuser höher sein. Dieses hat ein Ziegeldach und ist weiß gestrichen. Im Erdgeschoß befinden sich ein Straßencafe sowie ein Sport- und Fotogeschäft, wobei sich alle Straßencafes, Sportgeschäfte und Fotogeschäfte in Rio zu gleichen scheinen. Durch eine kleine dicke Tür, die ausnahmsweise einmal gelb gestrichen ist, betreten wir die Rezeption. Es ist kein Mensch da. Wir sind alleine mit dem Liftpagen in einem dunklen, mit Holz verkleideten Raum. An den Wänden stehen Glasvitrinen, die bis auf zwei Krüge leer sind, die voll sind. In den Krügen befindet sich traditionell heilige Spucke von Dämonen. Wir müssen nicht lange warten, da kommt der Portier, der dem Liftpagen sehr ähnelt. Er ist Mitte, Ende dreißig, wobei der äußerliche Schein der Altersangabe zwischen vierzig- und fünfzigjährigen Farbigen kaum ins Gewicht fällt. Er sagt nur: »Vierter Stock. Zimmer frei, aber teuer, wie so vieles hier.« Worauf Albert dem Portier zu verstehen gibt: »Auf preiswert kommt es uns nicht an. Was wir brauchen, wie sie sicherlich wissen, ist die Cinemaskopaussicht auf die Copa und deren Betreter und Betreterinnen in braun gehalten und höchstigenfalls auf die Ipa. Und wenn sie uns jetzt noch die Fahrstuhltür aufhalten könnten, dann wäre das...« Aber er verstand uns sowieso nicht. Das Appartement gefällt uns, denn es ist geräumig und macht einen optimistischen Eindruck, obwohl die Birne über der Hausbar nicht funktioniert. Es kann vier Zimmer aufweisen, wir können nicht feststellen, wo der Ventilator steht, welcher brummt. Wir schmeißen die Koffer auf die Betten und beschließen, gleich noch eine Forschungsrunde zu drehen. Zuvor jedoch pocht Kippenberger auf sein Recht, das größte Bett für sich in Anspruch zu nehmen, das da aussieht wie eine zu groß geratene Stereoanlage mit kaputten Knöpfen. (Dolby müssen sie selber mitbringen.) Der Vertrag war wieselflink unterschrieben, sowie uns der Lift mal wieder wieselflink nach unten beförderte. Kaum hatte der Magnet vor der Tür, wie er überall in großen Städten liegt, uns nach draußen gezogen, stießen die Birne von Albert und der Ballerkopf von Martin gegen ein Gitter. Hier ist nämlich alles strengstens bewacht, egal von welcher Seite. Wir mußten nur noch rauskriegen, von welcher Seite des

Gitters die Fütterung stattfindet. So versuchten wir es erstmal mit der anderen Seite. Vom Appartemento bis zum Strand sind es nur ein paar wenige Schritte. Ab Einbruch der Dämmerung wird der Strand von hellbraunen Scheinwerfern angestrahlt. Diese stehen so dicht, daß sie drei Schatten vor uns werfen pro Person inklusive Märchensteuer. Nach zwanzig Metern fällt der Strand steil ab. Dieser Teil liegt im Schatten. Wir stehen ganz alleine im Dunkeln wie die Brandung, die tost, obwohl die Wellen nicht sehr lang sind. Außer ihren beständigen, unermüdlichen Wellengeräuschen ist nichts zu hören, nur ihre kleinen Ausläufer versuchen, an Land zu robben. Jetzt heißt es für die Fußabdrücke des langen Tages »tipp und ex«. Deshalb sieht man auch keine Autos und keine Möwen hier. Wir gehen zurück zum Appartement. Die Suche nach dem Wunderbaren verlangt nach einer Pause. Der Strand ist leer, dementsprechend müssen die Favelas voll sein. Wir gehen noch in ein Bistro und bestellen ein Bier. Die Belgier verstehen, das Bier zu brauen, die Brasilianer nicht. Wir bekommen ein tangafarbenes Getränk, leicht verkühlt, das leicht scheiße schmeckt, und uns dem Appartemento näher bringt. Die Liebe zur Hoffnung und zu anständigem Getränk soll uns erhalten bleiben. Was wir jetzt brauchen ist Elexier, besser Fernsehen als Scheißbier. Kein Programm gefällt uns, wir stellen den Ton ab und schmeißen uns aufs Sofa neben der Bar. Das Fernsehprogramm wurde ständig unterbrochen von Dr. Sokrates (Fußballer), das Volk solle Milchtüten (Pariser) hauptsächlich zur Karnevalszeit besorgen und auch benutzen. Zum wiederholten Male zünden wir uns Hollywoodschi an. Neben dem Sofa sind zwei Lichtschalter. Damit können wir die Deckenlampe, einen Kristalleuchter mit Kerzen nachgebauten als Glühbirnen, und die kleine über dem Sofa an- und ausschalten. Neben dem Sofa steht noch eine kleine Lampe, die allerdings ihr Licht schon ausgepustet hat, was man von uns nicht behaupten kann, weil wir haben noch einen Rest Kokain in der Milchtüte, den wir uns jetzt reinziehen. Unsere Köpfe, die am Bein befestigt sind, fangen an zu jucken. Aber wir kratzen uns nicht, um die Wirkung des Kokain nicht zunichte zu machen. Das Telefon klingelt. Auf der anderen Seite ist die Stimme des Portiers erhörbar. Er hat zwei wichtige Fragen an uns zu richten. Erstens: Ob bei uns im Badezimmer ein Wasserhahn tropfe. (Es sollte sich später herausstellen, daß in einem unserer drei Badezimmer tatsächlich ein Wasserhahn tropfte.) Zweitens: Seniors, hier ist eine Dame, die sich Mutter Tereza nennt. Die will zu ihnen nach oben heraufkommen mit dem Lift. Unsere klare Antwort lautete: Sie möge Gas geben. Kaum hatten wir das Wort geben ausgesprochen, klopfte es an der Appartementtür. Kippenberger öffnete das Portal und was er auf den ersten Blick erkennen konnte, es handelte sich um Fräulein Fischer, seine Erzieherin von Tetenshof von 1962-1965. »Bon dia, ich bin Tereza.« »Ich weiß schon, Tereza, komm rein!« Man hätte eher vermutet, daß sie unten auf der letzten Seite steht, aber jetzt, wo sie bei uns war, war das egal. Wir waren nun glücklich und zu dritt. Wir schalteten den Fernseher aus, so daß es ganz dunkel war. Kippenberger verschwand mit seiner Erzieherin, und Albert versprach, Bescheid zu sagen, sobald es wieder hell wird.

27. 12. 1985

Es ist wieder hell, und es klingelt an der Tür. Mutter Tereza hatte eine Hausgehilfin besorgt. Sie hieß Marie Jose. So konnte sich Martin wieder mit Albert beschäftigen, da Mutter Tereza damit beschäftigt war, sie in unsere Gewohnheiten, die da kommen sollten, einzuführen. Das war nicht schwer, weil Marie Jose ihre Tochter von dem Berg der sieben Zwerge (Favelas) mitgebracht hatte, genannt Paula, die aussah wie Paul. Paula fitschte nach draußen, um folgende Besorgungen zu machen: Uma cerveja, pao, manteiga, leite, uma agua mineral, sobremesa, acucar. Kippenberger guckt nach, ob es schon etwas im Fernsehen gibt, und es klingelt beim Schalten. Es gibt nur mißverständliche Informationen über neue Techniken im Trainingslager der brasilianischen Nationalmannschaft. Das Trio setzt sich an den Tisch, um sich Kaffee mit warmer Kuhmilch einzugießen. Zugleich fangen alle an, sich die Brötchen zu schmieren. Bis auf K., der läßt sich von M. T. das Brötchen schmieren, da seine Hände zu sehr zittern. Trotzdem schmeckt alles fad, auch die Marmelade aus dem Hochland von Manaus. Alle hoffen, daß der Kaffee sie wieder fit macht, denn nach wie vor macht die wüste Ansammlung von Farben und Formen und Seasail-Postern jeden schwindlig. Man bespricht sich und kommt zu dem Schluß: Laßt uns mal draußen nachgucken an der Copa, ob Künstler neue Werke parat haben, um der Wohnung eine andere Note zu verschaffen, in der wir uns dann stimmungsmäßig vertragen können. Weil, das wußte Kippenberger ganz genau seit seiner Kindheit, daß Bilder als surrounding für zeitweilig angekratzte Gefühle eine immens positive Wirkung haben. Der Lift, sie wissen schon

... Das Gitter, sie wissen schon ... Die Copa, sie ahnen schon ... Aber sie haben falsch geahnt. Denn die Copa hat jeden Tag einen Becher voll mit Neuigkeiten draufgelegt. Der Bildermarkt auf der Avenua Atlantica ward sofort in Augenschein genommen. Einer riß den anderen von Stellwand zu Stellwand. Wir fanden ausreichend gute Bilder wie zum Beispiel: Der verdoppelte Stuhl in Öl, die Einfahrt zur Alma-Farm in Öl, in Öl diskutierende Nonnen beim Ballspiel, einige jugendliche Akte von Almeida junior sowie Eliseu Viscontis äußerst unsentimentale Blicke, die dieser aufs Landleben geworfen hatte. Die skulpturale Abbildung eines schlecht rasierten Holzkopfes sowie das Türschild von Dr. Manuel. Das Geld hatte seine Künstler gefunden. Das war harte Arbeit. Überglücklich über unsere Treffsicherheit begossen wir diese Werke mit agua mineral con gas. Nicht nur, daß wir jetzt Besitzer von modernen Originalwerken waren, auch das schmiedeeiserne Lächeln von Mutter Tereza verführte uns, ins Schwelgen zu geraten. Albert zu Martin: »Kippi«, Martin unterbricht ihn, »ich weiß schon, was du sagen willst. Aber sag nicht immer Kippi zu mir, ich heiße Martin und bin nicht der Dackel von Edda, so wie du nicht der Andreas Schulze von Six Friedrich bist.« Oehlen zu K: »Kippi, ääh, entschuldige bitte, Martin, aber du weißt doch, unter dem Strich heißt es ›The price is right‹.« Tereza lächelt. Wir klatschten dem Kellner das Trinkgeld im voraus auf den Wangentisch, um uns ungestört über Kunst unterhalten zu können. Oe. zu K.: »Findest du nicht, daß die Bilder etwas mauerhaft wirken, auch in gewissem Sinne unnahbar, man wird nicht so...?« K: »... hereingezogen.« Oe: »Der Kontakt muß stärker erarbeitet werden.« K: »Das können wir ja zu Hause nachholen.« Oe: »Die Skulptur hat übrigens dadurch, daß man eine einfache, gleichmäßige Fingerarbeit abgedrückt sieht, ebenfalls etwas Kindliches, etwas Freundliches auch, trotz der zum Teil grimminös erscheinenden Inhalte.« K: »Ja, das hat mich bei der Skulptur von Anfang an interessiert. Nicht, wer mir die Skulptur erklärt und verkauft, sondern man soll diesen Punkt sehen, wo es immer hin- und herklappt. Das ist einerseits etwas sehr Naives, Direktes, hat von der Angehensweise her (geschichts- und traditionsfrei), auf der anderen Seite aber auch durchaus eine gewisse Raffinesse im Verkleiden der Zukunft – das ist sicher etwas hochgestochen, aber es geht schon in diese Richtung.« Das Essen interessierte inzwischen die heftig Diskutierenden nicht mehr und wurde kalt. Oe: »Ist es denn wirklich immer so wichtig, ›warum‹ zu fragen? Das führt leicht ins Unendliche und verliert sich irgendwo. Ich würde immer ›wozu‹ fragen: Was ist intendiert? Damit würde die Sache tatsächlich schon mal ernster: Dadurch, daß die Frage nach der Intention überhaupt auftaucht. Ja, das Motiv der Weltkugel – was soll ich nun dazu sagen?« K: »Ja, das könnte eine Frage werden oder eine Betrachtung.« Oe: »Die Weltkugel gehört zum Instrumentarium, das sich irgendwie aufgedrängt hat. Wenn wir vorhin davon gesprochen haben, daß man versucht, durchlässig zu bleiben für die Probleme der Welt, dann kann man schon mal dazu kommen, ganz naiv und direkt die Weltkugel wirklich zu nehmen und sie in verschiedenen Konstellationen auftauchen zu lassen, in diesem Fall als Kopf oder Zaun, der vom Körper oder Strandzaun getrennt wird in einer sehr theatralischen Vorstellung mit einem unrasierten Vorhang zur Seite.« K: »Vordergründig puppenhaft gefangen fast.« Oe: »Wie ein puppenhaftes Welttheater, das seine Grenzen kennt. Es gibt ja auch im Spätmittelalter solche theaterhaften Bilder, die auf Bildsprache verzichten und dadurch auf interessante Probleme stoßen und stoßen lassen. Das ist also prinzipiell nichts Neues, daß Bilder billig sein müssen, um als Bild (Weltkugel) zu wirken (bilden um jeden Preis).« Oe: »Ich verstehe diese Kugel und die einfache Form der Einkreisung. Ich verstehe den Mond, wenn er voll aufblüht. Aber ich verstehe nicht den gemeinen Sinn der plastischen Abgrenzung des Mondes, denn er erlaubt die gleiche Wirkung auf den Hund und mich. Z. B.: Da passiert zum Beispiel immer irgend etwas, daß der Hund sich in den Schwanz beißt, und ich nicht allein nach Hause gehen will, wenn überhaupt. Denn das Muster im Pflaster der Straße ist angeklebt auf dem Ball, der uns hier als Welt bekannt ist. Da kann es schon mal vorkommen, daß sich die Abgrenzung als Erleiden, groteske Überraschung und Unfall zu erkennen gibt.« K: »Das kenn' ich auch aus meiner frühen Kindheit, das starke Erlebnis auf der Garage, wo ich die Grenze und das Gefühl der Begrenztheit unter dem Himmel über mir erstmals wahrnahm.« Die Klingel eines Fahrradfahrers, der auf dem Weg zur Rua Mousse au Chocolade ist, unterbricht den fließenden Strom beider sich Unterhaltender. Oe zu K: »Immer, ich auch.« K zu Oe: »Ich wollte es ja eigentlich nicht erwähnen, aber ich finde, alle sollten transzendieren, ob Künstler oder nicht Künstler. Selbst wenn vieles dabei nicht durch die Oberfläche dringt.« Mutter Tereza fragt: »Palado bonno?« K und Oe: »Vamos a casa!« (K., schweißgebadet, schaut sich um und sucht verzweifelt nach seinem Schamanen. Die Ewigkeit spiegelt sich im schweigenden Tee, und er will gehen.) Wir beschlossen, zu Fuß nach Hause zu gehen, um zu sehen, ob die Bilder, die wir erworben hatten, wenn wir sie an die Wand hängen, hängen bleiben oder günstig von der Wand fallen. Doch zunächst schlenderten wir durch die märchenhafte Szenerie lebensfroher und herzlicher Menschen, schlafend auf schlicht bedruckten Papierdeckeln. Die Straßen waren erfüllt von Sambaklängen, Rasseln und anderem ungewohnten Geläut … Das klingt wie ein Traum, das ist aber wahr. Rio de Janeiro, die größte tropische Stadt der Welt, hat zwei Extreme unter einen Hut gebracht, uns zu becircen und zweitens uns die Straßen zu Füßen zu legen usw.. Alles geschah in unserem Interesse. Wir hatten gut gegessen, waren frohen Mutes und hatten unsere blauen Augen schon auf das Abendprogramm gerichtet. Die Freude war übergroß, denn wir sollten noch mehr Straßenclubs und anderes in Augenhöhe zu begutachten bekommen. Alles sollte aufbauend werden. Darüber waren wir uns einig.

21.30 Uhr. Wie wir, ist auch Rio ein Freund der Nacht. Kaum waren wir aus den Startlöchern geraten, fielen wir ins Lichtermeer ein. Alle Kassen waren auf. Die Ober auf dem Weg zu uns mit Doppelpacks. Sekt Methode Champagneuse in verschiedenen Abfüllungen. Sensation wie die schreiende Sonne. Sambaakzente. Kreischende, psychedelische Flammen. Sündhaft teure Whiskey. Love-Kino volle Breite. Vibrierende Tänzerinnen, mitreißende Hits. Mindestverzehr. Wochenendcocktail. Stunden des Countdowns. Endlose Darbietungen wie Haarekämmen. Grooveabteilungen. Zappelnde Scheiße. Frivole Tischbestellungen von Air-Guitars begleitet. Ausgezeichnetes Bier vom Faß. In Topfform für Rückkoppelungen. Gutgelaunte Momente. Inferninios. Mac Donalds. Krach.

Mulattenpupillen. Scherbenvariante. Arschvitrinen. Aufpassende Frauen. Farbigste Ereignisse. Andere Burschen. Äquivalent für Jesus. Schrille hübsche Töchter von Papa Hemingway. Devotionalien für die Macumba. Hier ist das Leben! Der Schopf hält hin. Geldwechseln. Und wieder der uns liebende Sammler. Tolle Tage. Klappende Toilettentüren. Verdatterte Schnelligkeit. Grinsende Straßen. Taschengürtel. Flöten und Schlaginstrumente. Sympathie für Vorgänger. Schallplatten und Kassetten. Entsetzte Aschenbecher. Striptease als Ouvertüre. Titten, Beine und Einsatz. Haufenweise Bauchnabel und rückenfreie Kleider. Hacken wirbeln. Glasige Augen. Gute Musik und rassige Mädchen. Schwindlige Teilpressur. Beschwörung der Fieslinge. Interessantes Winken. Eis mit Cola. Cola mit Eis. Und viele quiekende Frauen. Cambiare. Versetzte Tanzflächen. The action. Priester und ihre Gefolgsleute. Große Versuche auf der verschissenen Welt. Weitere Minuten und die Tochter vom Krabbenfänger. Welcome everywhere. Hysterie beim menschlichen Flippoutdance. Völker mit Mut zum Machen. Ein Reigen der Krankheiten. Entfesselte Energien. Dauerwelle. Oskar Niemeyer. Einmalig unwiederholbar, erzählerisch. Billig, teuer, Dollar weg, Cuzero rein, je oller, je doller. Boogie-Woogie-Samba-Nackt-Trott. Zungen, Zungen, viele Füße. Schweißdunst. Lichter. Taxifahren. Elegant torkeln. Freistilbalancen. Noch ein bißchen Geld wechseln. Augenblickliche Einfälle. Vorhang zur Seite. Straßenclubs. Augenhöhe. Unterstützung durch Mittänzer. Zappelnde Scheiße. Ironische Beinarbeit. Körper, Arme und Urschreie. Tereza lächelt. Schweißgebadet. Ekstase im Unterhemd. Konstellationen. Jede Menge Puppen. Cooler Effekt. Vielfalt und Unbefangenheit. Hollywoodsche

Zigarros. Whiskey, Cola, Gin-Cola, Whiskey-Cola, Wodka-Cola, Kasascha-Cola, Samba-Milch-Cola, Du Milchtüte-Cola, Tanz-Cola, TV-Cola, Gewohnheits-Cola, Disco-Cola. Dolby selber mitbringen. Alles soll aufbauend werden. Palado bonno. Welch ein Traum. Die Becken rufen. Platz für genug Füße. Die Kellner winken uns nach. Die Türen werden uns geöffnet. Endlich haben wir die Sau rausgelassen. Und jetzt begeben wir uns nach Hause, um das Normalste der Welt hinter uns zu bringen, weil Müdigkeit ist im Spiel. Unser Horizont ist erweitert. Wir sind stolz auf uns. Wir werden es jetzt gleich tun. Fleisch ist um uns herum und wir sind rundum zufrieden. Denn ausgezogen sind wir alle gleich. Die aufgehende Sonne blinzelt uns auf die Popos. Rio, du bist klasse.

28. 12. 1985

12.30 Uhr. Nachdem die Nacht an uns gezehrt hatte, und wir an dem Frühstück, verließen acht Beine das Appartamento. Nach kurzer Strandkontrolle erreichten wir Hallöchen. Wir nahmen unseren Standplatz ein, riefen »Hallöchen«, sagten »Hallöchen« und ließen Hallöchen »Hallöchen, was macht ihr denn hier?« vorlesen. Wir zückten die Notizbücher und brachten folgende Zeilen zu Papier: Und nun sitzen wir wieder an unserem vertrauten Stammplatz bei Hallöchen, Viera Sonate. Vor uns liegt der Atlantik, aus dessen stinkendem Azur sich die sanften Hügel der Isles erheben, deren Namen Mutter Tereza nicht geläufig sind. Die Kastanienwälder der Ipanemischen Popos korrespondieren in zärtlicher Harmonie mit dem Kurvenmosaik der von einer Dunstglocke umwobenen Promenade. Der perfide Charme der Sonne in Komplizenschaft mit dem Gehupe der einheimischen Motorbevölkerung verwandeln unsere Gehirne in das Leibgericht der Brasilenen: Käse Milanese. Mutter Tereza, die Radfahrerin ohne Rad, Opal im Schmelztiegel der Rassen. Das Ein- und Ausflanieren unserer Gedanken wird gepuscht durch den Nikotin unserer Packung. Erbärmliche Schatten der hier angepflanzten Palmtrees dämpfen das push push des vergangenen Wahnsinns, das Mutter Tereza mit K teilen will, während K nichts davon abgibt. Die Dusche könnte ihr gesteigerter Trost sein. Abgabe: Sinnspendender Zweifel unter der Dusche des imaginären Armengeschreis. Die Nacht bis zum nächsten Klau läßt auf sich warten. Autos werden bewässert bis zum Glanz des Alltäglichen, wobei wir lieber ein fliehender Vogel am Firmament der ganztägigen Bestrahlung wären. Aber wenn der Himmel herunterfällt, bleibt auch bei den Vögeln kein Auge trocken – bleibt gar nichts trokken. Denn dann sagt niemand mehr anymore, a conto, per favor. Während der Himmel uns verfolgt, verfolgen die meist braunen Frauen unsere Pesetas. Ist das der Rap, den wir erwartet haben? Pestbeulen versammeln sich im Spiegelbild unserer Pupillen. Rio, du unsere Sauciere. Sand zwischen den Zähnen. Bevor der Buhmann mit der Kelle kommt, wird Hamburg via Kölle uns wiedersehen. Das Braune im Loch der Unvernunft verläßt den Kanal in Richtung belle epoche der Straßenschlucht. Arterhaltung findet nicht nur im Kopf statt, sondern auch von außen. Denn man kann auch alte häßliche (vernarbte) Frauen lieben. (Nicht zwingend.) Die Beziehungsfalle, gay-pirinia und Appartamento schließt sich in uns und um Rudi, den Torfstecher. Angeblich alles richtig machen, ist wieder eine von den verdammten Lügen. Müssen wir uns vorwerfen, daß Siemens vor uns da war? Es geht nicht um Einzelschicksale. Wer zählt denn heute noch Särge? (Siemens wohl kaum.) Die Liberalität der Frankfurter Schule der Apartheid (nie gehört) wird zu oft mit Bäumen verwechselt, und dabei ist Rudi nur mediterran beteiligt. Olivro e caro. Wären wir nicht jetzt und in diesem Augenblick von dem tropischen Klima unterdrückt, würden wir sofort in Hammersmith die Proklamation veröffentlichen, wie folgt: Wir müssen fast alles kaputtschlagen, was Martin Luther zusammengefaßt hat. Tiere gehören in den 13. Stock, weil da Schweine wohnen, die wahren Unterdrücker habitieren. Die oder wir. Keine Bigraushole. Wir ziehen den Kasper lieber selber an den Ohren. Der Schweinestrand kann uns nicht kaputt machen, weil wir im Sozialpenthouse sitzen müssen, und keiner es weiß. Es gibt keinen Mietwucher. Was wuchert, ist das System (13. Stock usw.). Wir werden die Schweine da treffen, wo sie verwundbar sind. An der schwarzen Pfütze. Nicht die Sonne bestimmt den Einfluß, die Mentalität bestimmt die Sonne. Widerstand gegen den Uhrzeigersinn. Kleinbürgerliche Nacktheit durch metallene Schirme abgetarnt. Der ewig braune Bräuner kennt nicht die Nacktheit des Schattens. Nicht heute comme ci und morgen Kommissar. Die größte Lüge – Heilung durch Sonnenuntergang. Gehäufte Forderungen nach Gesundheit sind wie Beihilfe zum Mord (sanitäre Vollkontrolle – Isolationsfolter durch Schmutzabsens, Äskulap-Meineid). Und wenn das Überbleibsel von Fleisch noch so groß, man legt es nicht vor den Berg. Wir haben nicht die Zeit, wir geben es den Joggern mit auf den Weg. Vertreter der Scheiße, solange ihr am Strand lauft, seid ihr nicht über den Berg, wo der

Rückenschwimmer steht. Wo bleibt der Mann, der auf der Sonne steht, wenn gleiche untergeht. Ihr unanstrengenden Wärter der Küste, Zement und Mörtel in der grauen Unterhose der arbeitenden Klasse ist gestorben. Es lebe der Sand in der Vaseline. Der Käfig ist auf, und der Zoo ist zu (13. Stock Appartement). Die Hüte der nicht vorhandenen Apartheid werden leicht verwechselt. Wo kommen wir hin, wenn die totale Aggression der Minderheit in Aversion ausartet. Sonnenuntergang ist zum Kotzen. Die Realos am Strand sind in der Minderheit. Es lebe der Samba. Früher gab es Knast – heute Müllhaufen. Der Kern war niemals im Atom, wie die Schürzen-Sisters behaupten – dopopropagandistisch (siehe auch Hockenheim), sondern in der Sache. Was seine Bestätigung findet in der neostrukturalistischen Straßenführung sowie der Absenz von kleinen schmalen Gassen am Strand. Ein Mann hat das Recht darauf, keine Titten zu kriegen. Wir schwitzen und schließen dabei das Notizbuch. Stündlich fährt meist ein Zug… [ab hier folgt bis zum Schluß der Text von: 1984 Wie es wirklich war am Beispiel Knokke, s. S. 75 - S. 113]

People de la Muse
a typical Artist poem

LEUTE, DIE EINEN WARTEN LASSEN
SEHNSÜCHTLER DER IMMER-AVANTGARDE
KLAGENDE BUCHHÄNDLER
»ICH HAB ALLE BÜCHER VON DIR«-PRAHLER
LEBERZIRRHOSE IST KEINE AUSREDE FÜR SCHLECHTE KUNST
NICHT ALS KÜNSTLER GEBORENE
PROFESSOREN AUF LEBENSZEIT
Künstler der Generation
Klein sammeln + selber gross malen
Sammler mit 2 ½ BILDER ANSTATT EINEM
BENEFIZ EVENTS
AUSGEZEICHNETE KÜNSTLERRESTAURANTS
Feinfühlige Möbeltransporte für Kunst
Kunstfreundliche Menschen, die einen ungerne ausreden lassen

AUF DEM BREITEN PFAD WANDERINNEN IM ZEITTAKT
KÜNSTLERWITWENTERROR
NACHTRÄGLICHE KÜNSTLERPAARE
KEINE KATALOG-PETER, WEIL SPARVÄTER
KÜNSTLER, DIE ÖFFENTLICH ANDERE GALERISTEN FÜR GUT BEFINDEN
ALLGEMEIN-STÄNDIG-KRITISCHE NON-MUSEUMSBESUCHER
18.50 DM SPONSOREN + 18.500 DM WERKLEIHGEBER
GEBAUTE MUSEEN ALS NUTZFLÄCHE FÜR ARCHITEKTEN + ANGESTELLTE
KÜNSTLER OHNE KORREKTE VORSTELLUNG ZUR SELBSTDARSTELLUNG
IMPOTENTE SCHRÄGE VÖGEL OHNE ODER MIT TASCHENGELD
KUNSTMUSIKANTEN
ENTDECKER, DIE ALLES KAUFEN
DAVONLAUFENDE NICHTENTDECKUNGEN
SIE ERSTEIGERIN, ER VERSTEIGERER
INTERESSENTEN, DIE NÄCHSTE WOCHE WIEDERKOMMEN
JUNGDEUTSCHE KUNSTKÄUFER IN N.Y.
ABSAGER ANSTATT VERSAGER
KUNST WARM
Angestrichenes Grau
GROSSMÜTTER AUS PLASTIK
Versuchte Enttarnung ohne Entblössung
MOMENTANE FORM DURCH DIE ZEIT ZIEHEN

Konservative Konserven anbiedern unter Kunstgeschicklichkeit

WOHL MÖGLICH INTELLEKTUELLER HUMOR
retuschierte »KENN-ICH-SCHON«-Attitüde
ÖKO – PRO + CONTRA-DAUERVERBRENNER
Kleine Oper = Bild gross
ÄNSTÄNDIGE AUSFÜHRUNG = viel Moos

Verkabelung anstatt Entnabelung
QUADRATE-KREISE-KRICKEL-STEIN-
GESÄGE-FRAKTION

LET'S GO WEST-KURATOREN
LET'S GO SOUTH-KURATOREN
Enfant-Terrible-Kritiker für Alles
WEINETIKETTEN-KÜNSTLER
3 × Bilder reservieren (schlimmer als nicht verkaufen)
Theorielastige Jungkunst

TSCHAU MEGA ART BABY!

Genf, 15. JAN. 1997.

Editorische Notiz

Um den Charakter von Martin Kippenbergers literarischen Veröffentlichungen – soweit im Rahmen eines Lesebuches möglich – zu erhalten, folgt die vorliegende Ausgabe unter weitgehender Beibehaltung aller orthographischen und typographischen Eigenheiten der Textgestalt der Erstdrucke. Nur bei unspezifischen und eindeutigen Versehen wurde behutsam eingegriffen.

Quellennachweise:

Natürlich kann man Blumen kaufen, *Die Mutti ist böse*, *Ob Sommer*, *Die Frau…*, *K: italienisch…*, *Nie mehr murren*, *Es gibt viele Autos*, *Fast alles ist lila*, *Heute denken…*, *Die Lust zum renovieren*, *Der Tag war lang*, *Wer die Vergangenheit nicht auf* und *Ich frag mich…* entnommen aus:
Martin Kippenberger: 19 Gedichte, 1 Geschichte, 1 kl. Stapel graues Papier, 15 Männer, 1 Superstar anbei von Kippenberger, Existens-Verlag Essen [1980].
der Band trägt die Widmung: »Für
Gabriela Marzona (I) 28.7. 1980
Uschi Welter (BRD) 29.7. "
Julie Christie (GB) ? " «

Die Texte *Programmatik*, *Kippi soll wieder menschlicher sein*, *Orator*, *Courier 12*, *Hin + zurück*, *Mehr arbeiten*, *Meine Meinung*, *Ratschläge*, *Was wünschen wir uns*, *Haben*, *Courier 72*, *Auch wenn der Wecker nicht klingelt*, *8915496/1*, *Ein bißchen über Großstadt*, *Nun gut I-IV* und *In- und Ausland I-II* erschienen zuerst in:
Martin Kippenberger: Durch die Pubertät zum Erfolg [Katalog zur Ausstellung Werner Kippenberger »Lieber Maler male mir…«, Neue Gesellschaft für bildende Kunst], Berlin 1981.

Manchmal, Der Ober bringt ein Bier, Feuchtet an, Du, Im Krankenhaus, Der Sohn von Uwe Seeler, In Hannelore Kohl, Bücken, Aufstehn, Wir sind nicht Ernst und *Seit ich da bin* entnommen aus:
Martin Kippenberger/Albert Oehlen: Gedichte, Rainer Verlag, Berlin 1984.

1984. Wie es wirklich war am Beispiel Knokke erschien zuerst als:
Martin Kippenberger: 1984. Wie es wirklich war am Beispiel Knokke. Mit einem Nachwort von Sophia Ungers: Der Tanz des Kippenbergers, Galerie Bärbel Grässlin, Frankfurt 1985.
Neben der Widmung »Für Werner Büttner« findet sich im Impressum folgender Vermerk: »Besonderer Dank gebührt an dieser Stelle Annette Grotkasten für die Realisierung dieses Büchleins.«

Die *241 Bildtitel zum Ausleihen für Künstler* erschienen zuerst als:
Martin Kippenberger: 241 Bildtitel zum Ausleihen für Künstler, Verlag der Buchhandlung Walther König, Köln 1986.
Der Band trägt die Widmung »für Ursula Welter«.

Café Central. Skizze zum Entwurf einer Romanfigur erschien zuerst als:
Martin Kippenberger: Café Central. Skizze zum Entwurf einer Romanfigur, Meterverlag Hamburg 1987.

People de la Muse / a typical Artist poem erschien zuerst in:
Martin Kippenberger: Never give up before it's too late / N'abandonne jamais avant qu'il soit trop tard, Genf 1997.

Nachwort

Die vorliegende Auswahl geht von zwei Prämissen aus: zum einen davon, daß es im wesentlichen drei deutlich unterscheidbar Typen von Kippenberger-Texten gibt, von denen sie jeweils besonders gelungene oder bezeichnende Exemplare präsentiert. Dies sind – erstens – die literarischen Arbeiten des jungen Kippenberger, der zeitweise mit dem Gedanken flirtet, sich zum hauptberuflichen Schriftsteller zu erklären; zweitens die Ergebnisse von ›Textgeneratoren‹, also Texte, die aus Strukturen wie der Liste, der konstanten Überschrift, den Kardinalzahlen oder künstlerischen Versuchsanordnungen (etwa: andere unter Vorgaben schreiben zu lassen) resultieren; sowie drittens Werke, die, wie die Prosa aus »Durch die Pubertät zum Erfolg« und vor allem »Café Central«, in erster Linie wegen des Stoffs geschrieben wurden – was nicht heißt, daß Kippenberger je in die Ideologie des »reinen Erzählens« investiert hätte, eine während der Entstehung von »Café Central« 1987 wieder einmal beliebte Kategorie. Doch der Wunsch, auch einem Gossip-Interesse an den beiden Hauptfiguren Michael Krebber und Martin Kippenberger Material zu liefern, ist nicht zu übersehen.

Die zweite, heiklere Prämisse dieser Ausgabe besteht in der Annahme, daß Kippenbergers Texte aus den künstlerischen Kontexten, in denen sie ursprünglich erschienen sind (vor allem Künstlerbücher, Kataloge, aber auch Performances), sinnvoll herauszulösen seien. Wenn dies hier geschieht, so auch deshalb, weil er selbst immer wieder Ambitionen geäußert hat, Texte nicht nur zu produzieren, sondern sie – und sich – auch im sozialen Feld der Literatur zu positionieren. Zwar tritt dieser Impuls, nach-

dem Kippenberger sich in den frühen 80ern entschieden hat, Bildender Künstler zu werden, zeitweilig zurück. Doch werden später, in den Kölner Jahren, viele der zuvor nur skizzierten literarischen Ideen wieder aufgenommen und weitergetrieben.
So ist auch das zu dieser Zeit vollends in Überproduktion sich auslebende, wenngleich von jeher hochentwickelte Interesse an Künstlerbüchern und Buchobjekten nicht nur der Bildenden Kunst zuzurechnen, sondern zugleich genuin literarisch. Kippenbergers Buchobjekte definieren sich als von ihrem unmarkierten, scheinbar selbstverständlichen Gebrauchswert losgelöste, eigenständige Witze und Kommentare über das literarische Feld. Dabei wenden sie Verfahren aus der Geschichte konzeptueller und ortsspezifischer Künste an. Kippenberger sucht nach der literarischen Entsprechung zum unmarkierten White Cube in der Bildenden Kunst und findet sie in den Verlagsidentitäten, im buchdesignerischen Bemühen um Alltäglichkeit oder auch in den Eleganzanstrengungen und Eindeutigkeitsvermeidungen der Layouts klassischer Künstlerbücher und Kataloge. Und sofern diese Strategien sich ähnlich konkret auf die Literatur und ihre Soziologie beziehen wie seine Auseinandersetzungen mit den Logos literarischer Verlage oder seine expliziten, wenn auch gebrochenen Bezugnahmen auf Genres (»Roman«) und Vorbilder (Kafka, Musil), scheint es auch materialästhetisch legitim, die entsprechenden Texte von ihrer Gestalt im Buchobjekt zu separieren und mit anderen seiner literarischen Arbeiten zusammenzustellen – zumal sich auch Kippenberger selbst noch 1984, kurz nach seiner Übersiedlung nach Köln, an einer rein literarischen Anthologie wie Peter Glasers »RAWUMS« beteiligt hat.

Ende der 70er kommt Kippenberger nach Berlin, wo er großen Eindruck auf eine Menge Leute machte. Viele reden bis heute davon. Allerdings ist seine Produktion noch unordentlich auf diverse Gattungen verteilt. Nur selten erlebt man ihn live bei angekündigten, öffentlich zugänglichen Ereignissen. Die Performances im »Einstein«, die Eröffnungen und Parties in »Kippenbergers Büro« oder die zwar vielzitierten, im Verhältnis zu den zahlreichen und unübersichtlichen anderen Aktivitäten aber etwas überbewerteten Monate als Miteigentümer, Kurator und Booker des SO 36 sind kaum dokumentiert. Geblieben sind ein paar Fotos des tanzenden Künstlers, von seiner Performance als »Elephant Man«, ein Filmausschnitt vom Fest für seinen 25. Geburtstag sowie ein paar Livebilder der Gruppe Luxus, mit der er eine Doppel-Single aufgenommen hat.
In dieser unklaren Zeit, als das alte Westberlin immer mehr zu einer globalen Kulturmetropole wird und New Yorker Teams anreisen, um es zu kartographieren, weiß Kippenberger noch nicht recht, was aus ihm werden soll. Gern kokettiert er mit seiner angeblichen Ähnlichkeit mit Helmut Berger und möchte Schauspieler werden. Das führt zur Mitwirkung in drei Filmen, alle im selben Jahr, 1979, und alle von Regisseurinnen gedreht: »Liebe und Abenteuer« von Gisela Stelly, »Bildnis einer Trinkerin« von Ulrike Ottinger und »Gibbi Westgermany« von Christel Buschmann. Seine Umwelt nimmt ihn primär als »Selbstdarsteller« wahr, wie frühe Pressezeugnisse belegen. Diese kennen wir deshalb so genau, weil Kippenberger selbst jede Kritik in seinen Katalogen nachdruckt – eine Angewohnheit, der er treu bleiben soll, wobei er das Material später um Briefe von Sammlern und Geliebten

sowie um Zettel mit kleinen Ermahnungen vom Hauswart erweitert. Zu den ersten, die von seiner öffentlichen Arbeit genervt sind, gehört der schon damals schimmerlose, heutige »Spiegel«-Rechtspopulist Matthias Matussek, der Kippenberger nach einer Performance als »cleveren Avantgarde-Clown« beschimpft – die Avantgarde darf nicht klug sein.

Zu den in dieser Zeit erwogenen Metiers gehört auch die Literatur, zunächst nur nebenher. 1980 publiziert er das Künstlerbuch »19 Gedichte, 1 Geschichte, 1 kl. Stapel graues Papier, 15 Männer; 1 Superposter anbei«. Diese Auswahl beginnt mit einer Auswahl aus diesem Band. Kippenberger hat dessen Gedichttexte 1984 komplett in den um neuere Arbeiten erweiterten und gemeinsam mit Albert Oehlen im Rainer Verlag veröffentlichten Band »Gedichte« übernommen. Drei Jahre später erscheint ein zweiter Band »Gedichte« in identischem Layout mit denselben Texten, nun aber von Oehlen und Kippenberger handschriftlich überarbeitet. Für diese Auswahl beziehen wir uns auf das Stadium, in dem sich die Texte 1980 bzw. 1984 befanden, nicht zuletzt deshalb, weil die Versionen von 1987 eher auf die bloße Idee der »Überarbeitung« verweisen, die, von Kippenberger als Textgenerator um 1987/88 häufig eingesetzt, in dieser Sammlung andernorts ausreichend repräsentiert wird.

In die legendenumrankten Berliner Jahre fällt auch seine – für einen jungen Künstler, den zwar jeder in der Stadt kennt, der aber als solcher kaum in Erscheinung getreten ist – recht prominente Ausstellung in der Kreuzberger NGBK (»Neuen Gesellschaft für Bildende Kunst«), deren Vorsitzender der zu dieser Zeit noch ›engagierte‹ Otto Schily ist. Zu dieser Ausstellung – »Durch die Pubertät zum Erfolg« – erscheint ein gleichnamiger Katalog, der nicht nur ein eigenständiges Künstlerbuch darstellt, sondern zugleich als literarische Arbeit verstanden werden muß, sind es doch primär die das Buch durchziehenden Textformationen, welche gegenüber den visuellen Zitaten, Fundstücken und Abbildungen eigener Werke die strukturierende Konstante bilden. Außerdem muß man diese Alltagsmomente, Kneipensprüche, logischen Fallen, invertierten Witze und streams of beschädigte consciousness bei aller Verspieltheit und Formlosigkeit als ernsthafte Versuche Kippenbergers verstehen, eigene Formate für sein literarisches Talent zu definieren.

»Durch die Pubertät zum Erfolg« erinnert in mancher Hinsicht an die heute zu den Vorläufern der Pop-Literatur gerechneten Text-Bild-Bücher der 60er Jahre, an Ferdinand Kriwets »Apollo Amerika« oder Rolf Dieter Brinkmanns »Acid« oder »Westwärts 1 & 2«. Auch Kippenberger sammelt Fundstücke aus der Boulevard-Presse und dem Berliner Alltagsleben, vor allem aber aus seinem eigenen, vermischt sie mit inszenierten fotografischen, oft ironisch romantisierten Porträts seiner Person und verklammert das Material durch eine Reihe von Textgruppen, die mit thematischen oder aus Font und Schriftgröße der von ihm benutzten Olivetti-Schreibmaschine abgeleiteten Serientiteln (»Courier 12«) überschrieben werden. Im Gegensatz zu Brinkmann und Kriwet nimmt er dabei jedoch keinen souverän-distanzierten Ausgucksposten gegenüber seinem Material ein, komponiert dementsprechend auch weniger, sondern situiert sich immer mitten im Geschehen: Das Medium des Boulevardhaften ist er selbst. Folglich ist der Boulevard für ihn auch keine fremde, krasse Welt, in die er als Dichter geworfen wurde oder die er als Wissenschaftler beobachtet. Vielmehr besteht seine große sequentielle Text-Bild-Collage ausschließlich aus Objekten, die ihn persönlich unmittelbar betreffen. Worauf es ihm ankommt, ist, sich als besonders weitreichend empfindliches Medium darzustellen, nicht als Kritiker oder Analytiker der hier dokumentierten Kultur.

Ein Teil dieser Texte bildet die zweite Sektion der vorliegenden Auswahl. Kippenberger ist zu diesem Zeitpunkt von der in Anschlag gebrachten Methodenmischung noch erkennbar überzeugt. Bildende Kunst als einheitliche Disziplin scheint ihm als Möglichkeit nicht zur Verfügung zu stehen. Er schwankt zwischen ostentativ eingenommenen, sich aber stets zugleich zur Disposition stellenden Posen und der Suche nach einem eigenen Ton. Dieser ist mal barsch, mal sogar verletzend, zuweilen übernimmt Kippenberger Moral und Methode des Outing, stellt reale Personen bloß. Meist gelingt es ihm jedoch, gerade diese Akte wieder als liebevoll erscheinen zu lassen. Er klingt dann plötzlich unsicher, entschuldigt sich, wird offensichtlich von Autoritäten und Komplexen verfolgt und ermittelt die Grenzen dessen, was er darf.

So spiegeln seine Texte auch die Unentschiedenheit seiner öffentlichen Auftritte. Einerseits glaubt Kippenberger, Ende der 70er, Anfang der 80er sei es Zeit für ein neues Selbstbewußtsein, eine neue Härte und Entschiedenheit, und ist damit in der gerade Konturen gewinnenden New-Wave-Ästhetik mit ihren postmodernen Bezugnahmen auf sowjetischen Konstruktivismus und italienischen Futurismus keineswegs allein: Immer blickt er scharf und direkt von seinen über die ganze Stadt gestreuten, an Litfaßsäulen und in Kneipentoiletten prangenden Selbstdarstellerbildern. Andererseits geht es ihm um eine Umarmung des Populären und Subpopulären, des Boulevards in seiner niedrigsten Form. Dabei schlägt Kippenberger aber nicht den Weg von oben nach unten ein, sondern versucht, sich in »Durch die Pubertät zum Erfolg« selbst die Gestik des Stammtischspruchs und der »Bild«-Headline anzueignen. Der Ton des Berliner Dialekts und der Ruhrgebietsmundart unterstützt die Pose des Mannes auf der Straße; eine alle Leute verkumpelnde Umarmung unterminiert die Entschiedenheitsgesten. Doch auch Boulevard und Stammtisch verwickeln sich in Widersprüche. Keine der zahlreichen, als starke Setzung auftretenden Behauptungen überlebt die nächsten fünf Zeilen, ohne sich mindestens zweimal selber widerlegt zu haben. Kippenberger liebt die Deutlichkeit, aber er haßt die Lesbarkeit.

Nach »Durch die Pubertät zum Erfolg« und den 1984 gesammelten »Gedichten« ändert sich sein Verhältnis zum literarischen Schreiben. Dem gewinnenden und nicht gerade an Schüchternheit leidenden jungen Mann wurden schon immer viele Talente bescheinigt, so daß er sich in dieser Zeit zu fragen beginnt, ob es in den Künsten überhaupt um die offenbar so leicht verfügbare Münze der Begabung gehen könne, ob nicht andere Qualifikationen und Legitimationen erst zum Künstlertum berechtigten. So beschließt er schon vor der Ausstellung in der NGBK, einmal etwas anderes zu machen als die ihm ohnehin mühelos zufallenden Produkte einer visuellen Pop-Kunst: Er verläßt Berlin, um in Paris zum Schriftsteller zu werden. Dieser Versuch wird abgebrochen, so daß die dabei dennoch entstandenen und in »Durch die Pubertät zum Erfolg« veröffentlichten Texte eher die Pubertät vertreten, die Reisen nach Florenz, New York, Paris, auf der Suche nach einer kulturellen Rolle, während Ausstellung und Buch eher die Position des Erfolgs einnehmen. Die für die Folgejahre getroffene Entscheidung, nicht mehr mit allen Mitteln auf den Gewinn einer Stadt, sondern auf das Einnehmen der ganzen Kunstszene zu setzen, drängt das Schreiben in den Hintergrund.

Kippenberger hat von Haus aus kein besonders gutes Verhältnis zu dieser Kulturtechnik, hat als Kind häufig Schulen gewechselt und das Erlernen von Orthographie und Aufsatzschreiben – weitgehend erfolgreich – verweigert. Doch das Talent zum Erzählen, zum surrealen Brechen von Logik, Sequenz und Argumentation ist ihm immer wieder bescheinigt worden. Schon aus einigen die Schreibsituation in den Vordergrund rückenden Texten aus »Durch die Pubertät zum Erfolg« erfahren wir, daß Kippenberger Texte zum Teil auch diktiert oder Situationen von anderen protokollieren läßt, und so ist es naheliegend, daß er, nachdem er das Projekt, ein eigenhändiger Autor zu werden, einstweilen aufgegeben hat, nunmehr ein ganzes literarisches Werk in Auftrag gibt und durch die Komposition einer komplexen Konstellation von Rahmenbedingungen so behandelt, wie er bei seinen Projekten in der Bildenden Kunst Regie zu führen pflegt.

Um 1983 hat Kippenberger sich in Köln eingerichtet – damals, wenn auch erst seit kurzem, mehr oder weniger Zentrum der europäischen Bildenden Kunst. Dort ändert er auch seinen Arbeitsstil. Hatte er in West-Berlin (nur unterbrochen durch die Ausflüge in die USA, nach Paris und Italien) in allen Sparten und auf das Publikum der ganzen Stadt hingearbeitet – für die Intellektuellen um den Merve Verlag (mit dem er drei Publikationen machte) ebenso wie für Punk-Rocker, Filmstudenten, Modemacher, Kreuzberger Nachtszene, Schaubühne und die gerade aufblühende New-Wave-Kultur –, so geht es ihm in Köln nur noch um die Kunstszene, jetzt aber um die der ganzen Welt. Statt mit mehr oder weniger zufälligen Freunden aus allen Bereichen arbeitet er nun häufiger und gezielter mit Künstlern zusammen, zunächst hauptsächlich mit Albert Oehlen, mit dem es schon seit 1982 gemeinsame Projekte gab, ferner mit Georg Herold und Werner Büttner, aber auch mit neuen Kölner Kollegen wie Jiri Georg Dokoupil. Diese punktuellen Kollaborationen versucht er durch die Arbeit mit Assistenten zu verstetigen.

Eine der ersten auf diesem Posten ist Annette Grotkasten, Sängerin der Hannoveraner Punkband Bärchen und die Milchbubis. Grotkasten, die heute mit Nachnamen Simon heißt, hatte ihre literarische Begabung und ihren mit Kippenberger nicht ganz unverwandten Humor (»Jung kaputt spart Altersheime«) schon als Texterin ihrer Band unter Beweis gestellt. Zugleich war sie als visuelle Künstlerin und Gestalterin tätig. Kippenberger beauftragt sie, in seinem Namen einen Text zu schreiben, dessen Inhalt *er* vorher selbst erleben will. So beginnt ein denkwürdiges Experiment, das zu dem Text »1984 / wie es wirklich war / am Beispiel Knokke« führt: Kippenberger macht eine Woche Urlaub im belgischen Seebad Knokke, Anreise mit der Bahn von Köln. Er notiert alle Vorkommnisse, von den Speisen und Getränken, die er in Bars, Restaurants und im Speisewagen zu sich nimmt, über Kino- und Diskothekenbesuche bis hin zu ganz peripheren Eindrücken, und weist Grotkasten an, die Reise samt allen Mikroereignissen zu wiederholen und ihre Eindrücke –

dann allerdings als zusammenhängenden Bericht – zu formulieren. Ziel dieses Settings ist nicht nur, mit der Überprüfung subjektiver Erlebnisse durch einen Stellvertreter eine Reflexion über das Gewinnen und Verlieren von Eindrücken zu veranstalten, sondern auch, wie Annette Simon sich heute erinnert, den Nachweis zu führen, was für ein extrem langweiliges Jahr 1984 gewesen ist.
Kippenberger betrachtet den leicht exterritorialen, betont unspektakulären und muffigen Badeort Knokke als idealen, weil neutralen Vertreter der Welt schlechthin. Bei seiner Testreise versucht er, sich so viele grundlegende Vergnügen wie möglich – Essen, Kino, Tanzen – zu leisten, stellvertretend für das Leben an sich und die generelle Wirklichkeit von 1984. Das Buch, das Grotkasten dann mit dem Ziel verfaßt, möglichst aus Kippenbergers Perspektive zu denken (wobei sie diese zwangsläufig zur flexibel einsetzbaren Methode objektiviert), erscheint in Layout und Format eines Reclam-Bändchens, als erste jener Verlags-Look-Appropriationen, die Kippenberger später zur lieben Gewohnheit werden. Dabei trifft es den Reclam Verlag noch öfter, außerdem Merve und die Rowohlt-Monographien, ebenso die CIs diverser Galerien und einige berühmte Künstlerbücher. Im konkreten Fall soll das Reclam-Format natürlich auch die Neutralität und Universalität der Behauptung unterstreichen, dem Mythos »1984« grundsätzlich und allgemeingültig, eben als Autor einer »Universalbibliothek« die Luft herausgelassen zu haben.
Kippenbergers Texte sind von nun an nicht mehr in erster Linie Literatur, wie noch »Durch die Pubertät zum Erfolg«, sondern fügen sich in seine reiche Produktion von Buchobjekten ein, was zu den eingangs geschilderten ka-

tegorialen Schwierigkeiten führt. Auch »1984 / wie es wirklich war / am Beispiel Knokke« ist – selbst wenn hier das Verfassen eines Textes, das durch die Versuchsanordnung gebrochene Vorhaben, Eindrücke zu beschreiben, im Zentrum steht – zugleich ein Buchobjekt. Nicht nur die Selbstermächtigung zum Reclam-Autor – ein für die Position, die Kippenberger in den Augen der zeitgenössischen deutschen Kunstwelt vertritt, nämlich Anarchie, Obszönität, Wildheit, absurd ferner Ort des Kanonischen und Rechtgläubigen – betont den Objektcharakter. Gleiches gilt auch für die über den Band verstreuten Karikaturen aus dem amerikanischen Herrenmagazin »Hustler«, auf die sich Kippenberger noch häufiger beziehen wird. Vor allem der Charakter Chester the Molester, der darauf spezialisiert ist, in Hühnerställe einzudringen und deren Bewohner sexuell zu belästigen, wird zu seiner Lieblingsfigur, die auf Zeichnungen und auch in unmittelbar von den Karikaturen appropriierten Bildern immer wieder auftaucht.

»1984 / wie es wirklich war / am Beispiel Knokke« hat Kippenberger und sein Publikum so überzeugt, daß er später nicht nur den kompletten Text in seinen Roman »Café Central – Skizze zum Entwurf einer Romanfigur« integriert, sondern daraus auch ein Modell für weitere Projekte generiert: am deutlichsten im 1991 erschienenen, ebenfalls mit beziehungslosen Karikaturen ›illustrierten‹ Fake-Reclam-Band »The Hot Tour« von der »William Holden Company«. Dafür schickte Kippenberger einen damaligen Studenten, den heute bekannten Maler Matthias Schaufler, auf eine Reise nach Afrika, die er eigentlich immer selber machen wollte, zu der er sich aber aus verschiedenen Gründen nie aufraffen konnte. Diesmal

bestand der Auftrag darin, 500 km zu Fuß zu gehen und einen Bericht darüber abzuliefern. Was dieser enthalten sollte, war von Kippenberger allerdings in keiner Weise vorgegeben, weshalb der Text hier auch – als eigenständige Arbeit Schauflers – nicht enthalten ist.
Schreiben ist für Kippenberger in den mittleren 80ern vor allem die Frage nach der Konstruktion von Textgeneratoren. Dazu zählt etwa die Liste, eine klassische Methode der frühen Pop-Literatur seit Allen Ginsberg und Tuli Kupferberg. Sie prägt etwa die gemeinsam mit Oehlen verfaßten Meinungen zur Fotografie, die – leicht bearbeitet – ebenfalls Aufnahme in den Roman »Café Central« finden und daher hier mit enthalten sind. Während seiner Wiener Zeit im Jahre 1984 entsteht zudem, gemeinsam mit Oehlen, aber vor allem von Kippenberger gnadenlos oft und in den unterschiedlichsten Funktionen eingesetzt, jene Aufkleberserie, die an die damals flächendeckend verbreiteten »I [Herz] New York«-Bumpersticker anknüpft. Kippenberger denkt sich immer neue »I-[Herz]«-Sätze aus, läßt sie als Aufkleber drucken und klebt sie auf Bilder, Skulpturen und Multiples. Nach demselben Prinzip entstehen die »No-Problems«-Sätze (»We don't have problems with..., because we...«; z. B. »We don't have problems with landscape, because we have car to escape«, oder: »We don't have problems with pain, because it doesn't hurt so much«), ferner die »Papiertiger« sowie schließlich – als gelungenste dieser Listenarbeiten – die »Bildtitel zum Ausleihen für Künstler«.
Die »No-Problems«-Sätze entstehen auf der gemeinsamen Brasilien-Reise mit Oehlen und werden 1986 erstmals veröffentlicht. Ein anderer mit Oehlen verfaßter Text beschreibt die gemeinsamen Tage in Rio zur Jah-

reswende 1985/86 und legt den beiden zitierte oder verballhornte Sätze aus Kollegeninterviews in den Mund, hyperblumig aufgemotzt und mit Thomas-Bernhard-Manierismen versetzt. Dieser musikalische, literarisch dichte und ideologiekritisch brillante Text wird im Laufe des Jahres verschiedene Male in Katalogen, aber auch in »Spex« veröffentlicht. Kippenberger nimmt ihn, wie auch die Ende 1987 in der Zeitschrift »Apex« veröffentlichte »Ansprache an die Hirnlosen«, die bereits 1984 in Wien zusammen mit Oehlen gehalten wurde, in »Café Central« auf. Der Brasilien-Text findet sich in dieser Auswahl auf den Seiten 295 bis 306 und dann wieder ab 312, dazwischen die »Ansprache an die Hirnlosen«. Ein ebenfalls mit Oehlen für »Camera Austria« verfaßter Text über Fotografie steht auf den Seiten 291 bis 294.
Ende 1986 werden für den Katalog (»Le Radius Kronenbourg«) zu einer Gemeinschaftsausstellung mit Werner Büttner, Albert und Markus Oehlen in der Villa Arson in Nizza die »echten« und die »Papiertiger« entwickelt. Die Beiträge der Künstler enden jeweils in einer Reihe von Sprüchen, die als »Echte Tiger« bezeichnet und durchnumeriert werden, bei Kippenberger sind es »Papiertiger«. Im nächsten Jahr tauchen sie noch einmal auf: handschriftlich redigiert von Gisela Capitain in einem englischsprachigen Katalog der »Edition Julie Sylvester«: »67 Improved Papertigers Not Afraid of Repetition«. Die Schlüsselformulierung ist hier in der Tat: »not afraid of repetition«, denn Wiederholung wird zu dieser Zeit zum zentralen Mittel.
In den Jahren von 1984 bis 1987 sehen wir die verschiedenen Textgeneratoren – Liste, mit und ohne Numerierung, redigierte Wiederholung, Anwendung eines Generators

auf eine leicht modifizierte Situation, Transkript und Protokoll – in vollem Einsatz. Besonders gelungen sind dabei, wie schon erwähnt, die »241 Bildtitel zum Ausleihen für Künstler« von 1986. Als Anlaß dienen erneut Eindrücke der Brasilien-Reise, diesmal T-Shirt-Aufschriften, die Kippenberger an der Copacabana entdeckt und katalogisiert.
Hier trifft das Serienhafte, Massenproduzierte auf einen hysterisch gesteigerten Einfallsreichtum. Jeder Titel besteht seinerseits aus zwei bis drei Ideen. Die Ideen wiederum sind nicht einfach nur dichte, lustige, inspirierte Einfälle, sondern oft so forciert, daß sie das Prinzip des Einfalls, der künstlerischen Idee an sich zur Groteske verzerren, wodurch die Monotonie der Reihung, wie schon bei den durchnumerierten »Papiertigern«, in ihr Gegenteil kippt: Kippenberger läßt die Luft aus den kreativen Hochleistungen und gibt zugleich den Blick für deren Komik frei.
Die Bildtitel sind ein Statement zum schon damals überhitzten Kunstbetrieb, der nach dem Paradigma der Phantasie, der Kreativität und der Expression organisiert ist und zu Beliebigkeit und Banalität tendiert. Kippenberger ist nun aber alles andere als ein von der weißen Mähre der Seriosität herunterpredigender Kritiker der Banalität oder ein sich in die Pose moralisierender Marktfeindlichkeit werfender Nostalgiker. Denn Banalität und Einfallsüberschwang sind genau seine – wenn auch haßgeliebten – Stärken, und worauf er reagiert, ist, daß sie in der Inflation langsam ihren Wert und vor allem ihren interventionistischen Effekt verlieren. Statt jedoch eine Wende zur externen Kritikerposition zu vollziehen, versucht er, die Mittel des Einfallsreichtums gegen dessen Inflation zu kehren,

ohne sein gutes Verhältnis zum von ihm ja schon immer als nervend, quälend und nur hin und wieder auch als unerwartet schön wahrgenommenen Einfall preiszugeben. Der überbordende Einfallsreichtum kritisiert die Epoche, indem er ihre Version des Kreativitätsdiktats per Übererfüllung zur Karikatur verzerrt und deren Vertreter zugleich beschämt.

Im Mittelpunkt dieser Auswahl steht der schon mehrfach erwähnte, 1987 zusammen mit Michael Krebber erarbeitete Roman »Café Central«. Er handelt im wesentlichen vom Leben im gleichnamigen Kölner Café, der gemeinsamen Arbeit und den Projekten mit Krebber – die Ausstellung »Peter«, Reisen nach Triest und Teneriffa – sowie von einem Ausflug mit Albert Oehlen nach St. Goarshausen. Ansonsten enthält er – neben den schon erwähnten, aus anderen Entstehungszusammenhängen integrierten Texten – Briefe von Dritten, bei denen oft nicht zu erkennen ist, wo sie beginnen oder enden. So landet ein sexuelles Internatserlebnis des jungen Kippenberger unversehens in einem Brief, den ihm die weibliche Figur Solo schreibt. Insgesamt kann man davon ausgehen, daß keiner der hier als Dokument ausgewiesenen Texte erfunden, sondern vielmehr alles eingebaut wurde, was verfügbar war und gefiel.

Bei »Café Central – Skizze zum Entwurf einer Romanfigur« kehren die literarischen Ambitionen des frühen Kippenberger in geläuterter Weise zurück. Kurz vor seiner Übersiedlung erst nach Spanien (Madrid, Carmona bei Sevilla), dann nach Los Angeles, interessiert er sich noch einmal für die Literatur. Zum einen ist er auf der Suche nach Strukturideen für seine Witzerzählungsperformances und narrativen künstlerischen Arbeiten und erkundet deshalb, wo Ideen wie das Quälend-in-die-Länge-Ziehen, das Verweigern der Pointe am Ende einer auf Pointe gerichteten Erzählung in der Literatur bereits vorkommen und wie ihre Probleme gelöst wurden. Zum anderen ist auch Kippenberger – und wir haben uns damals in vielen Gesprächen darüber verständigt – angewidert von der postmodernen Rede von der Rückkehr eines »einfachen Erzählens«. Dieser bis heute nachhallende populistische Diskurs, der sich immer mal wieder zur Grundsatzdebatte aufzuschwingen versucht und am liebsten von der »Direktheit« »ungekünstelten« amerikanischen Erzählens zu faseln pflegt, erhebt damals erstmals sein häßliches Haupt. Hier findet Kippenberger das literaturbetriebliche Pendant zur regressiven Anti-Avantgardismus-Front in der Bildenden Kunst, dem er jedoch nicht einfach das Insistieren auf (ihm vermutlich genauso albern vorkommenden) Werten einer experimentellen Literatur gegenüberstellt, sondern abermals eine Überbietung, nämlich des Erzählfetischismus durch unbearbeitete Alltagsrede.

Entsprechend macht sich »Café Central. Skizze zum Entwurf einer Romanfigur« zwar – schon im Untertitel – über einen bestimmten Avantgarde-Gestus der Brechung lustig, zollt diesem aber zugleich den ganzen Roman hindurch Respekt. Zwischen der falschen Postmoderne und der alt gewordenen Moderne bleibt als Position nur deren solidarische Karikatur. Immer wieder betont Kippenberger, daß es Gelingen für ihn nur im Verhältnis zum Mißlingen gibt: »Wenn du in eine Ausstellung gehst und von einem Künstler gute und schlechte Bilder finden kannst, das ist gut! Kontroversen herstellen können. Aber bitte nicht alles gleich gut halten. [...]. Das ist das Elend. Wird alles gut zählt es nicht.« Denn zum Gelingen bedarf es einer klaren Aufgabe, eines Rahmens. Diesen als gegeben zu akzeptieren, von der Tradition oder einem Genre, geht aber nicht. Das wäre genau die Regression zum Wieder-Erzählen. Man kann den Rahmen nur selbst setzen, darf ihn aber nicht ausbuchstabieren, denn das wäre Didaktik. Die einzige Möglichkeit besteht darin, die gelungene und zugleich gescheiterte Version der Lösung selbst zu produzieren. In diesem Sinne versucht »Café Central« als Karikatur einer avantgardistisch-dokumentarischen Verité-Literatur, die sich von den Beatniks, Burroughs, dem Dadaismus, Jörg Schröders Erzählungen und Warhols »a« die Mittel leiht, die ganze Bandbreite zwischen Eselei und Epiphanie herauszupräparieren.

Aber anders als in Warhols »a« spricht nicht ein ganzer kreativer Hühnerhaufen, und anders als bei Burroughs werden die Dokumente und Materialien nicht nur durch ein einziges paranoides Weltbild gefiltert. Kippenbergers Verfahren ist näher an den Interaktionen zwischen Erzähler und Zuhörer bei Jörg Schröder oder den Alltagskoproduktion von A und B in Warhols »From A to B and Back Again«. Hier wären es MK1 und MK2, die wie A und B einen Alltag der Reisen und Briefwechsel entwickeln. Die späten 80er stehen bei Kippenberger ganz im Zeichen solcher Zweier-Produktionsgemeinschaften (mit Oehlen, Ulrich Strotjohann, Michael Krebber, Ursula Böckler, Merlin Carpenter, aber auch seinen Galeristen Gisela Capitain, Julie Sylvester, Max Hetzler, Janelle Reiring, Helene Weiner, Friedrich Petzel und vielen anderen). Was die literarische Textproduktion betrifft, hat er allerdings später keine vergleichbaren Partner mehr gefunden.

Ab 1990 verlagert Kippenberger diese Textproduktion

fast ganz in Interviews, die er Jutta Koether (und auch dem Autor dieser Zeilen) unter dem Pseudonym b – eine Anspielung auf das eben erwähnte Werk von Warhol und Pat Hackett – über mehrere Monate hinweg gibt, später spricht er vor allem mit Daniel Baumann und Roberto Ohrt. Seine neuesten und folgenreichsten Generatoren sind die Ausstellung »The Happy End of Franz Kafka's ›Amerika‹«, für die diverse Freunde Bücher schreiben und entwerfen, die dann in der Ausstellung auf den dort zentralen Tischen als Bestandteil der Installation ausgelegt werden, sowie das Hotelbriefpapier, das zwar Hunderte von Hotelzeichnungen, oft mit Text, hervorbringt, aber wenige eigene Literatur.

Kippenbergers letzter literarischer Text bildet hier den Abschluß: ein Gedicht aus seinem Todesjahr, in dem er Abschied nimmt vom Kunstbetrieb, geschrieben für das Begleitbüchlein »Kippenberger leicht gemacht«, das es als Zusatz zum Katalog der letzten von ihm selbst eingerichteten Ausstellung 1996 in Genf gab.

Diedrich Diederichsen

Deutschsprachige Gegenwartsliteratur in der edition suhrkamp Eine Auswahl

Marica Bodrožić. Sterne erben, Sterne färben. Meine Ankunft in Wörtern. es 2506. 154 Seiten

Paul Brodowsky. Milch Holz Katzen. es 2267. 72 Seiten

Bernd Cailloux
- Das Geschäftsjahr 1968/69. es 2408. 254 Seiten
- Der gelernte Berliner. Sieben neue Lektionen. es 2563. 251 Seiten
- german writing. es 2481. 141 Seiten

Ann Cotten. Fremdwörterbuchsonette. Gedichte. es 2497. 165 Seiten

Dietmar Dath. Heute keine Konferenz. es 2501. 318 Seiten

Oswald Egger
- Nichts, das ist. Gedichte. es 2269. 160 Seiten
- Prosa, Proserpina, Prosa. es 2392. 192 Seiten

Werner Fritsch
- Die Alchemie der Utopie. Frankfurter Poetikvorlesungen 2009. es 2588. 190 Seiten
- Fleischwolf. Gefecht. es 1650. 112 Seiten
- Steinbruch. es 1554. 53 Seiten

Durs Grünbein
- Grauzone morgens. Gedichte. es 1507. 93 Seiten
- Warum schriftlos leben? Aufsätze. es 2435. 122 Seiten

NF 313b/1/06.14

Katharina Hacker
- Morpheus oder Der Schnabelschuh. es 2092. 126 Seiten
- Tel Aviv. Eine Stadterzählung. es 2008. 145 Seiten

Iris Hanika. Musik für Flughäfen. es 2404. 123 Seiten

Johannes Jansen
- Halbschlaf. Tag Nacht Gedanken. es 2380. 84 Seiten
- Im Durchgang. Absichten. es 2568. 70 Seiten

Thomas Kapielski
- Mischwald. es 2597. 347 Seiten
- Neue Sezessionistische Heizkörperverkleidungen. es 2680. 214 Seiten
- Je dickens, destojewski! Ein Volumenroman. es 2694. 458 Seiten

Barbara Köhler
- Deutsches Roulette. Gedichte 1984-1989. es 1642. 85 Seiten
- Wittgensteins Nichte. Vermischte Schriften / Mixed Media. es 2153. 175 Seiten

Detlef Kuhlbrodt. Morgens leicht, später laut. Singles. es 2517. 124 Seiten

Christian Lehnert
- Der Augen Aufgang. Gedichte. es 2101. 112 Seiten
- Ich werde sehen, schweigen, hören. es 2369. 112 Seiten

Andreas Maier. Ich. es 2492. 151 Seiten

Thomas Meinecke
- Feldforschung. es 2474. 143 Seiten
- The Church of John F. Kennedy. Roman. es 1997. 245 Seiten
- Lob der Kybernetik. es 2499. 160 Seiten

NF 313b/2/06.14

Bodo Morshäuser
- Hauptsache Deutsch. es 1626. 205 Seiten
- Warten auf den Führer. es 1879. 142 Seiten

José F. A. Oliver
- finnischer wintervorrat. Gedichte. es 2397. 101 Seiten
- Mein andalusisches Schwarzwalddorf. Essays. es 2487. 136 Seiten.
- nachtrandspuren. Gedichte. es 2307. 128 Seiten

Albert Ostermaier
- fremdkörper hautnah. Gedichte. es 2032. 100 Seiten
- Herz Vers Sagen. Gedichte. es 1950. 73 Seiten
- Der Torwart ist immer dort, wo es weh tut. es 2469. 114 Seiten
- VATERSPRACHE. es 2436. 60 Seiten

Ilma Rakusa. Love after Love. Acht Gesänge. es 2251. 54 Seiten

Thomas Rosenlöcher
- Die Wiederentdeckung des Gehens beim Wandern. Harzreise. es 1685. 96 Seiten
- Die verkauften Pflastersteine. es 1635. 113 Seiten

Schicht! Arbeitsreportagen für die Endzeit. Herausgegeben von Johannes Ullmaier. es 2508. 417 Seiten

Lutz Seiler
- pech & blende. Gedichte. es 2161. 90 Seiten
- Sonntags dachte ich an Gott. Aufsätze. es 2314. 140 Seiten

Uwe Tellkamp. Die Sandwirtschaft. Anmerkungen zu Schrift und Zeit. Leipziger Poetikvorlesung. Sonderdruck es.163 Seiten

NF 313b/3/06.14

Hans-Ulrich Treichel
- Liebe Not. Gedichte. es 1373. 79 Seiten
- Über die Schrift hinaus. Essays zur Literatur. es 2144. 241 Seiten

Kevin Vennemann. Nahe Jedenew. es 2450. 144 Seiten

NF 313b/4/06.14